Das Hobbythek-Buch 3

Jean Pütz

DAS HOBBYTHEK-BUCH 3

Unter Mitarbeit von
Heinz Gollhardt

vgs

CIP-Kurztitelaufnahme der Deutschen Bibliothek

Pütz, Jean:
Das Hobbythek-Buch / Jean Pütz. Unter Mitarb. von Heinz Gollhardt. — Köln: Vgs.
   Bd. 2 verf. von Jean Pütz; Wolfgang Back. Bd. 1 u. d. T.: Back, Wolfgang: Das Hobbythek-Buch.
NE: Back, Wolfgang:
3. — 1. Aufl. — 1979.
ISBN 3-8025-6102-3.

Die Kapitel „Wildgemüse von Feld und Wiese" und „Kosmetik zum Selbermachen" entstanden unter Mitarbeit von Wolfgang Back.

Bildquellen:
Bildarchiv preußischer Kulturbesitz, Berlin (S. 45, Abb. 2)
CIBA-GEIGY, Basel (S. 51, Abb. 9; S. 58, Abb. 15; S. 59, Abb. 16)
Cornelsen-Velhagen & Klasing, Berlin (S. 106, Abb. 2)
Fotowerbung Beberich, Mannheim (S. 105, Abb. 1)
Institut für landwirtschaftliche Botanik der Universität Bonn (S. 83, Abb. 3)
Klaus Paysan, Stuttgart (S. 66, Abb. 4; S. 67, Abb. 5)
Klaus Petersen, Köln (S. 150, Abb. 1; S. 154, Abb. 4; S. 158, Abb. 8 links; S. 159, Abb. 10; S. 163, Abb. 13; S. 168, Abb. 20; S. 171, Abb. 23)
Richard Podloucki, Stuttgart (S. 175, Abb. 27)
Senckenbergische Naturforschende Gesellschaft, Frankfurt; Aufnahme: E. Haupt (S. 151, Abb. 3)
Alle übrigen Abbildungen von Gerhard Praßer, Köln

1. Auflage 1979
2. Auflage 1981
3. Auflage 1981
© Verlagsgesellschaft Schulfernsehen 1979
Reproduktion der Abbildungen: Litho Köcher, Köln
Satz: Kölnische Verlagsdruckerei, Köln
Druck: Merkur-Druckerei, Troisdorf
Printed in Germany
ISBN 3-8025-6102-3

Inhalt

Liebe Leser,

Die *Hobbythek* macht aktiv. Das zeigen nicht zuletzt die vielen Briefe, die — vielleicht auch von Ihnen — nach den Fernsehsendungen geschrieben werden, auf die diese Buchreihe zurückgeht. Bis zu 120 000 Zuschriften bekommen wir pro Sendung! Dem Westdeutschen Rundfunk gebührt besonderer Dank, daß wir auf diese Zuschriften mit einem kostenlosen Basteltip antworten können. Über 2 Millionen solcher Tips wurden bisher verschickt. Sie sind nicht so ausführlich im Text und auch sparsamer illustriert als dieses Buch; denn die Mittel des WDR sind nun einmal begrenzt. Deshalb erfüllen wir gern den Wunsch unserer Zuschauer, ein drittes Hobbythek-Buch mit neuen Themen der *Hobbythek* zu veröffentlichen.

Aber auch wenn Sie (noch) nicht zu den Zuschauern der *Hobbythek* gehören, wird der Spaß am Selbermachen für Sie nicht geringer sein. Ebenso wie in den Fernsehsendungen wird auch in unseren Büchern nicht stur drauflosgebastelt. In der *Hobbythek* erfahren Sie immer etwas über die Hintergründe, warum etwas funktioniert und wie es funktioniert.

Beginnen Sie in diesem Buch dort, wo Sie mit dem größten Spaß für sich beginnen können. Sollte das die Elektronik sein, dann hier ein paar Hinweise vorweg:

Elektronik — wir geben es zu — ist unsere Spezialität. Dabei vergessen wir nicht, daß viele unserer Freunde noch nicht ganz so versiert auf dem Gebiet der Elektronik sind; andere wiederum bereits fortgeschrittene Bastler und Tüftler sind, die Anregungen für neue Schaltungen suchen. Beiden wollen wir gerecht werden. Und da das bedeutet, daß dem einen mehr erklärt werden muß als dem anderen, wird es hin und wieder einmal Passagen geben, die der fortgeschrittenere Elektroniker einfach überlesen muß. Wir haben aber versucht, in den folgenden Kapiteln dieses Problem so zu lösen, daß der Anfänger sich nicht überfordert fühlt und der Fortgeschrittene sich nicht langweilt.

An verschiedenen Stellen werden wir einfach auf andere Bücher oder Hefte verweisen, in denen der Anfänger Vorschläge findet, mit denen er sich problemlos einüben kann. So werden wir hier beispielsweise nicht noch einmal sämtliche vorkommenden Bauteile in ihrer Konstruktion und Funktion im einzelnen beschreiben, weil das z.B. bereits in dem Hobbythek-TIP-Heft „Elektronik I" getan wurde. Auch mit dem Löten wollen wir uns hier nicht noch einmal von Grund auf befassen. Dazu kann man das Nötige in dem eben genannten Heft nachlesen. Und wenn einer sich noch gründlicher vorbereiten möchte, dann empfehlen wir unser Buch „Experimente: Elektronik".*

Was es sonst noch zu beachten gibt, werden wir an Ort und Stelle sagen.

Und nun viel Spaß!

Ihr Jean Pütz

---

* vgl. dazu die entsprechenden Angaben am Ende dieses Buches.

Eine Miniorgel mit Komfort

Im „*Hobbythek-Buch 1*'' haben wir unsere Miniorgel vorgestellt, mit der wir in die Anfangsgründe der Elektronik und des Lötens eingeführt haben. Wir wollen hier diesen Bastelvorschlag nicht wiederholen, sondern eine interessante Weiterentwicklung zeigen. Sie sehen daran, daß die Hobbythek dazu anregt, weiterzutüfteln oder — etwas modischer ausgedrückt: kreativ zu sein. In diesem Sinne Anregungen zu geben, ist der Zweck der Hobbythek.

Ein paar Dinge müssen wir aber wiederholen, damit Sie die Luxusausführung oder gar die Super-Super-Miniorgel überhaupt bauen können. Wer ganz von vorn beginnen will, findet die Urform unserer Miniorgel im „*Hobbythek-Buch 1*'' ab Seite 12.
Hier zunächst die

Bauteilliste
Zunächst einmal all die Bauteile, die wir brauchen:

---

1 9-Volt-Batterie
1 Kleinlautsprecher 8—25 Ohm, 0,1—0,2 Watt
1 pnp-Transistor, z. B. BC 212 oder 2 N 2905
1 npn-Transistor, z. B. BC 182 oder BC 107
1 Kondensator 2,2 nF (Nanofarad)
1 Kondensator 4,7 nF
1 Widerstand 47 kΩ (Kilo-Ohm)

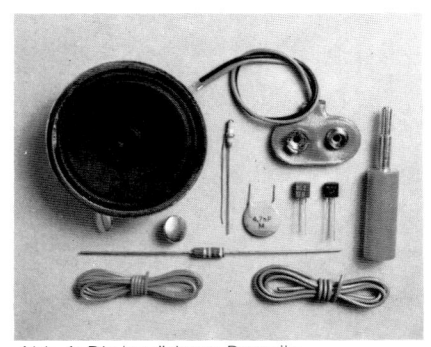

Abb. 1: Die benötigten Bauteile.

Wenn Sie in der Elektronik noch absoluter Laie sind, dann könnten Sie die Bezeichnungen für die Bauelemente vielleicht erschrecken.
Keine Angst. Gehen Sie einfach in einen Elektronikladen, und lassen Sie sich die Teile zusammensuchen. Die Leute dort sind eigentlich immer sehr nett und nur zu gern bereit, einem Neuling etwas zu erklären. Grundkenntnisse über die einzelnen Bauteile und ihre Funktion können Sie am einfachsten und billigsten erwerben, wenn Sie sich das Heft „*Elektronik I*'' unserer Reihe „Hobbythek-TIP'' besorgen.

Schaltung und schematischer Aufbau unserer Miniorgel sehen so aus wie auf *Abbildung 2*. Die fertige Orgel sehen Sie auf *Abbildung 3*.

Da unsere *Luxus-Miniorgel* mit derselben Elektronik arbeitet und nur eine zusätzliche „Tastatur'' erhält — statt eines Graphitstreifens der alten Orgel —,

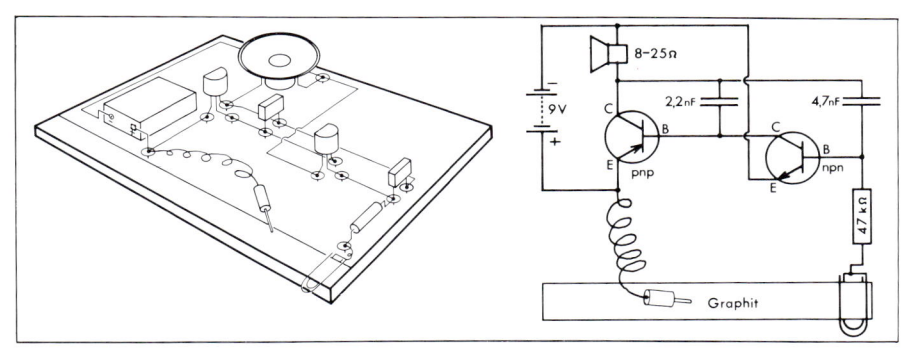

Abb. 2: Schema der aufgebauten Miniorgel (links) und die Schaltung (rechts).

Abb. 3: Die fertige Miniorgel. Alle Lötverbindungen sind auf Reißzwecken mit Metallköpfen angebracht, die in ein Holzbrett gesteckt werden. Unser Modell hat einen sehr originellen „Resonanzboden".

wiederholen wir hier kurz das Wichtigste.

Die beiden Transistoren und die Kondensatoren in unserer Schaltung bilden einen sogenannten *Multivibrator,* durch den Schwingungen erzeugt werden, die man über den Lautsprecher hören kann. Eine Veränderung der Schwingungen und damit der Tonhöhen erreicht man bei der Miniorgel durch einen veränderbaren Widerstand. Er besteht aus einem einfachen Pappstreifen, der mit Graphit (Bleistift) bestrichen ist. Auf ihm wird mit einem Bananenstecker hin- und hergefahren. Kommt der Bananenstecker der Heftklammerverbindung rechts unten näher, ist der Widerstand geringer; wird er weiter nach links geführt, wird er größer. Diese Funktion wird später die Tastatur übernehmen.

Der Witz der Schaltung besteht also darin, die durch einen Multivibrator erzeugte Schwingung, die durch einen Lautsprecher hörbar gemacht wird, durch einen veränderbaren Widerstand in ihrer Frequenz zu erhöhen oder zu senken.

Und nun zu unserem neuen Tip: der Luxus-Miniorgel.

Luxusausführung unserer Miniorgel

Ausgedacht hat sie sich ein Freund der Hobbythek, Heinz Schlengermann. Außerdem hat er — wie wir später zeigen — noch eine verbesserte Fassung der Miniorgel entwickelt. Die in *Abbildung 4* gezeigte Miniorgel enthält dieselbe Elektronik wie unser Standardmodell. Hinzu kommt nur eine andere

Verdrahtung, die die Form eines Klaviers hat und eine Tastatur, mit der wir uns zunächst beschäftigen wollen.

Die Tastatur der Miniorgel

Unser Graphitstreifen gestattete es zwar, Töne verschiedener Höhen zu erzeugen; es macht aber Schwierigkeiten, darauf einigermaßen sauber zu spielen. Dieses Problem löst die folgende Tastatur. Entsprechend den 8 Tönen der Oktave wurden 8 Widerstände eingebaut, die einstellbar sind. Man kann diese Miniorgel also wie ein Klavier stimmen. Diese Tastatur, aus einer Reihe von Widerständen, ersetzt unseren Graphitstreifen zwischen dem Bananenstecker und der Büroklammer.

Wie aus *Abbildung 5* zu sehen ist, besteht jede Taste aus einem festen Widerstand und einem Potentiometer, mit dem man den Widerstandswert und damit die Tonhöhe verändern kann. Gezeigt ist auf der Abbildung auch, daß diese beiden miteinander verlöteten Widerstände (Potentiometer und Fest-Widerstand) zugleich als „Schalter" funktionieren. Dieser Schalter besteht ganz einfach darin, daß man den Draht, der aus dem Fest-Widerstand herausführt und hakenförmig gebogen ist, gegen einen anderen Draht drückt und damit einen Kontakt herstellen kann. Das ist auf dem Foto in *Abbildung 6* zu sehen.

Der Abstand der einzelnen Töne setzt verschiedene Widerstandswerte voraus. Sie sind hier experimentell ermittelt worden.

Wenn man die Widerstandswerte nach *Abbildung 5* zugrunde legt, kann man auf der Miniorgel eine Tonleiter von 8 verschiedenen Tönen in den Tonhöhen

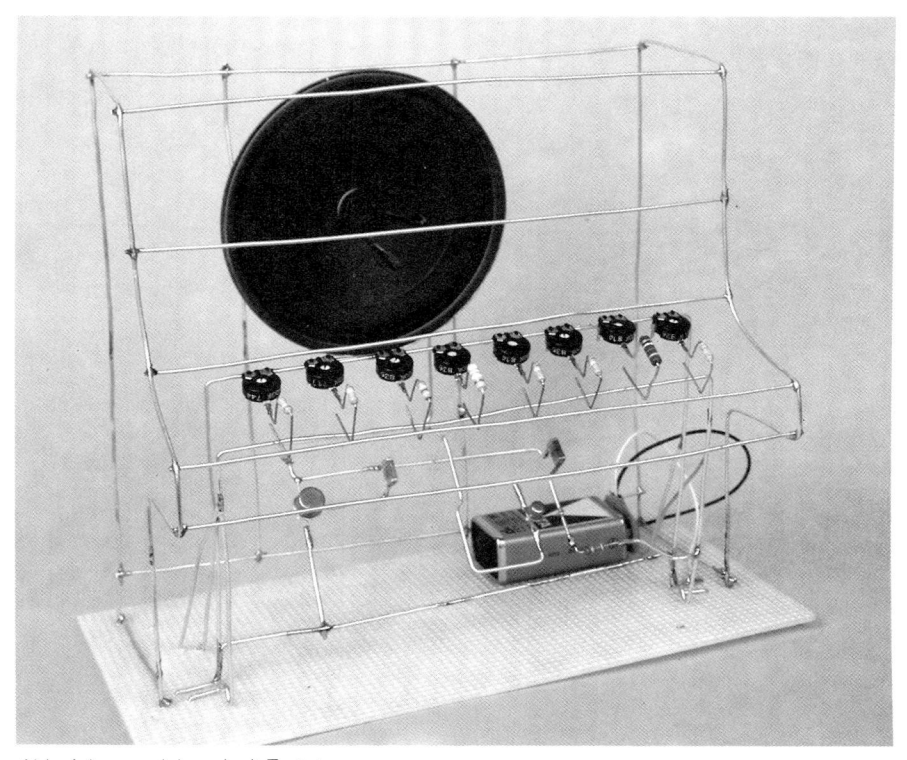

Abb. 4: Luxusminiorgel mit Tastatur.

zwischen c^2 und c^3 spielen. Sie können aber nach eigenem Geschmack die Miniorgel auch anders stimmen.

Fachmännischer ausgedrückt besteht die Tastatur aus einer Parallelschaltung von Festwiderständen und Trimm-Potentiometern. Dabei ist jeweils ein Festwiderstand und ein Trimm-Potentiometer in Reihe geschaltet und diese beiden wiederum 8mal (entsprechend den 8 Tönen) parallelgeschaltet. Wird jeweils ein Kontakt geschlossen, so beginnt der *Oszillator* der Miniorgel zu

schwingen und einen Ton im Lautsprecher zu erzeugen (was ein Oszillator ist, wollen wir hier nicht weiter erklären; darüber sollten Sie sich in einem der hinten genannten Bücher informieren). Nun sind 8 Töne einer Tonleiter natürlich nicht ungeheuer viel. Außerdem fehlen noch die Zwischentöne. Die ließen sich aber leicht erzeugen, indem man die Reihe der „Tasten" einfach erweitert. Aber es gibt auch noch einen Trick, mit dem man die Halbtöne ersetzen kann.

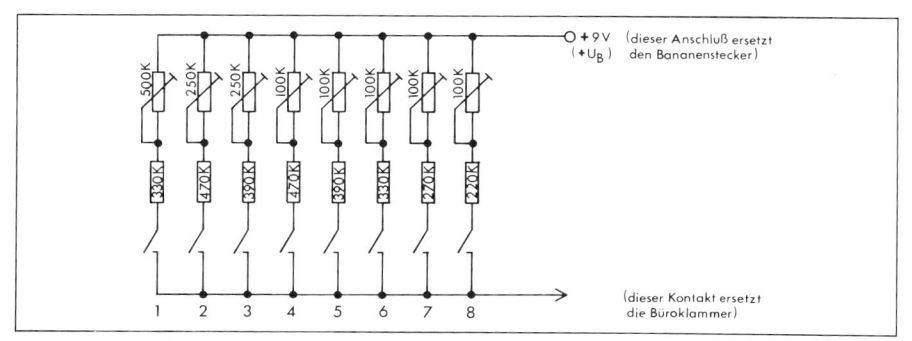

Abb. 5: Wie die Tastatur geschaltet ist.

Werden nämlich zwei Tasten (oder auch mehrere) gleichzeitig gedrückt, so ergibt sich eine völlig neue Tonhöhe, die sich aus der Summe der Widerstandswerte der nun parallelgeschalteten (niedergedrückten) Widerstände ergibt. Wer seine Widerstände geschickt stimmt, kann auf diese Weise die fehlenden Halbtöne erzeugen. Dabei empfiehlt sich sogar eine etwas ungenaue Abstimmung. Aber das müssen Sie einfach ausprobieren.

Einen Nachteil gegenüber dem Klavier zum Beispiel hat die Miniorgel aber auch dann noch. Man kann auf ihr auch bei dieser dazugeschalteten Tastatur niemals zwei oder mehr Töne gleichzeitig spielen. Unsere Tastatur ist eben nur in der Lage, feste Töne abrufbar zu machen, nicht aber Tonkombinationen zu gestatten. Trotzdem bleibt das Instrument ein lustiges und verblüffendes Spielzeug mit einer überraschend einfachen Elektronik.

Bau der Miniorgel mit Tastatur

Diese Form der Miniorgel ist zugleich noch einmal ein hervorragendes Übungsstück zur Vervollkommnung Ihrer *Lötkünste*. Die in *Abbildung 4* gezeigte Miniorgel, die einem Klavier nachempfunden ist, vereinigt tragende Teile zugleich mit leitenden Teilen. Schauen Sie sich also die Abbildung noch einmal genau an, bevor Sie zu löten beginnen, damit Sie nicht unbeabsichtigt Brücken an falschen Stellen herstellen (in *Abb. 7* ist das gezeigt).

Außer den elektronischen Bauelementen, die wir bereits auf *Seite 10* aufgezählt haben, brauchen Sie für diese Miniorgel noch folgende Materialien:

1 Stück Lochraster-Platine
20 cm × 10 cm
3,50 m Kupfer- oder Silberdraht, wie man ihn zur Schmuckherstellung benutzt
2 Widerstände 330 kΩ
2 Widerstände 470 kΩ
2 Widerstände 390 kΩ
1 Widerstand 270 kΩ
1 Widerstand 220 kΩ
1 Trimm-Potentiometer 500 kΩ
2 Trimm-Potentiometer 250 kΩ
5 Trimm-Potentiometer 100 kΩ
1 9-Volt-Batterie

Beginnen Sie zunächst mit dem Zusammenlöten der äußeren Kontur der Miniorgel, die eine Grundfläche von 18mal 7 cm auf der Lochplatte einnimmt und eine Höhe von etwa 17 cm hat (vgl. dazu in *Abbildung 7* die blau markierten Drähte).
Die eigentliche Elektronik der Miniorgel wird so, wie auf *Abbildung 7* in Schwarz gezeigt ist, zusammengelötet.

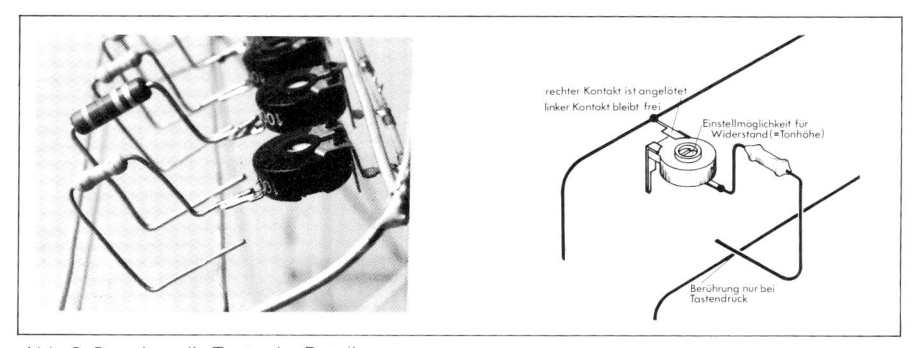

Abb. 6: So sehen die Tasten im Detail aus.

Die einzelnen „Tasten" des Instruments werden aus je einem Festwiderstand und einem Trimm-Potentiometer so zusammengelötet, wie es *Abbildung 6* zeigt. Die freien Drahtenden hinter dem Festwiderstand der einzelnen Tasten sind zugleich die Zungen für den Kontakt, die den darunterliegenden querlaufenden Draht nicht berühren dürfen. Erst beim Herunterdrücken der Taste wird der Kontakt geschlossen. Da die ganze Anlage aus elastischem Draht besteht, können Sie sich alles nach dem Zusammenbau zurechtbiegen.

Wie oben schon angekündigt, kann man unsere Miniorgel natürlich auch noch verbessern; und zwar sowohl im Hinblick auf ihre Tonqualität, wie auf die Lautstärke. Beides erfordert einen höheren elektronischen Aufwand, der Ihnen zugleich gestattet, Ihre Anfangskenntnisse in Richtung einer elektronischen Fachkennerschaft zu erweitern.

Und damit kommen wir zu unserer

Super-Super-Miniorgel

Hier die Bauteil-Liste:

für die eigentliche Miniorgel:
5 Transistoren BC 550 B
  (T_1 bis T_5)
1 Transistor BC 177 B (T_6)
1 Transistor BD 137-10
4 Widerstände 1 KΩ (R_1 bis R_4)
1 Widerstand 10 (R_5)
1 Kondensator 2,2 μF (C_1)
1 Kondensator 0,47 μF (C_2)
für die Tastatur:
8 Widerstände 1 kΩ (R_T)
8 Trimm-Potentiometer 5 kΩ (P_T)
1 Klein-Lautsprecher 8 Ω
1 9-Volt-Batterie

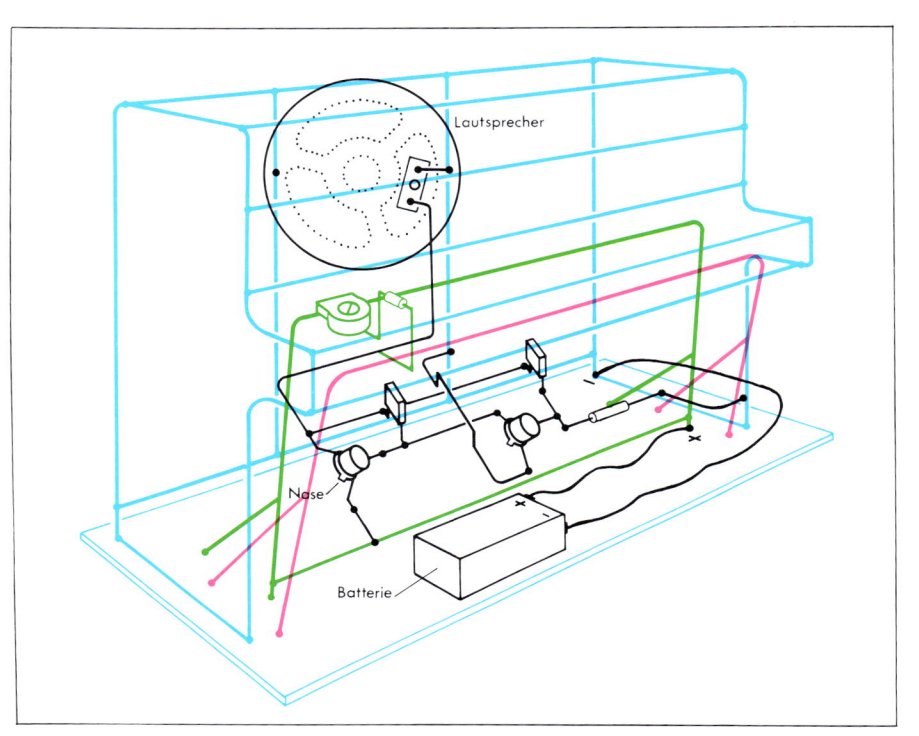

Abb. 7: So ist die Miniorgel konstruiert. Um die Zeichnung übersichtlich zu halten, ist nur eine Taste eingezeichnet. Schwarz = Elektronik der Miniorgel, blau = „Klavierrahmen", grün = Reihe mit den Widerständen, rot = Kontaktdraht, auf den die Widerstände drücken. Zu Berührungen darf es nur an den Punkten(●) kommen.

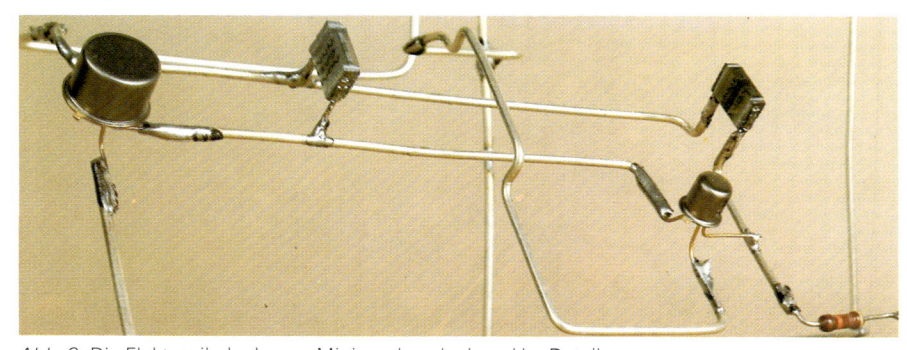

Abb. 8: Die Elektronik der Luxus-Miniorgel noch einmal im Detail.

Diese Miniorgel, die im Prinzip genauso aufgebaut ist wie unser voriges Modell, umfaßt bereits eine ganze Menge Elektronik; nämlich 7 Transistoren, 5 Widerstände, 2 Kondensatoren, und natürlich wieder je 8 Festwiderstände und Trimm-Potentiometer für die Tastatur.

Wie funktioniert diese Miniorgel?

Bei der folgenden Beschreibung gehen wir schon etwas ins elektronische Detail. Wenn Sie nicht ganz mitkommen, dann sollte Sie das nicht daran hindern, die Orgel einfach nach den hier gegebenen Beschreibungen und Zeichnungen aufzubauen. Wenn Sie aber in dem einen oder anderen hinten angegebenen Buch schon ein wenig herumgeschnüffelt haben, müßten Sie die Funktionsbeschreibung verstehen.

Die Schaltung nach *Abbildung 10* zeigt eine Miniorgel, die im wesentlichen aus folgenden Baugruppen besteht:

1. aus einem elektronischen gestuften Widerstand (der Tastatur und T_1);

2. einem regelbaren astabilen Multivibrator — einem elektronischen Schwingkreis (bestehend aus T_2 bis T_5; R_1 bis R_4; C_1);
3. einem Trenn-Verstärker (bestehend aus T_6; C_2);
4. einem Endverstärker (bestehend aus T_7; R_5; Lautsprecher).

Das Herz dieser Miniorgel ist der aus den Transistoren T_2 bis T_5 bestehende astabile Multivibrator. Dieser Multivibrator erzeugt eine Schwingung, die durch

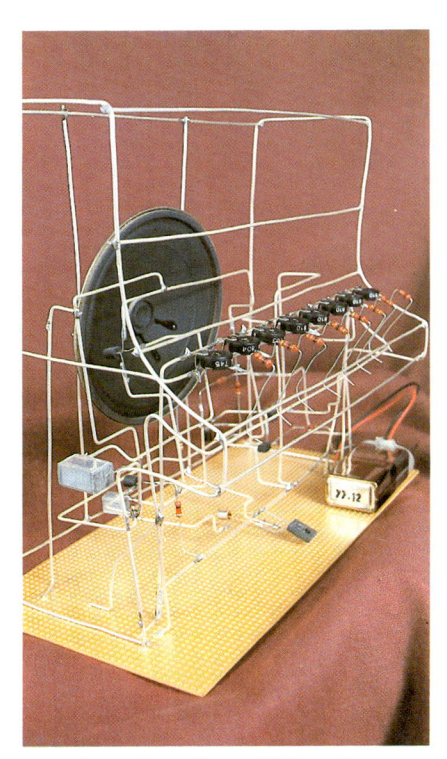

Abb. 9: Die Super-Super-Miniorgel.

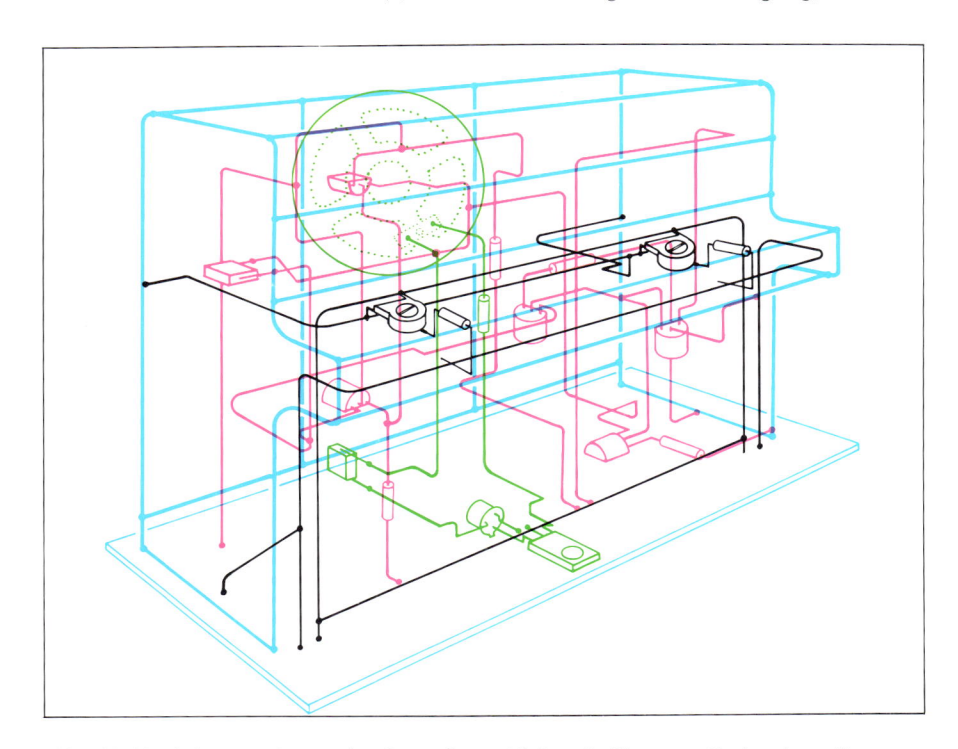

Abb. 10: Verdrahtungsschema der Super-Super-Miniorgel. Blau = „Klavierrahmen", rot = Multivibrator (Tonerzeuger) grün = Endstufe (Verstärker), schwarz = Tastatur, ● = Lötpunkte, in denen sich die einzelnen Kreise berühren.

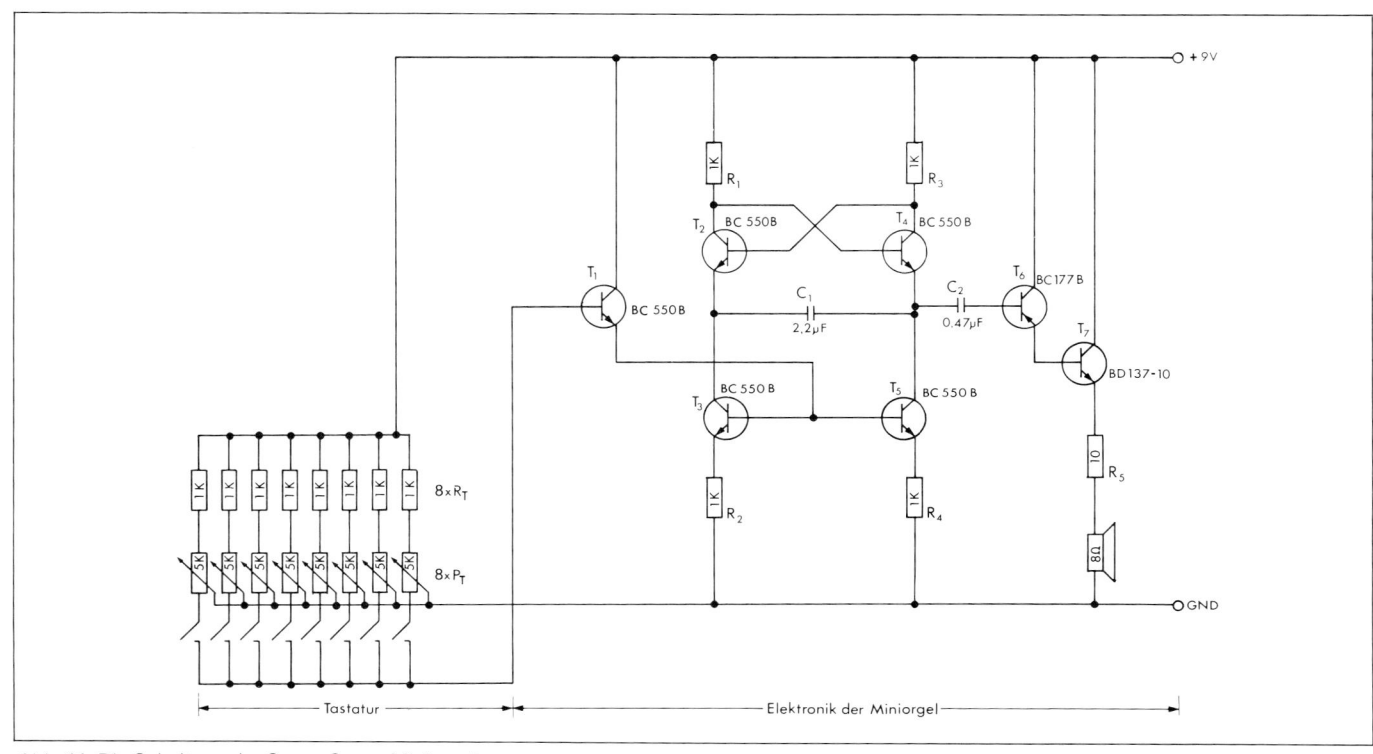

Abb. 11: Die Schaltung der Super-Super-Miniorgel.

die Widerstände R_1 bis R_4 und durch den Kondensator C_1 bestimmt wird. Dieser Multivibrator läßt sich aber noch zusätzlich steuern an den Basen der Transistoren T_3 und T_5. Liegt an diesen Basen keine Spannung an, so kann der Multivibrator nicht schwingen.

Durch abwechselndes Schalten der Transistoren T_2 und T_4, die durch den Multivibrator erfolgt, wird der Kondensator C_1 ständig von Plus auf Minus und umgekehrt umgeladen, so daß am Emitter des Transistors T_4 eine soge-

nannte *Dreiecksspannung* entsteht und abgegriffen werden kann. Diese Dreiecksspannung ist verantwortlich dafür, daß der Klang dieser Miniorgel weicher ist als derjenige der Einfachausführung. Wir sagten schon, daß die Frequenz dieser Dreiecksspannung abhängig ist von den Widerständen R_1 bis R_4 sowie von dem Kondensator C_1 und schließlich noch dem Innenwiderstand der Transistoren T_3 und T_5. Dieser Innenwiderstand der beiden Transistoren kann durch eine Gleichspannung an der

Basis verändert werden, wodurch sich der Multivibrator steuern läßt.

Diese Steuerung übernimmt der Transistor T_1. Entsprechend der veränderbaren Spannung an seiner Basis, die durch das Widerstandsnetzwerk der Tastatur bestimmt wird, legt T_1 eine veränderbare Steuerspannung an die Basen von T_3 und T_5. Auf diese Weise können unterschiedliche Frequenzen und damit auch Töne geschaltet werden. Der Transistor T_6 und der Kondensator C_1 haben die Aufgabe, die nötige Leistung für den Endverstärker aufzubringen und Gleichspannungen vom Ausgang fernzuhalten. Außerdem sorgt T_6 dafür, daß der Ausgang des Multivibrators nicht zu stark belastet wird.

Der Transistor T_7 bildet zusammen mit dem Widerstand R_5 und dem Lautsprecher die Endstufe der Miniorgel. T_7 bringt dabei die für eine ausreichende Lautstärke notwendige Leistung auf. Der Widerstand R_5 begrenzt den Strom, der durch den Transistor T_7 fließt und er schützt ihn damit vor Überlastung, die ihn zerstören könnte.

Wenn Sie diese Beschreibung beim ersten Lesen nicht ganz verstanden haben, dann wiederholen Sie sie ruhig mehrmals und holen Sie sich vielleicht Zusatzinformationen aus den hinten genannten Büchern.

Und jetzt geht es wieder ans Bauen.

Bau der Super-Super-Miniorgel

Im Prinzip geht es hier genauso vor sich wie bei der einfacheren Miniorgel. Damit Sie keine Schwierigkeiten bei der Verdrahtung der Elektronik haben, ist sie in *Abbildung 11* noch einmal gesondert herausgezeichnet. Die Tastatur unterscheidet sich von der unserer einfachen Miniorgel nur dadurch, daß die „Schalter" (die sich auf Druck berührenden Drahtenden) hinter den Trimm-Potentiometern befinden. Außerdem hat die Tastatur jetzt drei Anschlüsse. Wie sie mit der Elektronik der Orgel zu verbinden sind, sehen Sie in *Abbildung 10* und in der Schaltung auf *Abbildung 11*. Da hier bereits alles ein wenig enger zugeht, müssen Sie aufpassen, daß sich nicht Drähte berühren, die sich nicht berühren sollen.

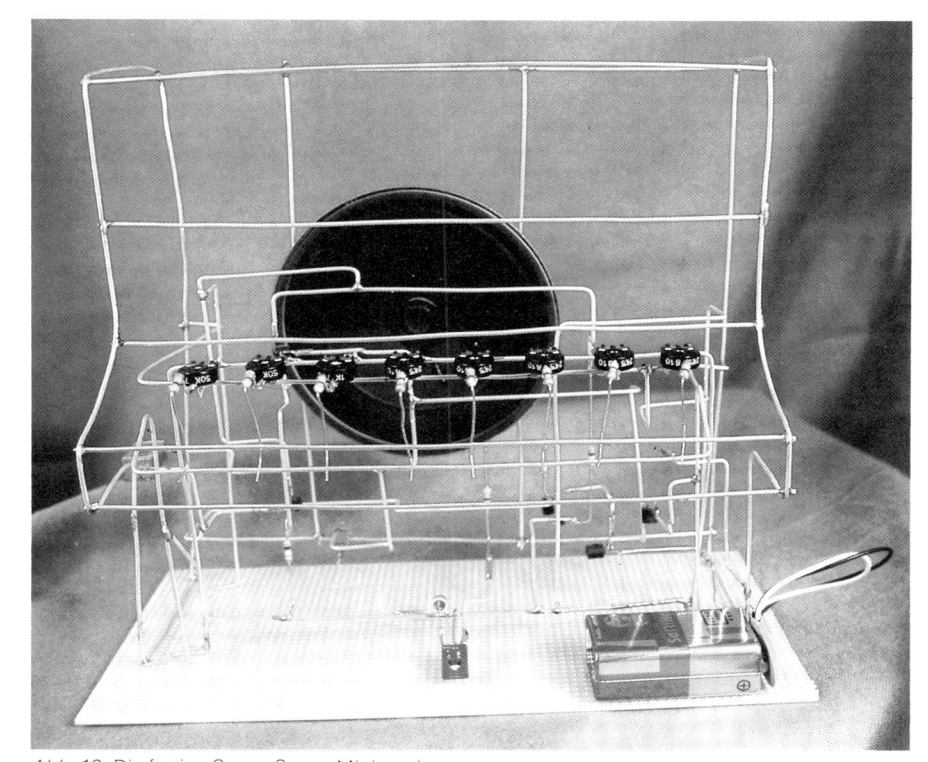

Abb. 12: Die fertige Super-Super-Miniorgel.

Der Hobby-Song sagt es mit Musik

Hobby-Song — die musikalische Türglocke

In den 50er Jahren war es. Da waren es die Leute wohl leid, sich durch die jahrhundertealte Türglocke bemerkbar zu machen. Zwar war diese Türglocke im Laufe der Zeit elektrifiziert worden; aber bimmeln, läuten oder schellen tat sie deshalb trotzdem immer noch. In den 50er Jahren also erfand man den elektrischen Türgong, der mit einem melodischen ding-dong darauf aufmerksam machte, daß jemand an der Tür stand. Ein rechter Fortschritt war aber auch dieses ding-dong immer noch nicht; denn statt an Glocken oder Klingeln schlug jetzt ein Klöppel an unterschiedlich lange Röhren oder Metallstreifen.

Einen echten Fortschritt bringt eigentlich erst Hobby-Song. Hier müssen wir allerdings gestehen, daß diese Art musikalischer Türglocke von der Hobbythek nicht erfunden worden ist, daß sie aber — gewissermaßen als brandneue Erfindung von uns aufgenommen und auch noch mit einigen technischen Verbesserungen versehen worden ist.

Hobby-Song kann wie der inzwischen gute alte Haustürgong ebenfalls ding-dong machen. Aber er kann noch mehr: nämlich insgesamt 12 oder – durch einen einfachen Zusatz — sogar 14 Anfänge verschiedenster Melodien spielen.

Mit anderen Worten: Mit Hobby-Song wird es möglich, daß ein Besucher sich z.B. mit der Melodie ,,Ich weiß nicht, was soll es bedeuten'' bemerkbar macht. Was es wirklich bedeutet, erfahren Sie spätestens dann, wenn Sie die Tür öffnen.

Aber Hobby-Song kann noch mehr als nur anzeigen, daß jemand vor der Tür steht. Hobby-Song kann Sie z.B. – sinnreich mit einem Wecker zusammengeschaltet – morgens wecken, etwa mit „Im Frühtau zu Berge . . .".

Hobby-Song kann aber auch noch dies: Wenn z.B. Ihr Bettnachbar oder Ihre Bettnachbarin zum Schnarchen neigt, dann kann Hobby-Song durch ein sinnreiches Zusatzgerät beruhigend tönen ,,Guten Abend, gute Nacht'' und dadurch der Schnarcherei auf sanfte Weise ein Ende bereiten.

Oder Hobby-Song zeigt durch ein anderes Zusatzgerät, etwa durch die Melodie ,,Am Brunnen vor dem Tore'' an, daß das Baby im Körbchen gerade anfängt, seine Windeln zu nässen. Dann ist es ein Kinderspiel, das Baby sofort neu zu wickeln, ihm einen wunden Po und Ihnen eine unruhige Nacht durch Geschrei zu ersparen.

Dies alles und noch manches mehr kann Hobby-Song. Und wie macht er das?

Ein paar Bemerkungen zum Thema Mikro-Computer

Das Herzstück von Hobby-Song ist ein Mikro-Computer; in unserem Falle einer von Texas-Instruments mit der Typenbezeichnung TMS 1.000 NL 3228. Dieser sogenannte Ein-Chip-Mikro-Computer ist masken-programmiert, d.h. es ist ihm bereits im Werk ein bestimmtes Programm — unsere 14 Melodien also — ,,eingeprägt'' worden.

Diese Mikro-Computer konnte man erst

Abb. 1: Der hochintegrierte Schaltkreis TMS 1000 im „Dip"-Gehäuse.

entwickeln, als man die sogenannten integrierten Schaltkreise — auch ICs genannt — erfunden hatte. Sie eröffneten der Elektronik Möglichkeiten, an die man bei der Erfindung der Halbleitertechnik vor nicht einmal 30 Jahren nicht zu denken gewagt hat. Ein solcher integrierter Schaltkreis, wie er in *Abbildung 1* in Originalgröße gezeigt ist, kann man heute bereits mehr Funktionen unterbringen, als sie von 30 000 Transistoren herkömmlicher Bauart geleistet werden.

Diese vielen Funktionen sind auf einem *Silizium-Plättchen* mit einer Fläche von nur rund 30 mm² untergebracht. Man ist bereits dabei, die Zahl der Funktionen noch wesentlich zu erhöhen. Hergestellt werden diese Plättchen mit Hilfe sehr komplizierter fotochemischer Verfahren. Wenn es inzwischen nicht längst zu einer Massenproduktion gekommen wäre, wären diese Schaltungen für den Normalverbraucher unbezahlbar.

Nun sind aber die Techniker bei der Entwicklung der Integrierten Schaltkreise nicht stehengeblieben. Diese Schalt-

kreise haben nämlich den Nachteil, daß ihre Anwendungsmöglichkeiten relativ begrenzt sind. Da man aber aus Kostengründen möglichst hohe Stückzahlen erreichen muß, suchte man nach Möglichkeiten, wie man dieses Produkt vielfältiger verwenden könnte. Und so entwickelte man den *Mikroprozessor.* Dabei handelt es sich um einen anpassungsfähigen elektronischen Baustein, den man — je nach Anwendungsgebiet — unterschiedlich programmieren kann. Seit der Erfindung des Mikroprozessors kann also ein und derselbe Baustein — die sogenannte *Hardware* — unverändert mit verschiedenen Programmen — der sogenannten *Software* — programmiert werden.

Stellt man einen solchen Mikroprozessor in den Mittelpunkt eines Datenverarbeitungs-Systems mit Ein- und Ausgabeeinheit, Programm- und Arbeitsspeicher, dann hat man ein *Mikro-Computer-System.* Und um nichts anderes handelt es sich bei unserem Mikro-Computer im *Hobby-Song.*

Der Mikro-Computer TMS 1.000 NL 3228 ist so programmiert, daß er bei entsprechender Koppelung mit relativ wenigen anderen elektronischen Bauteilen Lieder abspielen kann. Noch vor wenigen Jahren wäre dies nur mit einem ganz erheblichen Aufwand an Bauelementen und auch an Programmierung möglich gewesen. Heute aber ist das viel einfacher: Der Mikro-Computer gibt in vorher festgelegter Reihenfolge sogenannte High-and-Low-Impulse von bestimmter Länge an einen Verstärker. Über den Verstärker kommen diese Signale an einen Lautsprecher, und aus ihm kann man sie dann als Musik hören. Bei den Impulsen han-

delt es sich um sogenannte Rechteck-Schwingungen, bei denen ein Ton anders als z. B. bei den sogenannten Sinus-Schwingungen klingt, weil er obertonreicher ist.

Bei seiner Programmierung sind unserem Mikro-Computer die Schwingungsdauer (Tonhöhe) und die Tonlänge (Notenlänge) eingegeben worden. Und dies sind die Anfänge der Lieder, die dem Mikro-Computer TMS 1.000 einprogrammiert worden sind:

1. „Guten Abend, gute Nacht"
2. „Einmal am Rhein . . ."
3. „Ich weiß nicht, was soll es bedeuten"
4. „Ding-Dong"
5. „Am Brunnen vor dem Tore"
6. „Lied der Bayern"
7. „Trink Brüderlein, trink"
8. „Die blauen Dragoner, sie reiten"
9. „Nationalhymne der Bundesrepublik Deutschland"
10. „Lili Marleen"
11. „Die Tiroler sind lustig"
12. „Wer soll das bezahlen?"

In unserem Bausatz ist ein 12poliger Schiebeschalter enthalten, mit dem eingestellt werden kann, welches dieser 12 Lieder *Hobby-Song* spielen soll.

Wenn Sie stattdessen einen 8poligen Schalter und einen zusätzlichen Umschalter verwenden, dann können noch zwei weitere Lieder abgespielt werden, die ebenfalls in den Mikro-Computer einprogrammiert sind:

13. „Fuchs, Du hast die Gans gestohlen"
14. „Im Frühtau zu Berge wir zieh'n, fallera".

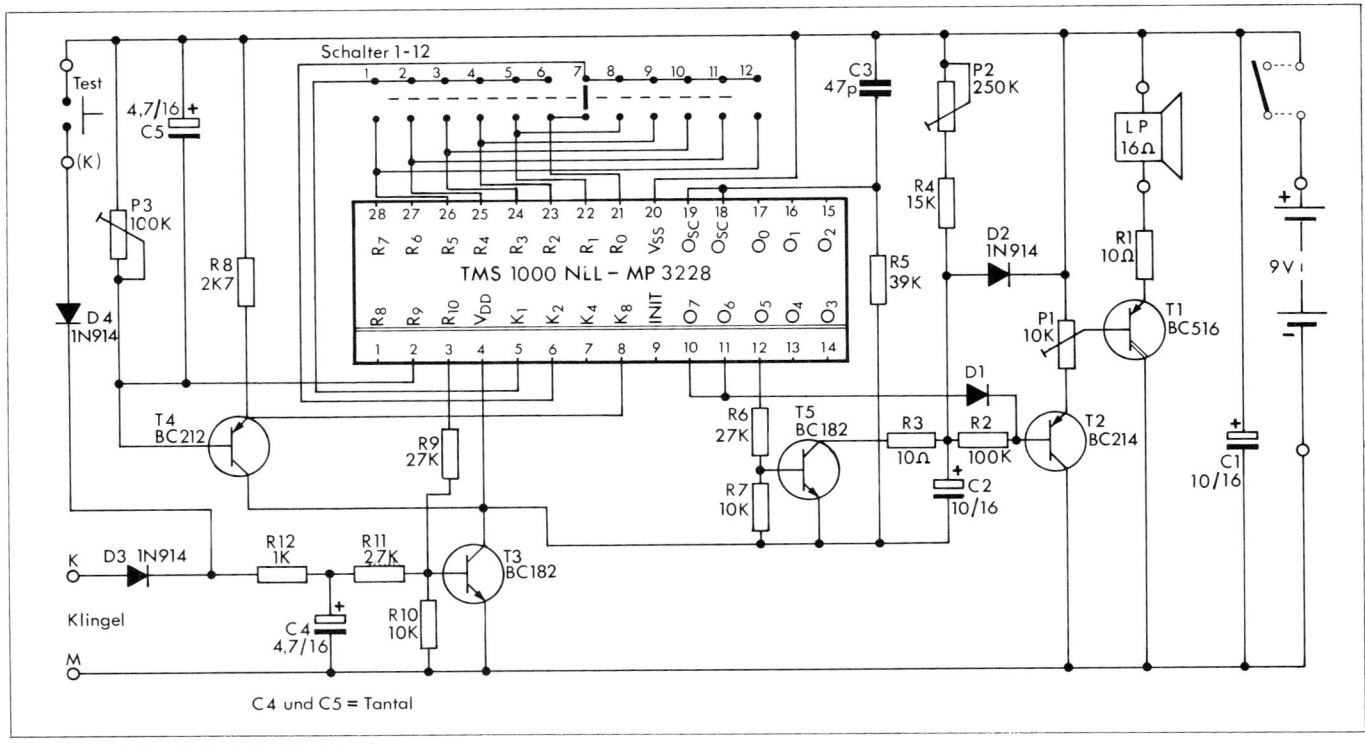

Abb. 2: Das Schaltbild des Hobby-Song.

Wie die Schaltung des Hobby-Song funktioniert

Wir sagten schon, daß zwei wichtige Funktionen des Mikro-Computers darin bestehen, die wechselnden Tonhöhen und Tonlängen zu steuern. Wenn die Funktion der Schaltung jetzt im einzelnen beschrieben wird, dann läßt es sich nicht umgehen, daß auf kompliziertere elektronische Zusammenhänge eingegangen wird. Der folgende Absatz ist also mehr etwas für Fachleute. Wer noch nicht alles versteht, was jetzt

kommt, wird aber trotzdem in der Lage sein, den Bausatz funktionsfähig zusammenzusetzen.

Zunächst muß das Computer-Programm in Gang gesetzt werden. Das kann einmal dadurch geschehen, daß der Taster *Test* betätigt wird oder aber ein positiver Impuls über den Anschluß *Klingel* kommt, der bei eingebautem Gerät dadurch zustande kommt, daß man auf den Klingelknopf drückt. Durch diesen Impuls wird der Transistor T_3 geöffnet, der wiederum den Masse-

anschluß V_{DD} des Computers mit dem Minusanschluß der Batterie verbindet. Damit kann das Computer-Programm ablaufen.

Dieser Transistor T_3 muß geöffnet bleiben, solange das Programm abläuft. Das wird dadurch erreicht, daß der Computer seinen Ausgang R_{10} auf hohes Potential legt. Während der Computer T_3 offenhält, gibt er über die Anschlüsse O_7, O_6 und O_5 den Takt und die Melodie aus. Über den Schiebeschalter S_{1-12} kann man festlegen, welche Me-

20

lodie gespielt wird. Mit diesem Schiebeschalter werden die Eingänge des Computers K_1 bzw. K_2 mit den Ausgängen R_2 oder $R_3 \ldots$ oder R_7 verbunden. Diese 2×6 Kombinationen ergeben 12 Melodien.

Unsere Schaltung ist so eingerichtet, daß man sowohl das *Tempo* wie auch die *Lautstärke* und in bestimmten Grenzen sogar den *Klang* einstellen kann. Das Tempo läßt sich mit dem Potentiometer P_3 bestimmen, die Lautstärke mit P_1 und der Klang mit P_2.

Verstärkt werden die Töne über die Transistoren T_5, T_2, T_1. Für Fachleute dieser Hinweis: Der Transistor T_5 ist ein BC 516 Kleinleistungs-Darlington-Transistor mit einem Verstärkungsfaktor von 30 000 und einer Verlustleistung von 625 mW.

R_5 und T_3 sind die *zeitbestimmenden* Glieder für einen Oszillator hinter den Anschlüssen O_{sc} des Computers. Die Frequenz dieses Oszillators ist höher als 100 kHz. Er „treibt" den Mikrocomputer an, der auf diese Weise ausrechnen kann, ob die O-Ausgänge „hoch" oder „niedrig" sein sollen. Solange eine Melodie spielt, erfolgt die Selbsthaltung der Schaltung über den Ausgang R_{10} des Mikro-Computers, der auf „hoch" liegt. Ist die Melodie abgespielt, dann setzt der Computer R_{10} auf „niedrig". Der Transistor T_3 sperrt dann wieder, und die Schaltung geht in Ruhestellung. Sie verbraucht so kaum Strom.

Nun gibt es in der Schaltung noch verschiedene Bauelemente, die gewissermaßen *Hilfsfunktionen* ausüben. Wir nennen hier nur die wichtigsten.

● Die Diode D_1 dient als *Verpolungsschutz;* und zwar auch bei einer Einschaltung über die Türklingel.

● R_1 hat die Aufgabe, den Hobbysong bei Anschluß an die Türklingel *störunempfindlich* zu machen.

● Mit R_2 ist die *Empfindlichkeit* und die *Ansprechzeit* des Mikro-Computers eingestellt.

● Der Kondensator C_5 *verhindert eine Schwankung* der angelegten Versorgungsspannung von 9 V.

Die nötige *Versorgungsspannung* kann man entweder über zwei *hintereinandergeschaltete* Flachbatterien von jeweils 4,5 V erreichen oder zwei *parallelgeschaltete* 9-V-Batterien (Energie-Blocks). Frei von allen Energie-Problemen sind Sie aber, wenn Sie *Hobby-Song* über einen Klingel-Trafo und unser Netzteil GNT versorgen, das ab Seite 34 beschrieben wird.

Wie Hobby-Song aufgebaut wird

Für Anfänger unter den Elektronikbastlern könnte das Gewirr von Symbolen auf der Platine und die Menge der einzelnen Bauelemente verwirrend wirken. Lassen Sie sich nicht entmutigen, son-

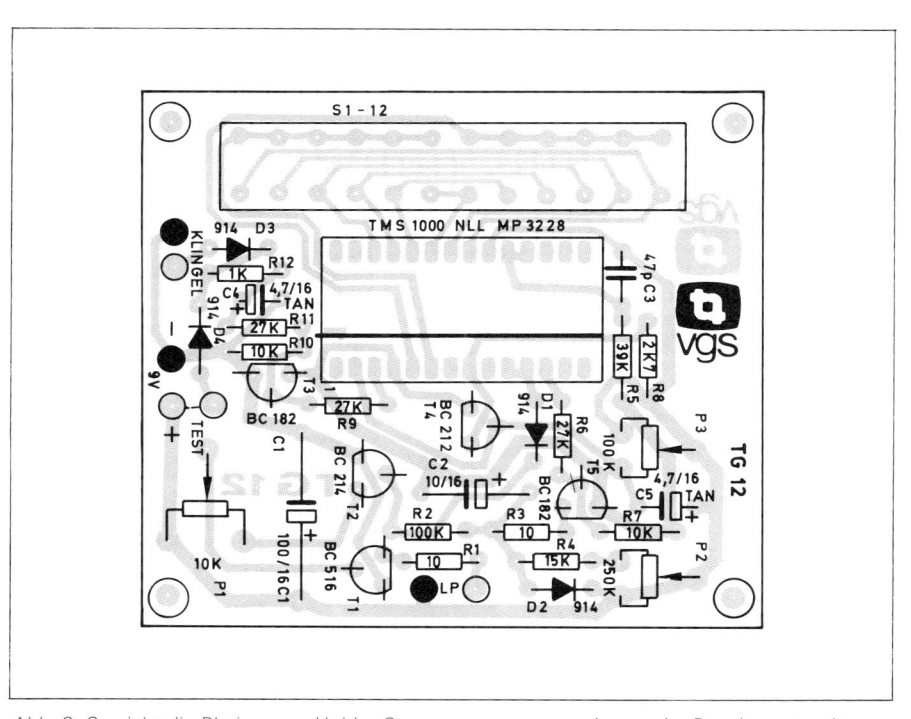

Abb. 3: So sieht die Platine zum Hobby-Song aus, wenn man sie von der Bauelementeseite aus betrachtet. Die Leiterbahnführung (graue Bahnen) ist von unten durchscheinend eingezeichnet, also spiegelbildlich zur Ansicht von der Rückseite.

dern gehen Sie in ganz kleinen Schritten vor, die jetzt im einzelnen beschrieben werden. Wenn Sie noch gar keine Erfahrung mit dem Löten haben, sollten Sie das aber zunächst einmal an weniger empfindlichen Objekten probieren und vielleicht so vorgehen, wie es in den hinten angegebenen Büchern oder Heften beschrieben ist.

Wichtig ist es, zunächst einmal Ordnung zu schaffen. Das geht am einfachsten, wenn Sie sich die Stückliste und den Schaltplan des Bausatzes zurecht-legen und die einzelnen Bauelemente der Stückliste zuordnen.

Da es bei einigen Bauteilen wichtig ist, daß die Plus- und Minusseiten nicht verwechselt werden, hier noch einmal kurz zur Wiederholung:

Die Kathodenseite der *Dioden* — den Minusanschluß also — erkennen Sie am breiten gelben oder auch schwarzen Streifen. Bei unserem Bausatz ist die Kathodenseite außerdem am blauen Papierstreifen der Verpackung zu erkennen.

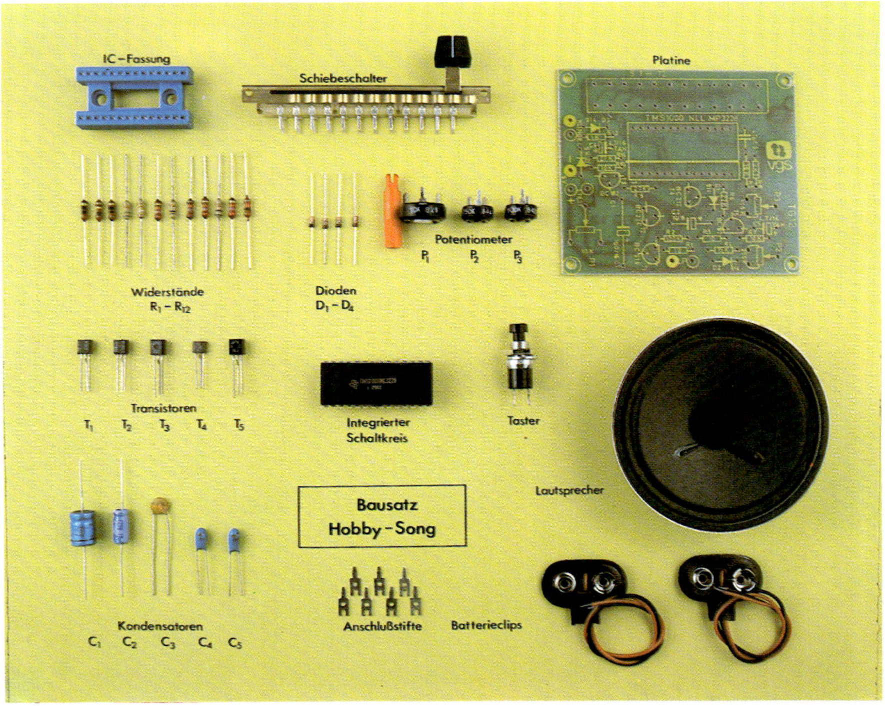

Die *Elkos* (Elektrolyt-Kondensatoren) sind an der Plusseite entsprechend gekennzeichnet. Bei den *Scheiben-Kondensatoren* spielt die Polarität keine Rolle. Bei den *Widerständen* geht es nicht um Plus und Minus, sondern um die Widerstandswerte. Sie lassen sich an den Farbringen ablesen, die Sie mit einer entsprechenden Tabelle vergleichen müssen (Sie finden sie auch in den Baubeschreibungen der Bausätze).

Beim Einlöten der Bauelemente geht man in einer bestimmten Reihenfolge vor. Sie lautet:

1. Einlöten der IC-Fassung und des Schiebeschalters;
2. Einlöten der Widerstände und Kondensatoren;
3. Einlöten der Dioden;
4. Einlöten der Transistoren;
5. zum Schluß kommt das Einlöten der Steckstifte für die externen Bauelemente.

Das schwierigste Stück Arbeit ist das Einlöten der *IC-Fassung*, die man auch Sockel nennt. Die Verwendung eines solchen Sockels hat den Vorteil, daß nicht direkt am IC gelötet werden muß; er also nicht durch Hitze beschädigt werden kann.

Vor dem Einlöten des Sockels prüfen Sie, ob alle Anschlußdrähte senkrecht stehen und eine Linie bilden. Ist das nicht der Fall, so korrigieren Sie vorsichtig. Stecken Sie dann den Sockel mit allen Anschlußstellen gleichzeitig in die vorgebohrten Löcher der Platine. Die Stifte werden einzeln, von links nach rechts fortschreitend, eingelötet. Dabei müssen Sie freilich peinlich genau darauf achten, daß nicht zuviel Lötzinn dazugegeben wird und daß der

Abb. 4: Vor dem Löten müssen die Bauelemente identifiziert werden. Wenn sie so ordentlich sortiert werden, ist das Bestücken der Platine eine Kleinigkeit.

Lötkolben nicht zu lange an die Anschlußstellen gehalten wird. Auf keinen Fall darf verlaufenes Lötzinn eine Brücke zwischen zwei Stiften herstellen, es sei denn, daß dies in der Schaltung ausdrücklich angegeben ist.

Dies alles klingt komplizierter als es in der Realität ist. Hier noch einmal zusammengefaßt, wie Sie vorgehen sollen:

Legen Sie die Platine auf diejenige Seite, in die Sie den Sockel hineingesteckt haben, so daß Sie gut an die Stifte herankommen.

Halten Sie die Lötkolbenspitze gleichzeitig an den Anschlußstift und die Kupferbahn der Platine, damit beide vorgewärmt werden. Nach etwa 3 Sekunden tippen Sie mit dem Lötdraht kurz an die Lötkolbenspitze und lassen etwas Lötzinn an den Anschlußstift fließen und eine Verbindung zwischen ihm und der Leiterplatine herstellen. Dabei darf der Sockel solange nicht bewegt werden, bis das Lötzinn erstarrt ist. Das dauert maximal 5 Sekunden.

Wenn Sie zu lange an einer Stelle mit dem Lötkolben herumwerken, kann die Kupferbahn sich von der Platine abheben.

Eine gute Lötstelle muß aussehen, wie auf *Abbildung 5 rechts*. Daneben sehen Sie Lötstellen, die nicht warm genug geworden sind; bei denen also das Lötzinn nicht ausreichend geflossen ist.

Für das Einlöten der Bauelemente gilt grundsätzlich, daß immer nur *ein* Element eingesetzt und angelötet werden soll, bevor Sie das nächste in die Platine stecken.

Und noch ein Tip: Löten Sie Halbleiter-Bauelemente wie Dioden, Transistoren, Tantal-Kondensatoren (in unserem

Abb. 5: Sehen Ihre Lötstellen so aus, wie auf dem Bild links? Dann sollten Sie so lange löten üben, bis Sie das Ergebnis rechts erreichen.

Bausatz sind sie blau) oder auch die Potentiometer so ein, daß die Elemente etwa 3 mm Abstand von der Platine haben. Sie verhindern dadurch, daß sich die Bauelemente beim Einlöten zu stark erhitzen und beschädigt werden können.

Wenn alle Bauelemente eingelötet sind, können Besitzer eines Ohm-Meters prüfen, ob die Anschlußstifte auch wirklich keinen Nachbarkontakt haben.

Und jetzt geht es ans Einsetzen des *Mikro-Computers*. Lösen Sie den Chip aus seinem leitenden Schaumstoffbett und nehmen Sie zunächst einmal locker Maß an dem IC-Sockel. In der Regel muß man die Beinchen etwas nach innen biegen, damit er sich in den Sockel eindrücken läßt. Nehmen Sie dazu den Chip zwischen Daumen und Zeigefinger beider Hände und biegen Sie durch Andrücken einer geschlossenen Beinreihe auf die Arbeitsunterlage die Anschlüsse vorsichtig nach innen. Bitte das aber wirklich mit Gefühl machen, weil dieses Bauteil sehr empfindlich ist. Wenn dann alles paßt, dann wird das IC gleichmäßig mit allen Beinen zugleich in den

Sockel gedrückt, wobei Sie darauf achten müssen, daß die *Einkerbung* auf dem Bauteil über dem entsprechenden Strich auf der Platine liegt.

Und nun wird es spannend.

**Hobby-Song
wird in Betrieb genommen**

Wenn Sie das Gefühl haben, jetzt hätten Sie alles richtig hinbekommen, dann gehen Sie vielleicht einmal zur Beruhigung um Ihren Arbeitstisch. Stellen Sie die Potentiometer in Mittelstellung, mit denen Sie später Lautstärke, Taktgeschwindigkeit und Klang regeln können. Wählen Sie am Schiebeschalter irgendeine Melodie, die Ihnen gefällt. Legen Sie jetzt an die Schaltung die Spannung von 9 V, die Sie — wie oben beschrieben — entweder aus zwei Flachbatterien, einem Energieblock oder über unser Netzteil von Seite 34 beziehen können. Wenn die Spannung anliegt, setzen Sie Hobby-Song durch Drücken des zwischen den Klemmen „Test" angeschlossenen Tasters in Gang.

Nun kann es durchaus sein, daß jetzt

Abb. 6: Hobby-Song — bereit zum ersten Probebetrieb. Die Batterien müssen richtig gepolt angeschlossen werden, sonst kann Hobby-Song blitzschnell sterben.

gar nichts passiert. Sollte das der Fall sein, so lassen Sie sich bitte nicht entmutigen. Prüfen Sie noch einmal alle Anschlüsse nach, ob sie auch wirklich Kontakt haben und gehen Sie dabei folgendermaßen vor.

Checken Sie zunächst, ob an VSS eine Spannung von plus 9 V liegt. Ist das der Fall, dann prüfen Sie, ob T_3 öffnet, wenn der Taster zwischen den Klemmen „Test" gedrückt wird. Ist auch bis dahin alles in Ordnung, dann prüfen, ob an $O_{sc\,1}$ oder $O_{sc\,2}$ etwa die halbe Speise-

spannung anliegt, wenn der Taster „Test" gedrückt ist. Das kann man allerdings nur mit einem Meßinstrument von mindestens $20\,\mathrm{k}\Omega/\mathrm{V}$ feststellen.

Falls alles dies in Ordnung ist, können Sie davon ausgehen, daß der Mikrocomputer arbeitet und der Fehler an einer anderen Stelle der Schaltung liegt. Dafür müßten dann noch einmal alle Lötpunkte auf eventuell vorhandene Zinnbrücken, kalte Lötstellen oder auch vielleicht falsch eingebaute Bauelemente überprüft werden. Wenn sich

keine Fehler dieser Art finden, läuft die Schaltung in der Regel.

Bevor wir darauf eingehen, wie *Hobby-Song* eingebaut und für welche Zwecke er benutzt werden kann, hier noch ein paar

Tips für die „Verpackung" von Hobby-Song

Vielleicht geht es Ihnen auch so: Bei elektronischen Schaltungen, die man oft mit großer Mühe zusammengesetzt hat, ist es eigentlich schade, wenn nachher alles durch ein Gehäuse verdeckt wird. Hobby-Song ist eine Schaltung, die nicht nur gut klingt, sondern auch gut aussieht. Deshalb möchten wir Ihnen eine Art der Verpackung vorschlagen, bei der das Gerät funktionsfähig an einer Wand angebracht werden kann und trotzdem alles sichtbar bleibt. Und das geht so:

Wir haben *Hobby-Song* zwischen zwei Plexiglasscheiben gebaut (vgl. dazu *Abbildung 9*). Am schönsten sieht es aus, wenn man Plexiglas nimmt, das wie sogenanntes Rauchglas getönt ist.

Sie brauchen dazu zwei Platten von 5 mm Stärke und den Außenmaßen 12 cm × 20 cm. Diese Platten werden durch Schrauben, Muttern und Unterlegscheiben so auf Abstand gehalten, wie es auf *Abbildung 7* zu sehen ist.

Bohren Sie in die Plexiglasplatten nach den angegebenen Maßen die entsprechenden Löcher und für den *Schiebeschalter* einen Schlitz, der durch zwei Bohrungen und ein bißchen Laubsägearbeit leicht herzustellen ist. Beim Bohren am Rand der Platte bitte darauf achten, daß Sie nicht zu stark aufdrücken, damit die Ecken nicht wegplatzen.

In der Deckplatte dürfen Sie die Boh-

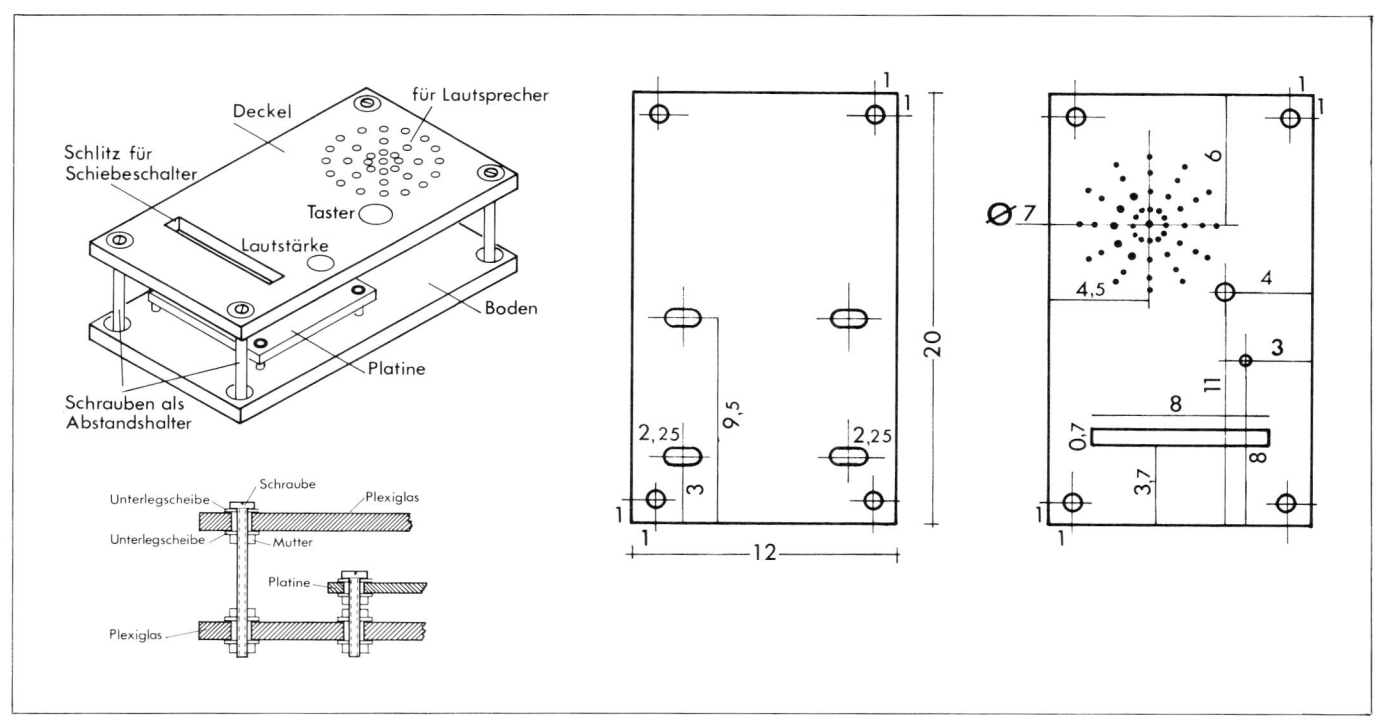

Abb. 7: Das Rauchglasgehäuse des Hobby-Song. Links: Prinzipskizze und darunter ein Schnitt, der zeigt, wie Platine und Plexiglasscheiben zusammengeschraubt werden. Rechts: Maßzeichnung für die beiden Scheiben mit Bohrungen.

rungen für den *Lautsprecher* nicht vergessen, damit die Schallwellen nach außen gehen können. Außerdem sind zwei Löcher für den *Test*-Taster und den *Lautstärkeregler* nötig. Sollte das Gewinde des Tasters zu kurz sein, dann können Sie sich dadurch behelfen, daß Sie mit einem größeren Bohrer eine entsprechende Vertiefung in das Plexiglas anbringen.

Wie Sie beim Zusammenbau vorzugehen haben, ist auf *Abbildung 7* gezeigt. Beim Abstand der beiden Platten von-

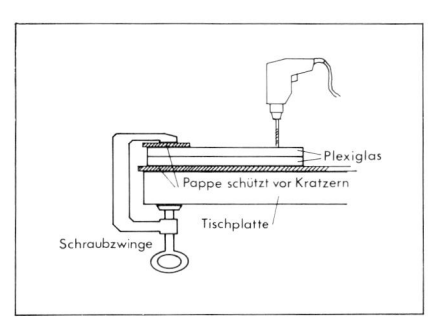

Abb. 8: So kann man paßgenaue Löcher in die Deckplatten bohren.

einander müssen Sie darauf achten, daß das Metallblatt des Schiebeschalters weit genug nach vorn heraussteht, weil auf ihn später noch ein Bedienungsknopf gedrückt wird.

Den Lautsprecher können Sie mit sogenanntem Teppichband (ein auf beiden Seiten klebendes Band) an die rückwärtige Plexiglasscheibe kleben. Geeignet ist dafür aber auch ein Zwei-Komponenten-Kleber.

Und damit Sie das Gerät auch noch fachgerecht im Flur oder anderswo auf-

Und wer die ganze Sache staubdicht haben möchte, der kann natürlich die Seiten auch noch mit entsprechend zugeschnittenen Platten aus demselben Material wie Vor- und Rückwand verschließen. Dabei aber bitte darauf achten, daß das Gerät noch leicht zu öffnen bleibt.

Übrigens hat das Gehäuse für den weiter hinten vorgestellten *Hobby-Talky* das gleiche Format wie das für *Hobby-Song*. Allerdings liegen die Bohrungen etwas anders.

Wer sich keine Mühe mit einem eigenen Gehäuse machen möchte, kann ein fertiges Gehäuse zusammen mit dem Bausatz bestellen (vgl. dazu den Bezugsnachweis im Anhang).

Abb. 9: Wir haben Hobby-Song in Rauchglas eingekleidet und finden das sehr attraktiv.

hängen können, müssen Sie in die rückwärtige Platte noch eine Art umgekehrtes Schlüsselloch bohren (das ist ein Loch mit einem nach oben gehenden Schlitz).

Natürlich können Sie diese Art von Gehäuse auch aus anderen Material bauen; zum Beispiel aus *Holz, farbigem Plastik* oder *Metall.* Bei Metall müssen Sie allerdings darauf achten, daß die Platinenrückseite genügend Abstand von der Metallplatte hat, damit nicht aus Versehen leitende Brücken entstehen.

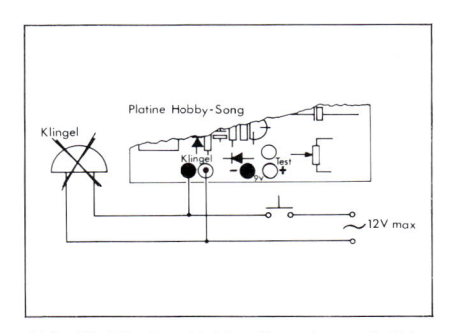

Abb. 10: Mit dem Hobby-Song kann die Türklingel ersetzt werden.

Andere Anwendungsmöglichkeiten für Hobby-Song

Wir haben am Anfang schon gesagt, daß *Hobby-Song* eine viel zu interessante Schaltung ist, um sie nur als Fortentwicklung der Türklingel zu verwenden. Überhaupt bemühen wir uns, Sie bei unseren Vorschlägen nicht nur mit interessanten Schaltungen bekannt zu machen, sondern auch möglichst vielfältige und überraschende Anwendungsmöglichkeiten herauszufinden. Bei Hobby-Song ist die Palette der Verwendungsarten besonders reichhaltig.

Der musikalische Hampelmann

Das Bedürfnis kleiner Kinder nach beweglichen, Töne oder Lichtzeichen von sich gebenden Gegenständen, ist be-

Abb. 11: Der Hampelmann mit dem Hobby-Song in der Brust, unten mit abgenommener Rückwand. Das Holz am rechten inneren „Armgelenk" drückt beim Ziehen auf den darunter angebrachten Taster.

sonders groß. Genau dies aber sind auch besonders häufige Äußerungsweisen der Elektronik. Was liegt da näher, als *Hobby-Song* als ein Töne von sich gebendes Gerät für kleine Kinder nutzbar zu machen?

Wir schlagen Ihnen hier den Einbau von *Hobby-Song* in einen Hampelmann vor. Damit soll nicht gesagt sein, daß das die einzige Anwendungsmöglichkeit im Kinderzimmer wäre. Sie können *Hobby-Song* ebensogut in einem Kasten verstecken, in den man sonst eine Spieluhr hineinbaut und den Auslöser zum Beispiel mit dem Deckel verbinden. Lassen Sie Ihre Phantasie schweifen, es wird Ihnen sicher eine ganze Menge dabei einfallen.

Bei unserem elektronischen Hampelmann betätigt die Schnur, mit der man Arme und Beine des Hampelmanns bewegt, zugleich einen Schalter, der *Hobby-Song* in Gang setzt.

Dazu wird der Taster auf der Platine des *Hobby-Song* entfernt. Stattdessen werden die beiden Anschlüsse aus dem Gerät über einfachen Klingeldraht herausgeführt und mit einem externen Tastschalter im Inneren des Hampelmanns verbunden. Dieser Schalter ist so im Inneren des Hampelmannes angebracht, daß — wenn man an der Schnur zieht — ein Kontakt geschlossen wird (vgl. dazu *Abbildung 11)*. Wir überlassen es Ihnen, ob Sie die Auslösung des Kontaktes über eines der Beine oder einen Arm vornehmen.

Um *Hobby-Song* in Gang zu setzen, genügt ein einziger Schaltimpuls; das heißt, man braucht an der Schnur nur einmal zu ziehen und kann sie sofort wieder loslassen. Sollte ein Kind mehrmals daran ziehen, wie es bei Hampelmännern üblich ist, dann schadet das gar nichts.

Natürlich kann man auch hier alle Melodien einstellen; darin unterscheidet sich *Hobby-Song* bei dieser Verwendungsart gar nicht von der als musikalischer Türglocke.

Hobby-Song als klingende Lichtschranke

Über Lichtschranken werden in der Regel Fahrstuhltüren, Raumsicherungen und ähnliches betätigt. Man kann aber auch eine Lichtschranke als Auslöser für ein Gerät wie *Hobby-Song* benutzen. Die Anwendungsarten sind nahezu unbegrenzt. Hier nur ein paar Beispiele:

● Sie können die Lichtschranke zum Beispiel in einem Hausflur so anbringen, daß jedesmal, wenn ein Mensch durchgeht, *Hobby-Song* eine Melodie spielt. Auf diese Weise ersetzt die Lichtschranke fast den Klingelknopf an der Haustür.

● Wenn Sie Besitzer einer Garageneinfahrt sind, dann können Sie die Lichtschranke auch dazu benutzen, den lieben Angehörigen Ihre Rückkehr mit dem Auto anzukündigen. Sobald das Auto den Lichtstrahl der Schranke unterbricht, ertönt im Hause *Hobby-Song*. Dabei ist es allerdings wichtig, darauf zu achten, daß die Schranke so hoch angebracht wird, daß nicht jeder Straßenköter das Signal auslöst.

● Schließlich kann man *Hobby-Song* in Verbindung mit einer Lichtschranke auch noch dazu benutzen, sich vom Einwerfen der Post in den Briefkasten informieren zu lassen. Das setzt freilich voraus, daß Sie an zwei einander gegenüberliegende Seiten des Briefkastens (gleichgültig ob die Vorder- und Rückseite oder die linke und rechte Seite) herankommen, um dort die beiden Teile einer Lichtschranke einzubauen.

Das Prinzip der Lichtschranke ist denkbar einfach. Es besteht darin, daß ein gebündelter Lichtstrahl auf einen Fotowiderstand fällt, dessen Widerstandswert sich verändert, wenn der Lichtstrahl unterbrochen wird. Diese Widerstandsänderung kann man nun zur Schaltung verschiedenster Geräte benutzen; zum Beispiel zur Einschaltung einer Klingel, zur Abschaltung einer gefährlichen Maschine und eben auch zum Einschalten des *Hobby-Song*.

Bau einer Lichtschranke

Für die Lichtschranke brauchen wir einen Fotowiderstand (zum Beispiel LDR O_3 oder O_5) und eine kleine elektrische Birne (zum Beispiel die einer Taschenlampe). Da die Lichtschranke nicht auf sogenanntes *Störlicht* reagieren soll, das zum Beispiel dadurch entsteht, daß irgendeine Lichtquelle oder auch die Sonne auf den Fotowiderstand scheint,

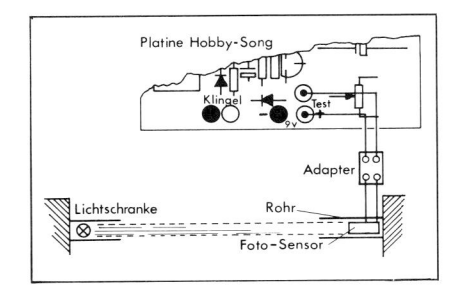

Abb. 12: Zum Bau einer Lichtschranke werden nur eine Lampe und der lichtempfindliche Sensor AP 3 benötigt.

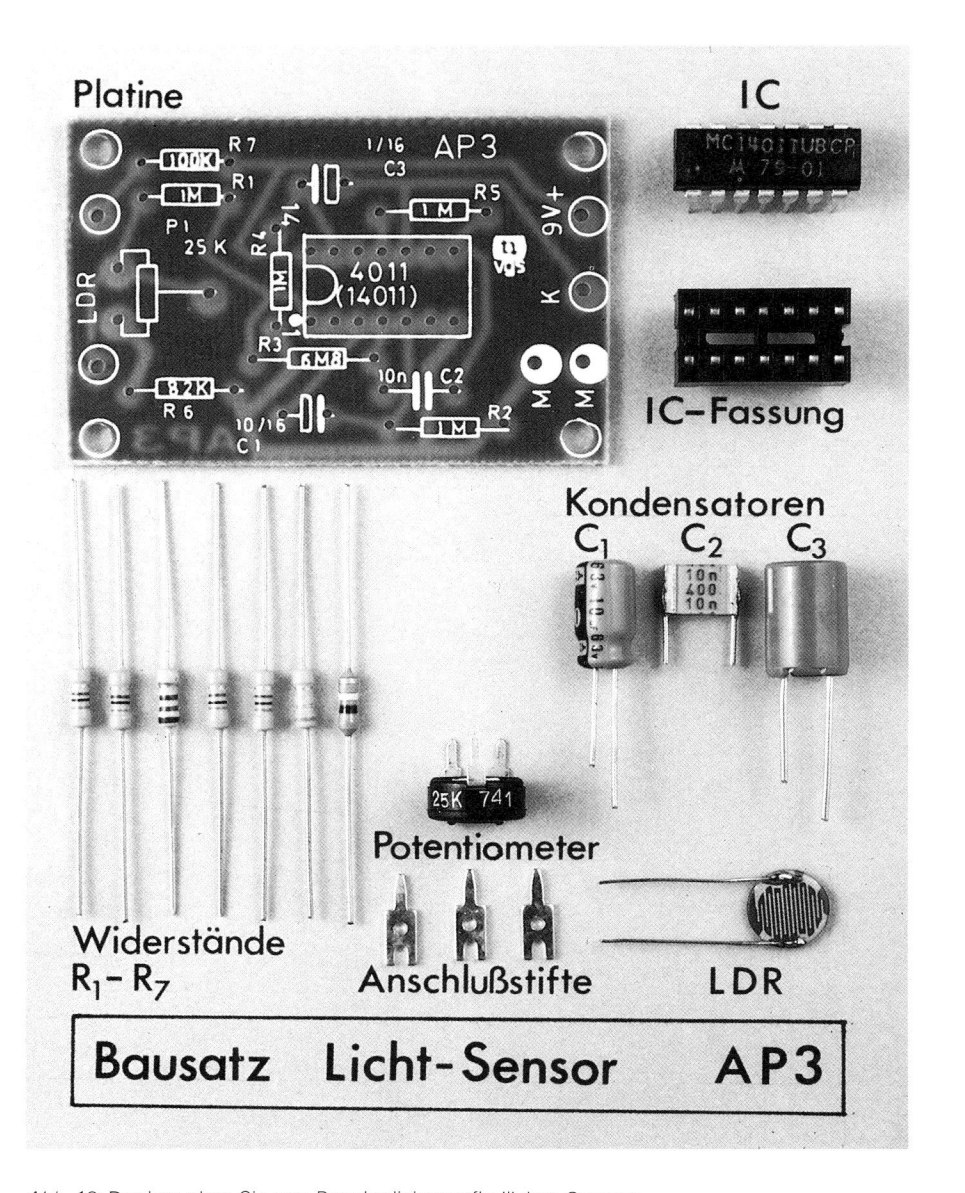

Abb. 13: Das brauchen Sie zum Bau des lichtempfindlichen Sensors.

wird dieser Fotowiderstand in ein Rohr gesteckt. Der Innendurchmesser soll nicht viel größer sein als der Fotowiderstand. Außerdem soll der Fotowiderstand etwa 1 cm tief im Rohr stecken. Dieses Rohr muß innen mit matter schwarzer Farbe ausgestrichen werden, damit es nicht zu Reflexen kommt.

Die elektrische Birne wird ebenfalls in ein Rohr gesteckt, damit der Lichtstrahl gebündelt wird. Dieses Rohr kann innen ruhig reflektierend sein.

Wichtig ist nun, daß Lichtquelle und Fotowiderstand einander exakt gegenüberstehend angebracht werden. Die Installation erfolgt am besten bei Dunkelheit; dann läßt sich am einfachsten feststellen, wann der Lichtstrahl genau auf das Rohr gerichtet ist, in dem der Fotowiderstand sitzt.

Wie die Lichtschranke anzuschließen ist, sehen Sie auf *Abbildung 12.*

Außer einer Lichtquelle und dem Fotowiderstand brauchen wir aber zum Schalten des Hobby-Song noch ein wenig *Zusatzelektronik.* Und zwar aus folgenden Gründen:

Läuft zum Beispiel jemand durch den Lichtstrahl der Schranke hindurch und unterbricht dadurch das Licht, dann wird der Widerstandswert des Fotowiderstandes verändert. Dies bewirkt eine Stromänderung, die über eine unaufwendige Zusatzelektronik in einen Schaltimpuls für das Hobby-Song verwandelt wird. Diese Zusatzelektronik, die wir *Adapter* nennen, können Sie ebenfalls als Bausatz beziehen und im Gehäuse des *Hobby-Song* unterbringen. Die Verbindung zum Fotowiderstand ist ganz einfach; dazu brauchen Sie nur eine simple zweiadrige Klingelleitung.

Wie funktioniert der Adapter zur Lichtschranke?

Auf *Abbildung 14* finden Sie die Schaltung des Adapters. Der eigentliche Sensor ist ein sogenannter *Spannungsteiler* mit einem Fotowiderstand, einem Potentiometer zum Feinabgleich und zwei Begrenzungswiderständen (R_7, R_6). Der Widerstand eines Fotowiderstandes — auch LDR genannt — ist im dunklen Zustand groß und beim Auftreffen von Licht klein. Geht also jemand durch die Lichtschranke, dann wird der Lichtstrahl unterbrochen und der Widerstand des Fotowiderstandes sehr groß. Dadurch wird die Spannung am Punkt A in der Schaltung abgesenkt. Das IC 4011 erfährt über R_1, ob die Spannung am Punkt A groß oder niedrig ist. Es gibt immer dann am Punkt K einen Schaltimpuls für das Hobby-Song aus, wenn sich die Spannung an Punkt A von Hoch auf Niedrig geändert hat.

Das IC arbeitet hier recht raffiniert, nämlich als Zweifachmonoflop: Liegen die beiden zusammengeschalteten Anschlüsse 1 und 2 auf hohem Potential, so liegt Anschluß 3 auf niedrigem Potential. Sobald sich das Potential an 1 und 2 genügend verringert hat, schaltet das IC intern Anschluß 3 auf hohes Potential, was über C_1 an die Anschlüsse 6 und 5 weitergegeben wird und Anschluß 4 von Hoch auf Niedrig umschaltet.

C_1 entlädt sich langsam über R_2. Das führt dazu, daß nach einer gewissen Zeit die Spannung an den Anschlüssen 5 und 6 so weit abgesunken ist, daß Anschluß 4 wieder auf hohes Potential zurückkehrt. Der zweite Teil der Schaltung nach C_2 funktioniert wie der erste und dient zur Verbesserung des Ausgangssignales und schützt den Hobby-Song vor einem sinnlosen Amoklauf. Denn so kompliziert das alles klingt, das Ergebnis ist, daß AP_3 bei jedem Durchschreiten der Lichtschranke genau einen Schaltimpuls ausreichender Länge für den Hobby-Song abgibt.

Das Potentiometer hat eine sehr wichtige Funktion. Mit ihm läßt sich die Empfindlichkeit der Anlage — Fachleute sprechen von der sogenannten *Ansprechschwelle* — stufenlos einstellen.

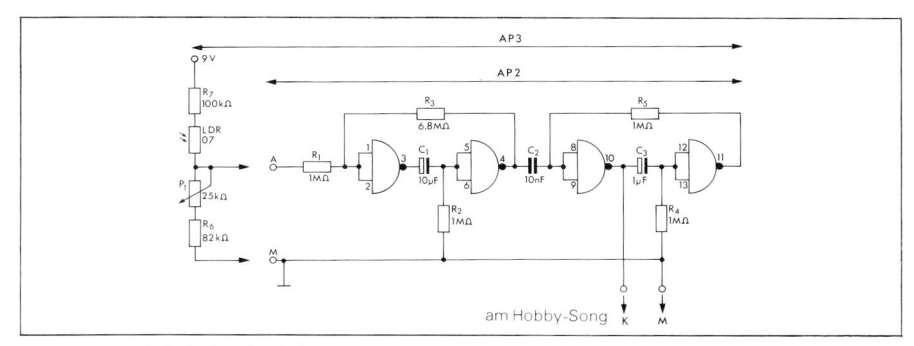

Abb. 14: Der Schaltplan des lichtempfindlichen Sensors.

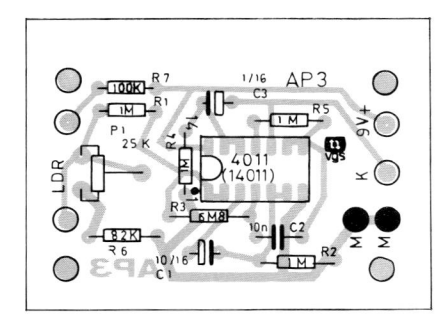

Abb. 15: Der Bestückungsplan und die Leiterbahnführung des lichtempfindlichen Sensors.

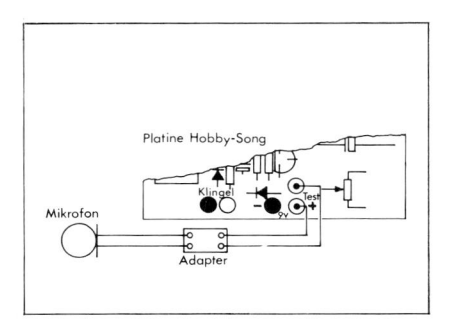

Abb. 16: Hobby-Song mit dem geräuschempfindlichen Sensor.

Die Ansprechschwelle richtig einzustellen ist vor allem deshalb notwendig, um die Wirkung von Störlichtern auszuschalten. Mit anderen Worten: Das Gerät sollte beim Unterbrechen des Lichtstrahls ansprechen und in seiner Ansprechbarkeit nicht schon durch zufällig in der Nähe befindliche Lichtquellen eingeschränkt werden.

Der lärmempfindliche Hobby-Song

In der Sendung *Hobbythek* haben wir diese Schaltung als *Anti-Schnarch-Gerät* vorgestellt. Diese Schaltung, die auf Schall reagiert, kann selbstverständlich auch für verschiedene andere Zwecke angewendet werden. So zum Beispiel als *Klatsch-Schalter,* der das Licht einschaltet, wenn wir in die Hände klatschen. Oder auch als *Einbruchssicherung,* die auf Geräusche der Einbrecher reagiert. Der dazu nötige Adapter wurde speziell als Ergänzungsbaustein für den *Hobby-Song* entwickelt. Außer diesem Adapter brauchen Sie noch ein ganz normales Mikrofon.

Daß wir in der Sendung dieses Gerät nicht in erster Linie als Alarmanlage vorgestellt haben, hat zwei Gründe: zum einen gibt es auch Diebe, die leise arbeiten, und zum anderen ist das Verhindern starker Geräusche heute wichtiger denn je geworden. Die Geräuschbelastung der Menschen ist heute so stark, daß sie bereits zu Gesundheitsschäden führt. Man spricht deshalb nicht zu Unrecht auch von einer Umweltverschmutzung durch Geräusch.
Nun ist das Schnarchen nicht erst eine Angewohnheit aus jüngeren Tagen, sondern sicher so alt wie der Mensch selbst. Aber wir haben heute, vor allem in der Nacht, Ruhe nötiger als in früheren Tagen, weil wir dem Lärm tagsüber stärker ausgesetzt sind. Diese Ruhe dem Schläfer zu verschaffen, dazu ist *Hobby-Song* in der Lage. Er funktioniert dabei wie folgt:
Das Mikrofon nimmt die Schnarchgeräusche auf und gibt seine Signale, durch eine besondere Zusatzelektronik verstärkt, an das *Hobby-Song* weiter. *Hobby-Song* kann zum Beispiel mit einem kleinen Lautsprecher verbunden

sein, der unter dem Kopfkissen der schnarchenden Person liegt. Dort wird dann, wenn die Schnarcherei eine bestimmte einstellbare Lautstärke erreicht hat, eine Melodie abgespielt — dazu schlagen wir vor ,,Guten Abend, gute Nacht . . .''. Der Schnarcher nimmt diese Melodie gewissermaßen im Unterbewußtsein wahr und wird mit dem Schnarchen aufhören. Sobald er wieder zu ,,Sägen'' anfängt, schaltet sich *Hobby-Song* erneut ein.
Natürlich können wir für diese Wirkung keine Garantie übernehmen; aber die alte Erfahrung zeigt ja, daß ein Schnarcher dann, wenn er angesprochen wird, zumindest für eine Weile Ruhe gibt.
Auf ganz ähnliche Weise funktioniert dieselbe Anlage als Klatschschalter. Hier kommt der Einschalt-Impuls dadurch zustande, daß in die Hände geklatscht wird.
Und so funktioniert die Schaltung:
Das Mikrofon wandelt die akustischen Signale in elektrische Signale um. Dabei kann das Mikrofon entweder direkt an den Eingang der Adapter-Schaltung angeschlossen werden oder über ein abgeschirmtes Kabel.
Das Herzstück in dieser Schaltung ist der Vierfach-Operations-Verstärker LM 3900. Das ist ein integrierter Baustein mit vier Operationsverstärkern in einem Gehäuse. In unserer Schaltung werden allerdings nur drei der Operationsverstärker auch tatsächlich genutzt. Die ersten beiden bewirken eine ungefähr tausendfache Verstärkung des Eingangssignals, das am PIN 3 zugeführt wird und am PIN 9 seinen Ausgang hat. Hier wird das verstärkte Signal über eine Diode gleichgerichtet. Diese Gleichspannung wird dann über

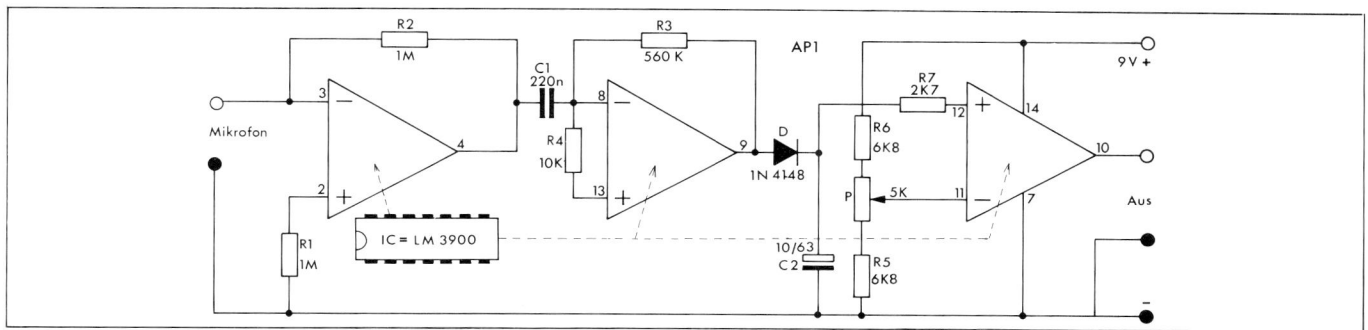

Abb. 17: Der Schaltplan des geräuschempfindlichen Sensors.

R_7 und den PIN 12 an die dritte Verstärkerstufe gelegt. Sie wirkt als sogenannter Spannungskomparator.

Mit dem Potentiometer am PIN 11 wird die Schaltschwelle der Vergleichsspannung eingestellt; also die Empfindlichkeit der Schaltung. Denn ebenso wie die Lichtschranke auf Störlicht nicht reagieren soll, soll diese Schaltung nicht auf Störgeräusche ansprechen.

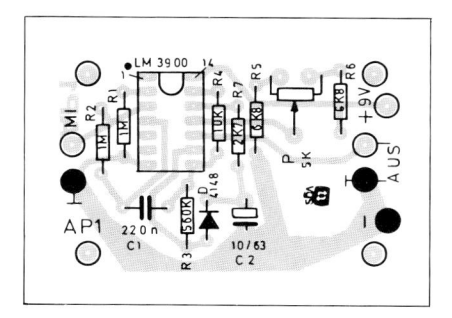

Abb. 18: Bestückungsplan und Leiterbahnführung des geräuschempfindlichen Sensors.

Das Gerät wird in Betrieb genommen

Der Ausgang unseres Gerätes wird mit dem Anschluß „Test" des *Hobby-Song* verbunden. An den Eingang mit der Bezeichnung +9 V wird die Versorgungsspannung von 9 V angeschlossen und der Minuspol mit dem Masseanschluß des Gerätes verbunden. Zur Stromversorgung kann entweder eine Batterie dienen oder wieder unser kleines Netzgerät, das auf Seite 34 beschrieben wird.

In *Abbildung 16* wird das Gerät mit *Hobby-Song* in einer Zusammenschaltung gezeigt, die wir auch in der Fernsehreihe Hobbythek vorgestellt haben. Die Zeichnung zeigt, daß ein Masseanschluß des Mikrofonschalters freigeblieben ist. Dieser Anschluß ist für Verwendungsarten vorgesehen, bei denen ein langes abgeschirmtes Kabel verwendet wird (abgeschirmt ist es, um Störspannungen zu vermeiden).

Da unser Gerät im Ruhezustand einen relativ hohen Stromverbrauch hat — nämlich etwa 7 mA —, empfiehlt es sich, statt einer 9-V-Batterie unser Netzgerät zu verwenden.

Hobby-Song überwacht alles, was zum Feuchtwerden neigt

Wenn ein Baby schreit, kann es Hunger haben oder in feuchten Windeln liegen oder sonstwie ein Unbehagen empfinden. Meistens geht es aber um Hunger oder um die Windeln. Das läßt sich freilich aus dem Schreien nicht so ohne weiteres erkennen. Hier hilft *Hobby-Song* mit einem entsprechenden Zusatzgerät weiter. Schreit nämlich das Baby und tönt es zugleich aus dem *Hobby-Song,* dann sind es die Windeln. Schreit das Baby, ohne daß *Hobby-Song* tönt, dann ist es Hunger.

Aber die wohltätige Wirkung von *Hobby-Song* geht noch weiter. Lediglich anzuzeigen, daß die Windeln naß sind, ist ja noch keine übermäßig große Leistung, weil sich das notfalls durch das Schreien des Babys selber kundtut. *Hobby-Song* aber hat den Vorteil, daß er schon beim ersten Feuchtwerden der Windel zu tönen beginnt; das Baby also gar nicht erst lange im Feuchten liegen muß, was einen roten Po und andere Unannehmlichkeiten zur Folge hat.

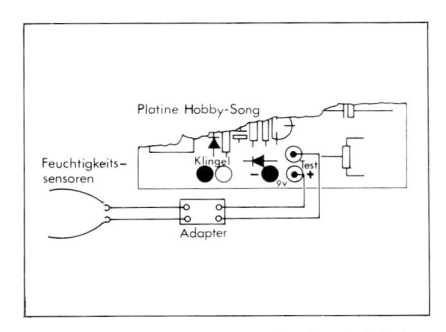

Abb. 19: Hobby-Song und der feuchtigkeits-
empfindliche Sensor.

Mit anderen Worten, *Hobby-Song* läßt
sich sehr gut als Gerät benutzen, das
plötzlich eintretende Feuchtigkeit sofort
anzeigt.

Elektronik-Bastler wissen, daß der Einsatz vor einem Gerät wie *Hobby-Song*
am Menschen selbst dann, wenn
Feuchtigkeit im Spiel ist, absolut ungefährlich ist. Das werden aber Mütter
vielleicht nicht ohne weiteres einsehen.
Machen Sie ihnen deshalb klar, daß hier
zur Stromversorgung lediglich eine 9-V-
Batterie benutzt wird.

Wie aber bekommen wir jetzt aus der
Feuchtigkeit ein Signal, das *Hobby-
Song* schaltet?

Als Sensoren, die die Feuchtigkeit „er-
fühlen", genügen einfache Drähte ohne
Isolation (abisolierter Klingeldraht zum
Beispiel), die in einem Abstand von etwa 2 cm an den Windeln festgeklemmt
werden. Zwischen diesen beiden 2 cm
voneinander entfernten Drahtenden
baut sich bei Feuchtigkeit eine Brücke
auf, die den *Hobby-Song* über eine entsprechende Zusatzelektronik schalten.
Von den Sensoren zur Zusatzelektronik
können Sie zwei simple Klingeldrähte
leiten.

Harn ist durch seinen hohen Gehalt an Salzen ein außerordentlich guter Leiter. Bereits
sehr geringe Feuchtigkeitswerte genügen, um den Widerstand zwischen den
Sensoren so zu verringern, daß ein
Stromkreis geschlossen wird. Wird dieser geringe Schaltstrom zu unserer Zusatzelektronik geführt, dann wird auf
die gleiche Weise wie beim Drücken der
Taste „Test" ein Impuls zur Ansteue-
rung des Mikrocomputers ausgelöst.
Diese Schaltung ist so empfindlich, daß
bereits die Feuchtigkeit der Haut genügt, die Anlage in Gang zu setzen.
Wenn Sie also die Sensoren mit dem
Finger verbinden und Sie nicht gerade
zu ausgesprochen trockener Haut neigen, dann tönt *Hobby-Song*.
Als *Warngerät* läßt sich diese Schaltung
überaus vielfältig einsetzen. In *Abbildung 20* wird als Sensor ein Stück Platine benutzt, auf dem zwei parallel zueinander liegende Leiterbahnen aufge-
bracht sind (diese Platinen kann man
fertig kaufen). Ein solcher Sensor kann
zum Beispiel dazu benutzt werden anzuzeigen, ob es draußen regnet. Da Regen nahezu destilliertes Wasser ist,

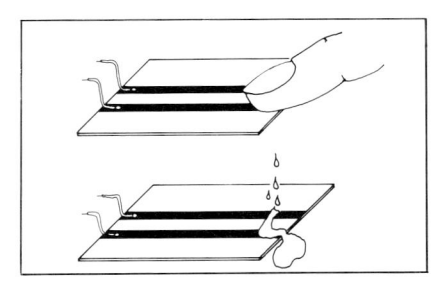

Abb. 20: Ein Stück Platine mit zwei Leiter-
bahnen bildet einen guten Sensor, der als
Meßfühler Hobby-Song beispielsweise zum
Regenwarngerät macht.

würde er kaum ein guter Leiter sein.
Deshalb empfiehlt es sich, wenn man
zum Beispiel diesen Sensor auf die Fensterbank eines geöffneten Fensters
legt, um vor Regen gewarnt zu werden,
ihn mit einem kleinen Stück Tuch zu bedecken, das vorher in Salzwasser getaucht und wieder getrocknet worden
ist. Fallen Regentropfen auf das Tuch,
dann wird die Salzlösung wieder feucht
und zu einem guten Leiter. Auch hier
wieder, wie an vielen Stellen der Hobbythek der Tip: lassen Sie Ihre Phantasie schweifen.

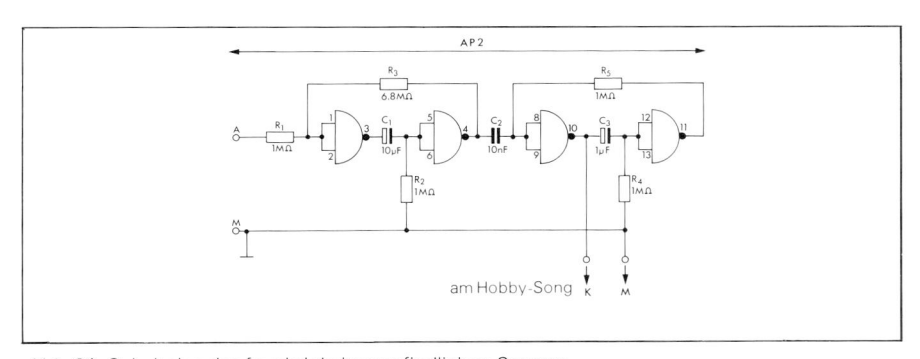

Abb. 21: Schaltplan des feuchtigkeitsempfindlichen Sensors.

Wie funktioniert die Schaltung?

Den eigentlichen Sensor bilden — wie gesagt — zwei leitende Berührungsflächen, die aus Draht, Kupfer-Bahnen usw. bestehen können. Sie werden durch Feuchtigkeit überbrückt und legen damit einen negativen Impuls über den Widerstand R_1 an die Eingänge PIN 1 und 2 des integrierten Bausteines CMOS 14011, der genauso funktioniert wie beim lichtempfindlichen Schalter. Wenn Sie die Schaltung fertig und überprüft haben, dann kommt wieder

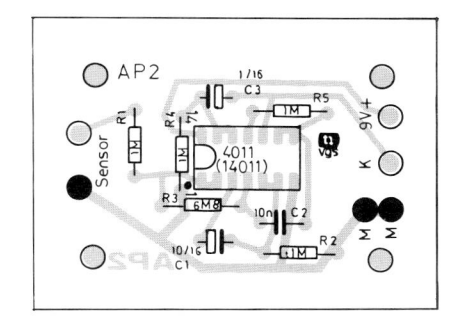

Abb. 22: Bestückungsplan und Leiterbahnführung des feuchtigkeitsempfindlichen Sensors.

der spannende Moment der Inbetriebnahme. Verbinden Sie dazu den Anschluß K auf der Platine mit dem Klingel- bzw. dem Anschluß „Test" des *Hobby-Song*. Die für dieses Zusatzgerät nötigen 9 V Spannung können Sie entweder aus dem *Hobby-Song* selbst oder aus dem Kleinnetzgerät GNT entnehmen, das wir auf den folgenden Seiten beschreiben.

Das vielseitige Spannungs-Versorgungs-Gerät GNT der Hobbythek

Wir haben oben schon gesagt, daß man den *Hobby-Song* durch Batterien mit Spannung versorgen kann; daß es aber für den Dauerbetrieb günstiger ist, sich von Batterien unabhängig zu machen. Für Geräte wie den *Hobby-Song* oder auch die nachher beschriebene Gegensprechanlage *Hobby-Talky* braucht man eine Spannungsversorgung, die mit einer Gleichspannung von etwa 9 Volt arbeitet. Für diese Zwecke ist unser *Spannungs-Versorgungs-Gerät GNT* entwickelt worden. Natürlich kann man es nicht nur für den *Hobby-Song* und das *Hobby-Talky* verwenden, sondern zum Beispiel auch für Transistor-Radios, bei verschiedenen anderen Spielzeugen usw. usw. Dieses Gerät ist also wahrhaft universell verwendbar. Es liefert eine geregelte Gleichspannung von 5 bis 10 Volt und kann an Klingeltransformatoren oder andere handelsübliche Kleinleistungs-Transformatoren angeschlossen werden, die eine Ausgangswechselspannung von 8 bis 12 Volt haben.

Bei Klingelanlagen sind diese Transformatoren in der Regel installiert; es gibt auch Trafos mit angegossenem Stecker, die man direkt in die Steckdose einstecken kann. Sie bieten ein Maximum an Sicherheit.

Die Stromaufnahme aus dem Netz ist bei unserem Gerät ohne Belastung gering. Das ist von Vorteil, wenn Sie es dauernd eingeschaltet lassen wollen, was beim Einsatz von *Hobby-Song* als Türglocke oder als Anzeigegerät mit Lichtschranke usw. wichtig ist.

Das Gerät hat außerdem noch folgende Vorteile:

1. Es ist stufenlos einstellbar von 5 bis ca. 10 Volt;
2. es ist kurzschlußgesichert; das heißt, es kann selbst dann nicht zerstört werden, wenn die beiden Ausgangsklemmen unmittelbar miteinander Kontakt bekommen;
3. es hat einen thermischen Überlastungsschutz;
4. es liefert einen relativ hohen Ausgangsstrom; überdies hält es die Ausgangsspannung erstaunlich konstant.

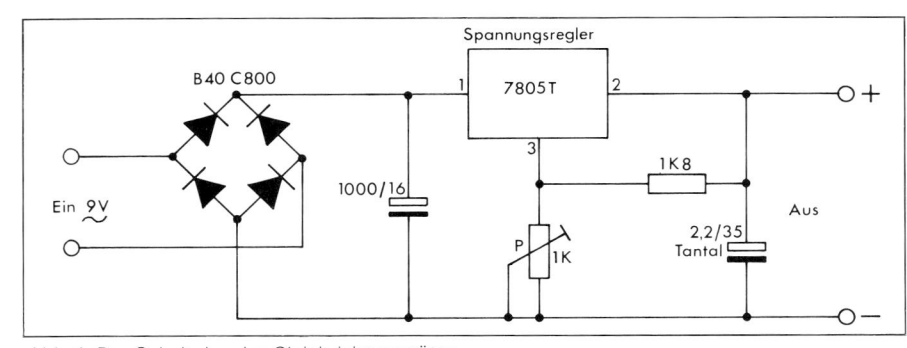

Abb. 1: Der Schaltplan des Gleichrichtergerätes.

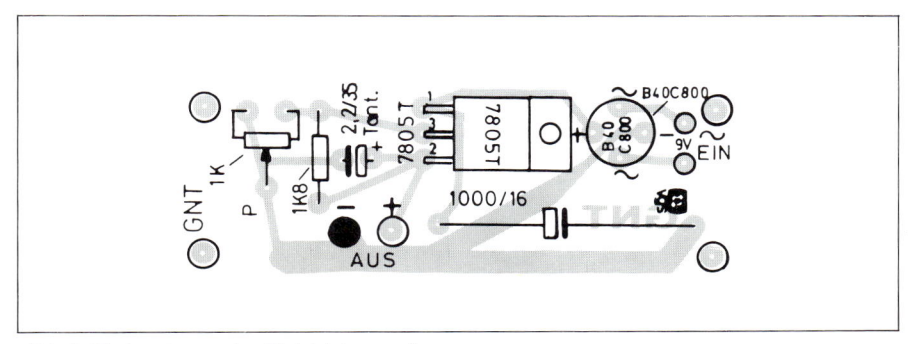

Abb. 2: Platinenlayout des Gleichrichtergerätes.

Mit anderen Worten: unser Spannungs-Versorgungs-Gerät ist ausgesprochen narrensicher.

Wie funktioniert das Gerät?

Die 8 bis 12 Volt eines Klingel- oder anderen Transformators werden von dem Brücken-Gleichrichter B 40 C 800 gleichgerichtet und einem Glättungskondensator zugeführt. Dieser Kondensator von 1000 μF/16 V glättet die wellige Gleichspannung und liefert ungefähr 16 Volt an den Eingang des Spannungsreglers, bei dem es sich um den integrierten Baustein 7805 T handelt. Der Widerstand 1 K 8 führt einen Teil der Ausgangsspannung an den PIN 3 des Spannungsreglers und legt dadurch die Mindestausgangsspannung von 5 Volt fest. Mit dem Trimmer P wird das Massepotential an PIN 3 „hochgelegt", wodurch eine stufenlose Einstellung der Ausgangsspannung zwischen 5 und 12 Volt möglich wird. Der integrierte Baustein 7805 T hat übrigens etwa 20 Transistorfunktionen, die für die verschiedenen oben beschriebenen Eigenschaften sorgen.

Was vor dem Einsatz zu beachten ist

Für viele Geräte ist es nicht wichtig, eine bestimmte Spannung genau einzuhalten. Beim *Hobby-Talky* zum Beispiel genügen schon 9 Volt; es können aber auch 12 Volt sein. Beim *Hobby-Song* jedoch dürfen 10 Volt nicht überschritten werden!

Vor dem Einsatz muß das Gerät also — wie der Fachmann sagt — *abgeglichen* werden. Und das geht folgendermaßen: Sie brauchen ein Voltmeter bzw. ein Vielfachinstrument, das eine gut ablesbare Anzeige im Gleichspannungsbereich bis mindestens 15 Volt besitzen muß.

Verbinden Sie den Wechselspannungsanschluß 8 bis 12 Volt unseres Gerätes mit der Sekundärseite des Klingeltransformators (8 bis 12 Volt). Danach verbinden Sie den Pluseingang des Voltmeters (z. B. + DCV) mit dem Plus-Ausgang des Gerätes und auf gleiche Weise den Minus-Anschluß (z. B. (—) oder common) mit dem Masse-Anschluß des Gerätes.

Mit dem Trimmer P können Sie jetzt die gewünschte Ausgangsspannung stufenlos einstellen. Wenn das geschehen ist, ist unser *Spannungs-Versorgungs-Gerät Hobbythek* betriebsbereit.

Noch ein Hinweis: Wenn Sie zur Spannungsversorgung des Gerätes einen Klingeltransformator an das normale Netz des Hauses anschließen wollen, sollten Sie das vielleicht doch durch einen Fachmann vornehmen lassen. Auf jeden Fall müssen Sie sich an die VDE-Vorschriften halten.

Abb. 3: So sieht das Netzgerät aus, wenn es fertig zusammengelötet ist.

Hobby-Talky — die moderne Gegensprech-Anlage der Hobbythek

Dieses Gerät hat uns das meiste Kopfzerbrechen verursacht. Ursprünglich hatten wir vor, eine Anlage zu bauen, mit der es möglich gewesen wäre, über die normale Klingel-Anlage ohne zusätzliche Leitungen eine Haustür-Sprechanlage zu installieren. Es hat sogar einen funktionierenden Prototypen gegeben, der aber so kompliziert war, daß er von vielen kaum hätte nachgebaut werden können.

Nach vielen Versuchen kam schließlich eine einfache Schaltung zustande, die mit nur einem einzigen integrierten Baustein auskommt, und bei der es genügt, beide Sprechstellen mit einer ganz normalen 2adrigen Klingelleitung zu verbinden.

Es gibt zahllose Einsatzmöglichkeiten für *Hobby-Talky*. Einmal als ganz normale *Tür-Gegensprechanlage*. Sie alle kennen sicher die Situation, in der man nach dem Klingeln gern wissen möchte, wem man die Tür öffnet oder vielleicht auch nicht öffnen will. Geeignet ist die Anlage aber zum Beispiel auch als *Sprechverbindung* zwischen dem Chef und dem Vorzimmer. Schließlich kann

man *Hobby-Talky* auch als *„Babysitterphon"* verwenden, das heißt aus einer benachbarten Wohnung bei entsprechend eingeschalteter Anlage feststellen, ob das Baby schreit oder ruhig ist.

Wir werden auch noch zeigen, daß man *Hobby-Talky* zusammen mit dem *Hobby-Song* und dem *Spannungs-Versorgungs-Gerät* der Hobbythek (vgl. vorhergehende Seiten) zu einer Klingel-Gegensprech-Anlage verbinden kann. Diese Koppelung ergibt eine Gesamtanlage, wie man sie heute moderner nicht gestalten kann.

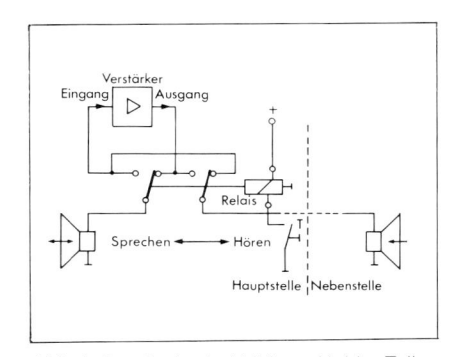

Abb. 1: Das Grobschaltbild von Hobby-Talky.

Aber zunächst zur Funktion des Hobby-Talky.

Wie die Schaltung funktioniert

Die Anlage besteht aus einer Haupt- und einer Nebenstelle. Die *Hauptstelle,* die sich zweckmäßigerweise in der Wohnung befindet, umfaßt einen Verstärkerteil, einen Taster mit Relais und einen Lautsprecher, der beim Hören als Lautsprecher und beim Sprechen als dynamisches Mikrofon wirkt.

Die *Nebenstelle* kann sich zum Beispiel an der Haustür, im Vorzimmer oder anderswo befinden. Sie besteht nur aus einem Lautsprecher, der wie der Lautsprecher der Hauptstelle die Doppelfunktion als Mikrofon und Lautsprecher hat (vgl. dazu *Abbildung 1).*

Wenn die Anlage eingebaut ist, funktioniert sie folgendermaßen:

Wird zum Beispiel durch ein Klingelzeichen die Hauptstelle angeläutet, dann drücken Sie den Taster der Hauptstelle, die dadurch in die Stellung „sprechen" gebracht wird. Dabei zieht das Relais an und verbindet das Mikrofon der Hauptstelle mit dem Eingang des Verstärkers.

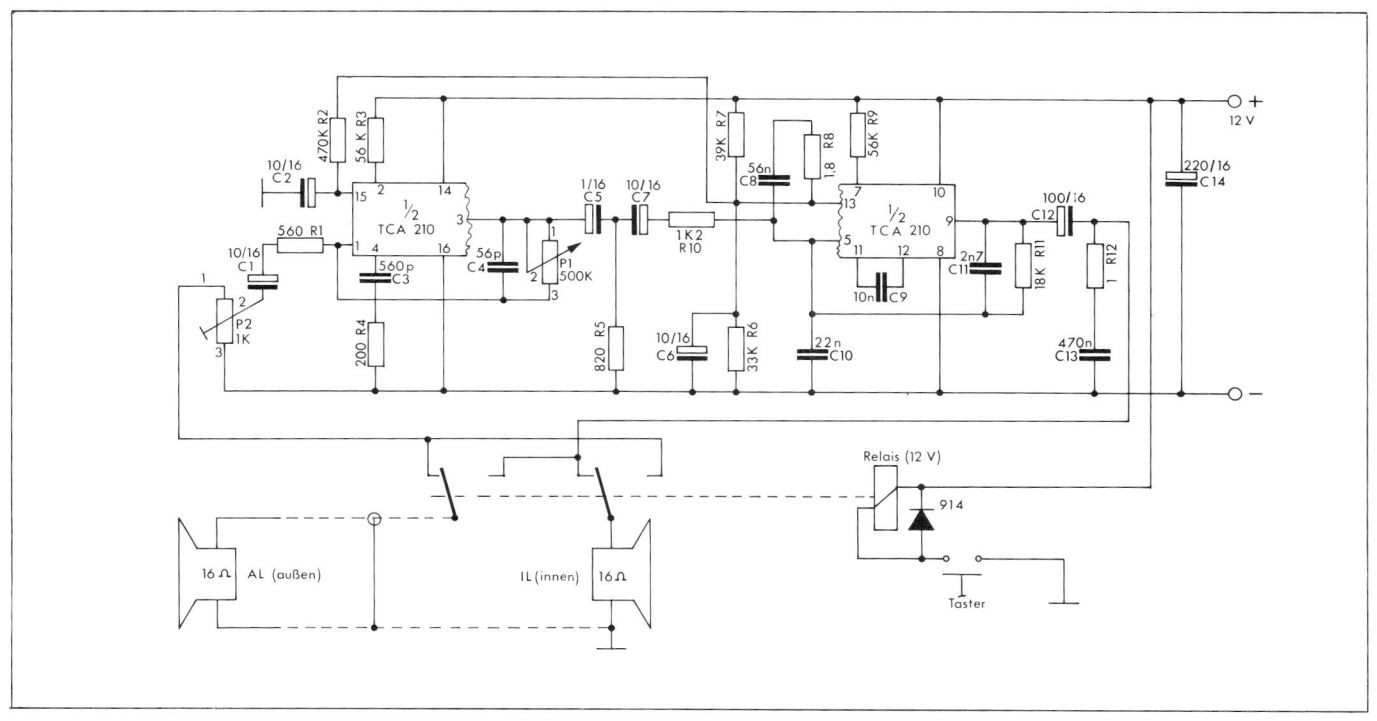

Abb. 2: Das Schaltbild des Hobby-Talky zeigt, daß das IC TCA 210 zwei einzelne Verstärker enthält, von welchen der eine die Vorverstärkung übernimmt, während der andere die richtige Lautstärke bereitstellt.

Der Verstärker verstärkt das Signal der Hauptstelle (Ihr Sprechen also) und leitet es über den Ausgang zum Lautsprecher der Nebenstelle, wo das Signal als Sprache wiedergegeben wird. Wenn Sie den Taster an der Hauptstelle loslassen, verbindet der Ruhe-Kontakt des Relais die Leitung des nun als Lautsprecher geschalteten Mikrofons an der Nebenstelle mit dem Eingang des Verstärkers. Das Ausgangssignal, das durch Sprechen zum Beispiel an der Haustür zustande kommt, wird nun auf den Lautsprecher der Hauptstelle geschaltet und ist dort zu hören.

Im Bedienungskomfort unterscheidet sich unsere Anlage also von einer professionellen in keiner Weise.

Schaltungsbeschreibung

Wie Sie aus *Abbildung 2* der Schaltung sehen, geht es hier doch schon ein wenig komplizierter zu als zum Beispiel beim *Hobby-Song*. Aber auch für diese Anlage gibt es wieder einen fertigen Bausatz (Bezugsquelle vgl. auf Seite 176), mit dem auch der weniger versierte Elektroniker zurechtkommen dürfte. Für den interessierten fortgeschrittenen Elektroniker geben wir hier eine Schaltungs-Beschreibung:

Mit dem Schalter S wird die Betriebsspannung eingeschaltet. Ist der Taster T in Ruhestellung, dann ist auch das Relais REL in Ruhestellung und der Lautsprecher LP-AL mit dem Eingang 1 des Integrierten Schaltkreises TCA 210 über P_2, C_1 und R_1 verbunden. Wird an der Nebenstelle gesprochen, dann wandelt der Lautsprecher LP-AL die Schallwellen in Spannungsschwankungen um, denn in dieser Einstellung arbeitet er als Mikrofon. Die Spannungsschwankungen werden im IC zweistufig verstärkt. Am Anschluß 3 des ICs liegt der Ausgang des Vorverstärkers. Von dort gelangt das Sprachsignal über C_5, C_7 und R_{10} an den Eingang 5 des ICs und wird darin so weit verstärkt, daß es am Lautsprecher LP-IL laut zu hören ist. Mit P_2 kann man die Eingangsempfindlichkeit regeln, mit P_1 die Verstärkung beeinflussen.

Die übrigen Widerstände und Kondensatoren in der Schaltung stellen teils den richtigen Arbeitspunkt verschiedener Transistoren im IC ein, teils beschneiden sie den Frequenzgang der Schaltung so, daß nur die Töne aus dem Sprachbereich verstärkt werden und Störungen deshalb vermieden werden.

Drückt man auf den Taster T, dann schaltet das Relais um. Jetzt ist LP-IL mit dem Eingang des ICs verbunden und LP-AL mit dem Ausgang. Dementsprechend kann man jetzt in umgekehrter Richtung sprechen.

Zusammenbau der Schaltung

Wenn Sie es nicht schon getan haben, sollten Sie die allgemeinen Hinweise am Anfang noch einmal lesen. Lassen Sie sich im übrigen aber durch die größere Menge der Bauelemente bei dieser Schaltung nicht entmutigen. Wenn Sie sie zunächst einmal ordnen und in kleinen Schritten vorgehen, kann eigentlich nichts schiefgehen. In der Baubeschreibung des Bausatzes werden gerade für die Bestückung der Platine eine ganze Menge Hinweise gegeben.

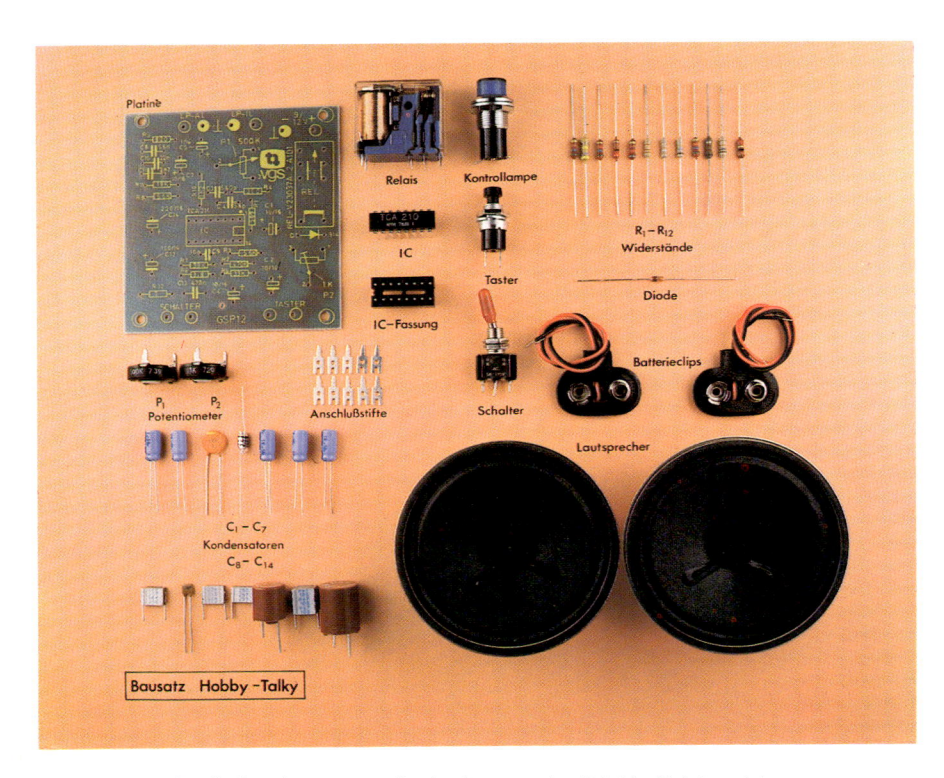

Abb. 3: Legen Sie die Bauelemente vor Baubeginn so ordentlich hin. Es lohnt sich.

Die Anlage wird in Betrieb genommen

Bevor Sie die Anlage an ihrem endgültigen Platz installieren, sollten Sie auf dem Experimentiertisch einen Probelauf machen. Gehen Sie dazu folgendermaßen vor:

● Schließen Sie den Taster mit 2 kurzen provisorischen Drähten (einfacher 2-adriger Klingeldraht genügt) an;
● löten Sie dann die beiden Lautsprecher an. Für den Innenlautsprecher, der zur Hauptstelle gehört, genügen 2 kurze Drähte; für den Außen-Lautsprecher der Gegenstelle nehmen Sie etwa 3 m lange Drähte, damit Sie etwas Abstand halten können.

● Legen Sie dann die Versorgungsspannung an die mit + und − 9 V bezeichneten Klemmen. Dazu genügt es, zwei 4,5-V-Flachbatterien zu verwenden.

Wenn alles aufgebaut ist, können Sie einen Probelauf machen.

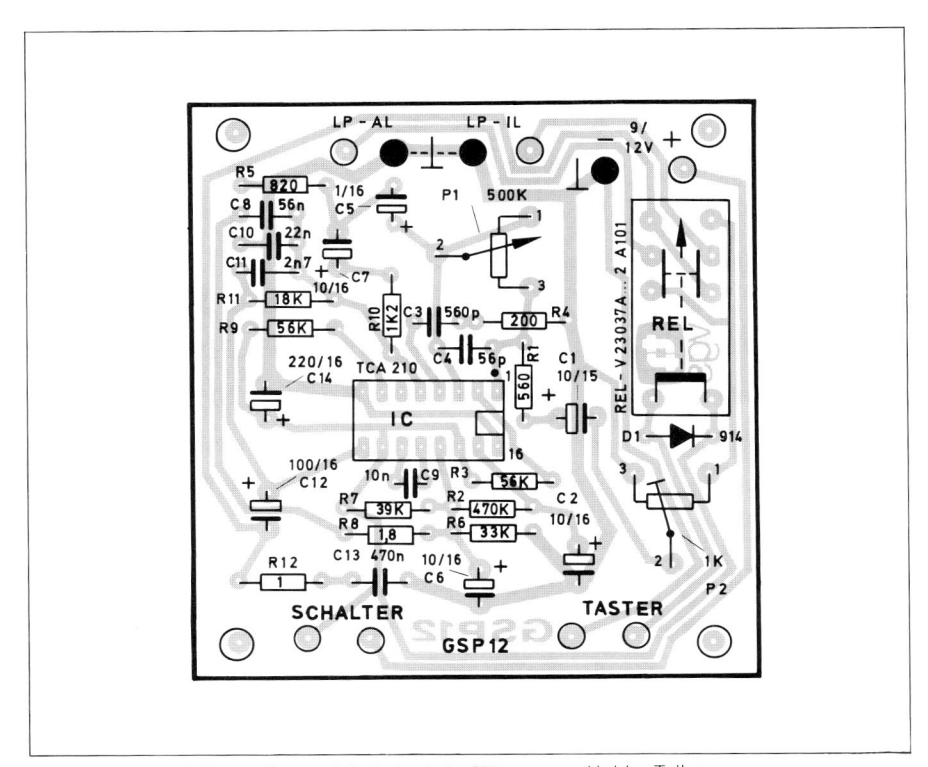

Abb. 4: Der Bestückungsplan und die Leiterbahnführung von Hobby-Talky.

Schalten Sie mit dem Schalter S die Betriebsspannung ein. Das sind zwar nominell 12 Volt Gleichspannung; aber +9 Volt reichen auch aus, um das Gerät funktionssicher in Betrieb zu setzen. Zur Funktionsüberprüfung der Schaltung werden nun die beiden Lautsprecher einander näher gebracht. Es ertönt sofort ein Pfeifton. Machen Sie sich darüber keine Sorgen; er ist ein Zeichen dafür, daß alles in Ordnung ist. Dieser Pfeifton bedeutet nämlich, daß eine *Rückkopplung* vom Lautsprecher auf

das Mikrofon besteht. Wenn es aus Ihrem Lautsprecher nicht pfeift und auch ein Sprechtest zu keinerlei Ergebnissen führt, dann liegt in der Schaltung ein Fehler vor. Sie müssen dann die Platine noch einmal durchprüfen, wobei Sie von Bauelement zu Bauelement auf schlechte Lötstellen und darauf achten müssen, ob etwas vertauscht, falsch herum eingesetzt oder sonstwie nicht in Ordnung ist. Auch feine Zinnspritzer können eine Brücke hergestellt haben. Zum *Hobby-Talky* gibt es ein fertiges

Gehäuse, das Sie zusammen mit dem Bausatz bestellen können (vgl. dazu noch einmal Seite 176). Selbstverständlich können Sie auch dieses Gerät wie den *Hobby-Song* in ein selbstgestaltetes Gehäuse bringen.

Wenn Sie die Versorgungsspannung zum Beispiel über einen Klingel-Transformator und unser Spannungs-Versorgungs-Gerät vornehmen wollen, müssen Sie ans Netz gehen. Ziehen Sie also notfalls einen Fachmann zu Rate.

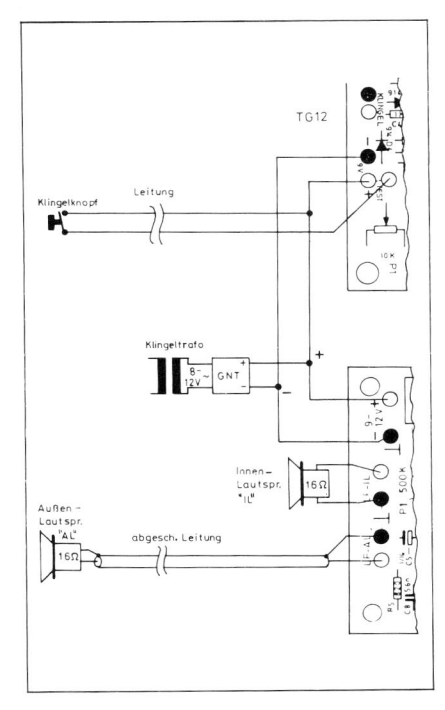

Abb. 5: Hobby-Song, Hobby-Talky und GNT, — eine Türklingel- und Gegensprechanlage, wie es moderner nicht geht.

39

Ein optischer Blitzauslöser für zusätzliche Blitzgeräte

Wer sich noch an die ersten elektronischen Blitzgeräte der 50er Jahre erinnert, die groß, schwer und mit einer nicht immer auslaufsicheren Batterie bestückt waren, erkennt den technischen Fortschritt allein schon darin, daß man heute geradezu winzig wirkende Geräte hat, die dasselbe leisten wie die früheren Klötze. Außerdem ist alles billiger geworden.

Aber ein Nachteil des Blitzens ist geblieben: Viele Aufnahmen wirken flach und schlecht ausgeleuchtet. Da ist es vorne meistens viel zu hell und im Hintergrund zu dunkel. Und mit der Plastik des Bildes ist es auch nicht weit her.

Das hat damit zu tun, daß Blitzlichter in der Regel dicht neben dem Objektiv der Kamera angebracht sind; also von der Kamera aus gesehen direkt vorn auf das Objekt leuchten. Plastisch wirkt ein Bild aber erst, wenn es ein mehr seitliches Licht erhält und wenn dieses Licht nicht nur aus einer Quelle kommt. Dadurch wird auch der ungünstige Effekt vermieden, daß der Schatten sehr dicht an der Person ist.

Foto-Fachleute benutzen deshalb — wenn sie nicht mit Scheinwerfern arbeiten — *mehrere Blitzlichter*. Sie bauen sie meist auf Stativen auf. Die einfachste Lösung ist, zusätzlich zum Blitzlicht am Fotoapparat — das sogenannte Führungslicht — eine seitlich angeordnete Blitzlampe zu nehmen. Bei 3 Geräten nimmt man das dritte Licht zur Aufhellung des Hintergrundes.

Natürlich ist die richtige Ausleuchtung abhängig vom Objekt, das fotografiert werden soll; da muß man einfach experimentieren. Für unsere Zwecke ist hier nur wichtig, daß außer dem Blitzlicht am Fotoapparat, das über direkten Kontakt gezündet wird, ein oder mehrere Zusatz-Blitzlichter gezündet werden sollen, was man natürlich auch über lange Kabel erreichen kann. Eleganter ist aber eine Lösung, bei der Sie auf hinderliches Kabelgewirr verzichten, über das leicht einer stolpern kann. Sie vermeiden dadurch nicht nur die gar nicht einmal geringen Kosten für Kabel und ein sogenanntes 3-Wege-Stück. Bei unserem Gerät ist außerdem nicht nötig,

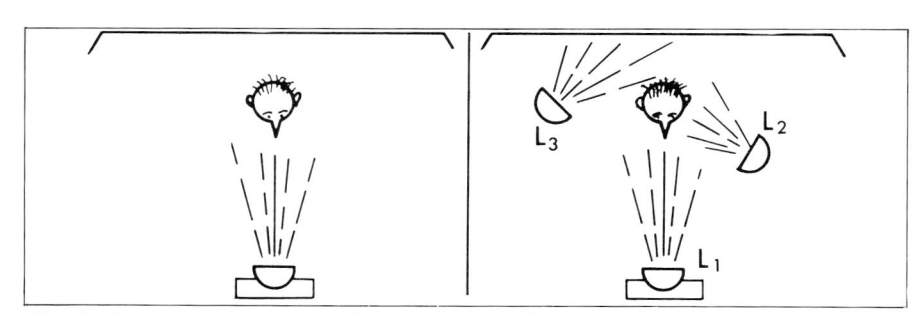

Abb. 1: Links haben Sie ein langweiliges Frontal-Licht. Rechts wird gezeigt, wie man bei Portraitaufnahmen Tochterblitze verteilen könnte: Ein Führungsblitz 1 beleuchtet frontal, ein Blitz 2 erzeugt Schattierungen im Gesicht, und ein Blitz 3 hellt den Hintergrund auf.

daß alle Geräte die gleiche Zündspannung besitzen. Bei Verkabelung kann auch die Gefahr bestehen, daß durch die parallel geschalteten Zündkreise der Blitzkontakt in der Kamera zu hoch belastet wird und verschmort.

Bei unserem optischen Blitzauslöser vermeiden Sie all diese Nachteile. Er braucht weder Kabel noch eine Sendeanlage — er zündet die Zusatzblitze durch das Blitzlicht des Gerätes an der Kamera selbst. Noch einfacher ausgedrückt: Wenn das Blitzlichtgerät an Ihrer Kamera aufleuchtet, wird mit Hilfe unserer Elektronik der Zusatzblitz innerhalb so kurzer Zeit ausgelöst, daß das Licht des Zusatzblitzes noch in den geöffneten Verschluß der Kamera fällt. Sie können sich vorstellen, daß das bei einer Verschlußgeschwindigkeit von zum Beispiel einer 30stel Sekunde außerordentlich schnell geschehen muß.

Unser elektronischer Blitzauslöser ist so klein gestaltet, daß er sich ohne Schwierigkeiten mit dem Blitzgerät verbunden auf einem leichten Stativ aufbauen läßt. Wollen Sie mehrere zusätzliche Blitzgeräte benutzen, müssen Sie auch mehrere Blitzauslöser haben.

Die Reichweite unseres Gerätes geht bis ungefähr 20 Meter. Für Aufnahmen selbst in großen Räumen — in der freien Natur blitzt man auf diese Weise ja wohl kaum — genügt das allemal.

Wie der Blitzauslöser funktioniert

Es kommt darauf an, daß alle Blitzlampen im Moment der Aufnahme, bei der der Verschluß der Kamera geöffnet ist, aufleuchten. Das erreicht man dadurch, daß das Licht des Zentralblitzes (Blitzgerät 1) über Fotodioden ein oder mehrere zusätzliche Blitzlichter (Blitzgeräte 2, 3 usw.) optisch auslöst. Die Zündung über Licht geschieht so schnell, daß sie im Vergleich zu dem relativ langsamen Kameraverschluß verzögerungsfrei ist.

Die Fotodioden des Blitzauslösers reagieren natürlich nur, wenn das sie treffende Licht des Hauptblitzes an der Kamera heller ist als die Innenraumbeleuchtung. Trifft das Licht dieses Blitzes die Dioden unmittelbar, dann schaffen sie eine Entfernung bis zu 20 Meter. Wenn Sie aber den Hauptblitz als indirektes Licht benutzen und ihn zum Beispiel gegen die Decke richten, dann funktioniert es nur über eine geringere Entfernung. Das gleiche gilt, wenn Sie ein sehr helles Raumlicht haben, das in diesem Fall als Störlicht wirkt.

Die Elektronik des Blitzauslösers

Die Elektronik dieses Sekundärblitzes ist denkbar einfach, und sie paßt in ein Kästchen mit den Außenmaßen 20 × 20 × 20 mm.

Bei dem Gerät handelt es sich um einen *optisch steuerbaren Kontakt,* der den Kamerakontakt ersetzt. Fällt Licht von dem Hauptblitz auf die beiden hintereinandergeschalteten Fotodioden BPW 34, dann entsteht in ihnen eine Gesamtspannung von etwa 0,6 Volt, die ausreicht, den Thyristor TR zu zünden. Über ein kurzes Blitzkabel mit Steckkontakt schaltet der Thyristor den Zündkondensator des Zweit-Blitzes über die Zündspule durch und löst ihn aus. Das Kabel braucht nur kurz zu sein, weil man den Auslöser direkt an der zweiten Blitzlampe anbringen kann.

Die vier Dioden 1 N 4004 bilden eine Graetz-Brückenschaltung, die der Gleichrichtung der anliegenden Spannung dient. Das hat den Vorteil, daß man auf die Polarität der Blitzkontakte nicht zu achten braucht.

Beim Bestücken der Platine können Sie sich an die Baubeschreibung des Bausatzes halten, den wir auch zu diesem Gerät entwickelt haben (vgl. Seite 176).

Der Blitzauslöser wird in Betrieb genommen

Sie benötigen ein Blitzkabel. Entfernen Sie einen Stecker und löten Sie das Kabel an die Anschlüsse

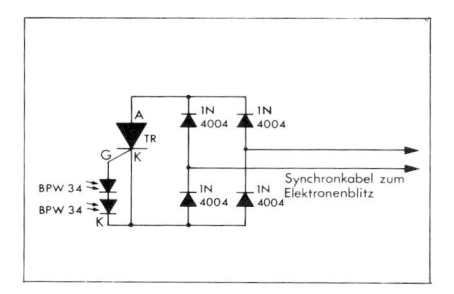

Abb. 2: Die Schaltung des Tochterblitzes ist so einfach, weil es heute hochwirksame Bauelemente gibt.

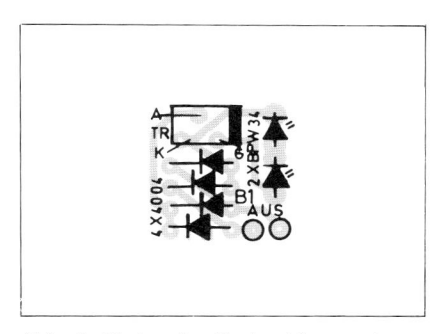

Abb. 3: Platine des Tochterblitzes mit Bestückungsaufdruck in Originalgröße.

auf der Platine. Die Polung des Kabels ist dabei nicht von Bedeutung.

Wenn Sie jetzt das Gerät probeweise an ein Blitzgerät anschließen und es mit einem anderen Blitzgerät anblitzen, dann müßte der Auslöser den zweiten Blitz ebenfalls auslösen. Wenn das nicht geschieht, dann muß auch hier wieder nach falsch eingelöteten Bauelementen, Zinnbrücken usw. gesucht werden.

Bevor Sie das Gerät ständig verwenden, sollten Sie ihm eine praktische Verpackung geben. Wir haben in der Sendung eine Lösung gefunden, die zugleich praktisch ist und die Technik Ihres Blitzauslösers gut zur Geltung bringt: Wir haben nämlich die Elektronik einfach in Gießharz ausgegossen. Da es bei den geringen Abmessungen des Gerätes schwierig wäre, ein Gehäuse aus Plastik, Metall oder gar Holz zu zimmern, ist das Ausgießen hier eine geradezu ideale Lösung.

Und da alles sehr schön klein ist, genügt als Gußform das durchsichtige Plastikgehäuse eines ganz normalen Blitzwürfels. Allein daran können Sie schon sehen, wie klein das Gerät ist.

Damit nach dem Gießen das Klötzchen gut aus der Form wieder herauszulösen ist, müssen Sie die Form innen mit einem Trennmittel bestreichen, das Sie dort bekommen, wo auch das Gießharz zu erhalten ist. Setzen Sie nach dem Trocknen die Elektronik mit dem Anschlußkabel so in das Würfelgehäuse, daß es sich möglichst nicht mehr bewegen kann. Mischen Sie dann das Gießharz mit dem Härter nach den Angaben des Herstellers und gießen Sie den Würfel vorsichtig aus. Dabei müssen Sie darauf achten, daß der Anschlußstecker des Kabels nicht verklebt.

Sobald der Würfel ausgehärtet ist, entfernen Sie ihn aus der Form. In der Regel ist er dann schon glatt genug, um möglichst viel Licht zu den Fotodioden hindurchzulassen, die ja durch den Hauptblitz angeregt werden müssen. Ist die Oberfläche noch nicht glasklar, dann können Sie dem Würfel den nötigen Schliff zunächst durch wasserfestes Schleifpapier der Körnung 120 bis 600 geben. Man beginnt mit dem groben Schleifpapier und geht bis zur feinsten Körnung über. Hochglanz wird anschließend mit einem Poliermittel erzielt, das man speziell für Gießharze bekommen kann.

Wenn der Blitzwürfel fertig ist, können Sie ihn mit einem Stück Klebeband direkt am Blitzgerät befestigen.

Wer das Gerät nicht eingießen will, kann es auch in das Gehäuse einbauen, das wir hier als Form benutzt haben. Dazu muß die in der Regel auf dem Gehäuse angebrachte Beschriftung entfernt werden. Auch das gelingt mit 600er Schleifpapier und Polierpaste.

Die Elektronik wird bei dieser Version der Verpackung in das Kunststoffgehäuse gesteckt, zu dem wir allerdings noch einen Deckel anfertigen müssen, der den früheren Sockel ersetzt. Sägen Sie ihn aus Kunststoff in der Kontur des Gehäuses aus, bringen Sie in der Mitte des Deckels eine Bohrung für das Verbindungskabel an, das Sie zu diesem Zweck noch einmal ablöten und durch das Loch hindurchstecken müssen.

Die Elektronik muß im Gehäuse so festsitzen, daß sie sich nicht bewegen kann. Das erreichen Sie dadurch, daß Sie es entsprechend kürzen. Wenn alles gut hineinpaßt, wird der Deckel mit Kunststoffkleber geschlossen.

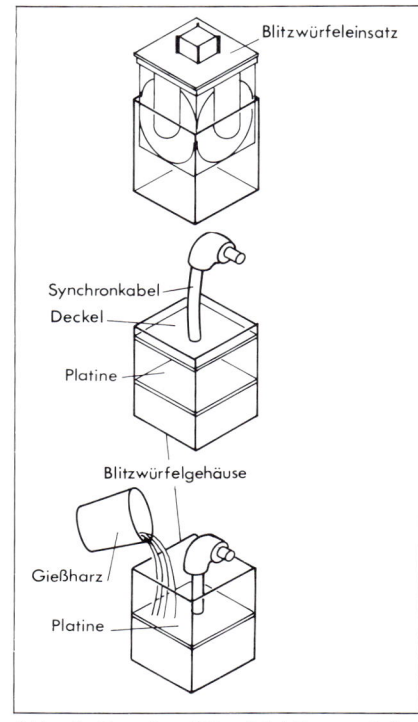

Abb. 4: Ein alter Blitzwürfel-Einsatz liefert eine brauchbare Kunstharz-Gießform.

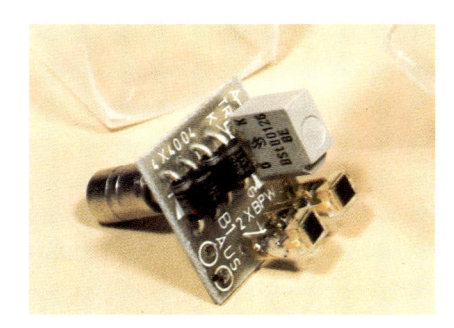

Abb. 5: Die fertig bestückte Platine vor dem Einbau ins Blitzwürfelgehäuse.

Wildgemüse von Feld und Wiese

Abb. 1: So sah es bei uns im Studio auf dem Küchentisch aus.

Einiges zum Lob von Wildgemüse

Wir haben uns oft gefragt, wie es eigentlich kommt, daß man einen Kohlkopf selbstverständlich für eßbar hält, beim Löwenzahn hingegen erst darauf gebracht werden muß, daß auch er genießbar ist. Überhaupt ist die Welt ja eingeteilt in das sogenannte Nützliche und in das ebenfalls sogenannte Nutzlose. Was auf den Feldern angebaut wird, ist nach dieser Auffassung nützlich; das Unkraut dagegen nutzlos. Bei den Tieren ist es übrigens nicht viel anders. Hühner werden für nützlich gehalten, weil man sie braten kann und sie außerdem auch noch Eier legen. Eine Fliege dagegen wird für nutzlos gehalten, weil man mit ihr überhaupt nichts anfangen kann und sie dazu noch lästig ist. Dabei würde es ohne die Fliegen verschiedene andere Tiere, die von ihnen leben, gar nicht geben; und darunter befinden sich viele, die man dann wieder für nützlich hält.

Nach dem letzten Weltkrieg war das ganz anders. Da kam man darauf, daß alles, was nicht ausgesprochen giftig war oder geradezu ekelhaft schmeckte, eßbar war; also auch nützlich. Wer die Nachkriegsjahre noch einigermaßen bewußt miterlebt hat, wird sich noch gut erinnern, daß man damals Spinat aus Brennesseln für ganz selbstverständlich hielt oder Salat aus Löwenzahn sogar so gut schmeckte, daß man darüber vergessen konnte, daß er ja ein Ersatz war für den herkömmlichen Salat.

Inzwischen beginnen die Menschen von ihrem hochmütigen Nützlich-Nutzlos-Denken abzukommen. Das hat teilweise sicher mit dem gewandelten Umweltbewußtsein zu tun; teilweise aber auch damit, daß man sich auf die Vorzüge älterer und nicht ganz so komfortabler und üppiger Zeiten zurückzubesinnen beginnt.

Es genügt aber nicht, daß man sich aufs Schwärmen von den alten Zeiten und ihren angenehmen Seiten beschränkt; man muß sich, wenn man mit den Dingen dieser alten Zeit wieder umgehen will, eine ganze Menge neuer Kenntnisse aneignen.

Solche Kenntnisse wollen wir in der Hobbythek und vor allem mit den folgenden Rezepten vermitteln — wir haben dasselbe auch in den verschiedenen Sendungen bereits getan, in denen es um die Kräuter ging. *

Denn ohne Kenntnisse kommt man beim Suchen von Wildgemüse nicht aus. Immerhin gibt es über 100 sogenannte Unkräuter, Blumen und Zierpflanzen, die nicht nur „zur Not" eßbar sind, sondern aus denen sich wunderbare Speisen herstellen lassen.

* Vgl. dazu „Das Hobbythek-Buch 1" aus demselben Verlag wie dieses Buch.

Wie bei allen Dingen, die ein wenig in Mode kommen, sorgt auch hier wieder die rührige Wirtschaft für Bequemlichkeit. In Frankreich zum Beispiel wird der Löwenzahn bereits wieder angebaut; zum Teil sogar in Kellern, damit die Blättchen schön zart und hell bleiben. Erste Ansätze für diese „Rekultivierung" deuten sich inzwischen auch in Deutschland an. Das soll Sie aber nicht daran hindern, selbst auf die Suche nach den besten Wildgemüsen zu gehen. Sie können das auf einem Spaziergang tun — der ohnehin Spaß macht —, und außerdem verschafft es ein angenehmes Gefühl, selbst etwas zusammengebracht zu haben. Der alte Sammlertrieb steckt eben immer noch im Menschen.

Man kann viele Wildgemüsearten sogar in der Stadt finden. Allerdings sollte man dort doch vorsichtig sein; denn Untersuchungen haben inzwischen erwiesen, daß Pflanzen in der Stadt durch den dichten Autoverkehr und den insgesamt recht hohen Grad der Luftverschmutzung überdurchschnittlich viele schädliche Stoffe angesammelt haben. Also begeben Sie sich doch besser außerhalb der Wohngebiete und großen Verkehrswege auf die Suche.

Wer glaubt, daß Wildgemüse vielleicht doch wertloser sei als das sogenannte Kulturgemüse, wird überrascht sein zu hören, daß Wildpflanzen in der Regel würziger und eiweißreicher sind und überdies weniger Wasser enthalten als die meisten Kulturpflanzen. Außerdem sind sie in ihrem Geschmack in der Regel ausgeprägter als viele überzüchtete Gemüse, die wir aus den Gärten und von den Feldern kennen. Hinzu

kommt, daß eine ganze Reihe von Wildgemüsen Heilkräfte hat, wie wir sie zum Beispiel auch von Kräutern kennen.

Wildgemüse erfüllt also auf geradezu ideale Weise eine Forderung des mittelalterlichen Arztes und Naturphilosophen *Paracelsus,* die da lautet: „Unsere Nahrungsmittel sollen Heilmittel und unsere Heilmittel sollen Nahrungsmittel sein."

Diesmal soll aber nicht die Gesundheit im Vordergrund stehen, wie zum Beispiel bei unseren Tips zu verschiedenen Kräutern; die Gesundheit ist hier gewissermaßen ein Nebenprodukt. In erster Linie geht es uns darum, die wichtigsten Wildgemüse zu nennen und zu beschreiben und anschließend ein paar originelle Rezepte mitzuteilen.

Noch ein paar kleine Tips vorweg

Wildgemüse ist nicht so standardisiert wie das Gemüse aus den Gärtnereien. Es kann deshalb vorkommen, daß Gerichte, deren Bestandteile zu unterschiedlichen Zeiten gesammelt worden sind, auch ganz unterschiedlich schmecken. Ja, es kann sogar vorkommen, daß Ihnen auch einmal ein Gericht mißlingt. Aber das soll Sie nicht entmutigen.

Und beim Sammeln ist es von Vorteil zu wissen, daß *Blüten* morgens am frischesten sind, die *Blätter* und *Pflanzenteile* hingegen besser am Nachmittag gesammelt werden sollten, weil die Pflanzen unter dem Einfluß des Tageslichtes dann nährstoff- und mineralreicher und auch aromatischer sind als morgens.

Abb. 2: Theophrastus Bombastus *Paracelsus* von Hohenheim, der von 1498 bis 1541 lebte, hielt viel von der Heilkraft der Pflanzen und Kräuter.

Die Saison für das Wildgemüse ist nicht auf das Frühjahr beschränkt, obwohl gerade in dieser Jahreszeit die Blüten und Blätter am zartesten sind. Da schmecken die Salate am besten. Viele Pflanzen aber — vor allem diejenigen, deren Blätter verwendet werden — kann man auch noch im Sommer finden. Man muß dann nur die hartgewordenen älteren Blätter stehen lassen und sich mehr auf die zarteren jüngeren beschränken, die ja auch noch später im Jahr nachgewachsen sind.

Wir sagten schon, daß das Wildgemüse in der Regel einen kräftigeren Geschmack hat als viele Kulturgemüse. Manche sind auch *leicht bitter*. Das sollte Sie aber nicht dazu verführen, diese Gemüse durch Brühen um ihren charakteristischen Geschmack zu bringen. Wenn Ihnen eine Pflanze zu kräftig im Aroma ist, dann mischen Sie sie einfach mit milderen Sorten — da lassen Sie Ihrer Phantasie am besten freien Lauf.

Was man bei bestimmten Pflanzen zur Geschmacksmilderung oder auch Verbesserung tun muß, sagen wir jeweils an entsprechender Stelle.

Und nun zu den Rezepten.

Eine vielseitige Pflanze: die Brennessel

Bei dem Wort Brennessel fällt den meisten wohl ein, daß sie damit in ihrer Kindheit unangenehme Bekanntschaft gemacht haben. Dabei ist diese Pflanze außerordentlich vielseitig in der Küche verwendbar. Spaßvögel haben deshalb behauptet, sie sei nur deshalb noch nicht durch überreichliches Ernten aus-

Abb. 3: So sollten die Brennesseln aussehen, die Sie in der Küche verarbeiten.

gerottet worden, weil sie sich durch ihr Brennen vor diesem Schicksal selbst bewahrt habe.

Was an der Brennessel brennt, sind die feinen Härchen, an deren äußerster Spitze eine winzige Kugel sitzt, die beim Berühren abbricht und dadurch eine brennende Substanz freigibt. Die Tatsache, daß Brennesseln schon bei der leisesten Berührung diese Substanz abgeben, ist zugleich ein Vorteil beim Kochen. Wenn man die Pflanzen mit Handschuhen sammelt, sind meistens schon alle brennenden Härchen entleert; und der Rest verliert sich dann beim Zerschneiden und Weiterverarbeiten. Sie brauchen also keine Angst zu haben, daß Sie sich bei Brennessel-gerichten den Schlund verbrennen könnten.

Verwendet werden von der Brennessel ohnehin nur die Triebspitzen und die zarten Blätter. Und das auch nur, solange die Pflanze im Frühjahr noch klein und nicht verholzt ist.

Wo man Brennesseln findet, brauchen wir nicht lange zu erklären. Sie gehören zu den verbreitetsten „Unkräutern". Man schreibt der Brennessel in den alten Büchern besonders viele *gesund-heitsfördernde Wirkungen* zu. So ent-hält die Pflanze zum Beispiel Lecithin, verschiedene Vitamine und Mineral-salze und natürlich, wie alle in der Sonne wachsenden Pflanzen, Chloro-phyll. Mit diesem Chlorophyll hat man eine Zeitlang einen ziemlichen Humbug betrieben, als man es zum Beispiel in Einlegesohlen für die Schuhe bettete,

46

Abb. 4: Überbackener Brennesselspinat (damit man auch etwas sieht, haben wir die Käseschicht nicht ganz über den Spinat gezogen).

die Schweißfüße verhindern sollten. Man kann eben alles übertreiben. Wirksam ist aber die Brennessel nach alten Rezepten gegen Nieren- und Blasenleiden, verschiedene Arten von Hautausschlägen, Gicht, Rheuma und Blutungen der verschiedensten Art.

Hier nun unsere Brennesselrezepte.

Brennesselspinat

Im Hinblick auf die Mengen gilt, was Sie auch beim Spinat nehmen würden. Die gesammelten Brennesselblätter werden gründlich und mehrmals gewaschen. Und nun ist es Ihrem Geschmack überlassen, ob Sie die Blätter fein hacken oder ganz lassen; das heißt also einen pürierten Spinat oder Blattspinat bereiten wollen. Die Zubereitung ist wie beim normalen Spinat. Wir empfehlen folgendes Rezept:

Rösten Sie gewürfelten Speck und klein geschnittene Zwiebeln mit Butter an, mischen Sie alles unter den Blattspinat und schmecken Sie mit Salz, Pfeffer und Muskat ab.

Gut schmeckt auch dieses Rezept: Bereiten Sie aus angeröstetem Schinkenspeck, der gewürfelt ist, und wenig Ei eine Art speckreiches Rührei an, das so trocken sein soll, daß es zu krümeln beginnt. Mischen Sie es mit den Brennesselblättern, die Sie vorher wie Spinat gedämpft haben.

Oder wie ist es mit diesem Rezept: Bereiten Sie die Brennesselblätter wie Spinat zu und würzen Sie sie nach eigenem Geschmack. Dann das Ganze in eine feuerfeste Form tun und mit einer nicht zu dünnen Schicht geriebenen Gouda-Käse zudecken und im Backofen so weit erhitzen, daß die Käseschicht zusammenläuft und leicht anbräunt. Bei diesem Rezept kann man den Brennesselspinat auch durch ein paar geröstete Speckwürfel im Geschmack kräftiger machen.

Brennesselsalat

Da beim Salat die Brennesseln nicht gekocht werden, ist es besonders wichtig, daß die Blätter ihre Brennkraft völlig verloren haben. Das erreichen Sie ganz einfach dadurch, daß Sie die Blätter mit behandschuhten Händen etwas drücken und schließlich kleinhacken.

Am besten schmeckt dieser Brennesselsalat in Verbindung mit Salatpflanzen, die uns aus der ganz gewöhnlichen Küche bekannt sind. Also zum Beispiel mit Kopfsalat, Tomaten oder Gurken. Man geht davon aus, daß die Brennesseln etwa 20% der Gesamtsalatmenge ausmachen. Würzen, wie Sie es bisher auch getan haben; also zum Beispiel mit Olivenöl, Kräuteressig,*

---

* Herrliche Rezepte dazu gibt es im „Hobbythek-Buch 1''.

Abb. 5: Russische Brennesselsuppe mit einem Ei in der Mitte.

Zwiebeln und Salz oder auch mit saurer Sahne — da wollen wir Ihre Phantasie nicht einschränken.
Kleingewiegte Brennesselspitzen und Blätter schmecken auch hervorragend, wenn man sie unter Kartoffelsalat oder auch Kräuterquark mischt. Die Gerichte bekommen dadurch einen kräftigen Geschmack, der außerdem eine neue Note in den Küchenalltag bringt.

Russische Brennesselsuppe

Mit dieser Suppe hatten wir in der Hobbythek besonders großen Erfolg. Sie brauchen dafür folgendes:

1 Pfd. Suppenfleisch mit Knochen (natürlich geht es auch mit einer entsprechenden Menge Brühwürfeln, allerdings ist das fast schon ein Stilbruch)
150 g gewürfelten Schinken oder Schinkenspeck,
etwas ganz gewöhnlich gemischtes Suppengemüse
1 Pfd. Brennesselblätter und Spitzen
50 g Butter
1 Eßlöffel Mehl Petersilie und Dill
1/8 l saure Sahne
2 bis 3 Bockwürstchen
so viele hartgekochte Eier, wie die Zahl der Personen, die später am Essen teilnehmen sollen

Kochen Sie aus dem Fleisch, den Knochen und dem Suppengemüse eine kräftige *Brühe*. Dazu noch ein kleiner Tip: Wenn man das Fleisch gleich im kalten Wasser mit aufsetzt, dann erhält man eine kräftigere Brühe; aber auch ein total ausgelaugtes Fleisch. Tut man hingegen das Fleisch erst ins Wasser, wenn es bereits kocht, dann wird die Brühe etwas dünner; das Fleisch behält aber auch mehr Geschmack und läßt sich kleingeschnitten in die Suppe mischen. Beide Arten der Zubereitung sind bei diesem Rezept möglich.
In einem zweiten Topf wird aus der Butter und dem Mehl die gute alte *Mehlschwitze* bereitet, zu der dann die gewaschenen und grob gehackten Brennesseln hinzugegeben werden. Dünsten Sie die Brennesseln eine Weile und geben Sie dann die Fleischbrühe hinzu.
Nun muß die Suppe kräftig durchkochen. Sie wird anschließend mit gehackter Petersilie, Dill und Salz abgeschmeckt. Zum Schluß kommt das „echt Russische'' hinzu; nämlich der Achtelliter saure Sahne und die in Scheibchen geschnittenen und angebratenen Würstchen.
Vor dem Servieren wird in jeden Teller ein noch warmes hartgekochtes Ei gelegt, über das man die Suppe austeilt. Besonders hübsch sieht das aus, wenn das Ei in der Mitte des Tellers aufrecht steht, was Columbus sicher auch dann gelungen wäre, wenn er sie auf der stumpfen Seite nicht geradegeschnitten hätte. Da wir aber keine Columbusse sind, behelfen wir uns mit diesem kleinen Trick.
Sie werden sehen, daß Sie mit dieser Suppe auch den letzten Skeptiker vom Wohlgeschmack des Wildgemüses überzeugen können.

Der Löwenzahn

Unter dem Gesichtspunkt der Nützlichkeit ist der Löwenzahn ein geradezu unausrottbares Unkraut. Er ist sehr verbreitet; sogar im Hochgebirge kann man ihn noch finden — nur hat er dort ganz kleine Blätter-Rosetten. Auf Wiesen kann man ihn eigentlich überall finden, und darüber sind die Bauern nicht immer glücklich.
Unausrottbar ist der Löwenzahn vor allem deshalb, weil er eine sehr kräftige weiße Pfahlwurzel besitzt, die manchmal bis zu 30 cm tief in den Boden reicht. Wenn Sie einmal versuchen, eine solche Pflanze mit der Wurzel auszuziehen, dann werden Sie sehen, daß das selten gelingt.
Der Löwenzahn, der je nach Landstrich auch Klettenblume, Kuhblume oder Pusteblume heißt, ist freilich ein besonders gutes und nützliches Wildgemüse. Die frischen jungen Blätter und auch die Blütenknospen — für die es besonders leckere Rezepte gibt — kann man von März bis Mai sammeln. Danach werden die Blätter recht hart und auch bitter.
Wer aber auf den Löwenzahn das ganze Jahr über nicht verzichten möchte, kann die Pflanze *mit Wurzel* im Herbst vorsichtig ausgraben und in Blumenkästen einpflanzen und sie an einem nicht zu warmen Ort zum Treiben bringen. Geeignet ist dazu ein Keller, der ein Fenster hat. Denn ganz ohne Licht geht es bei dieser Pflanze nicht. Man kann dann noch im Winter seinen Löwenzahnsalat ernten.
Inzwischen gibt es bereits Löwenzahnsamen, den Sie, wenn alle Stricke reißen, über die Adresse auf Seite 177

und er soll nach der Volksmedizin vor allem bei Leber- und Gallenleiden, aber auch bei Rheuma, Arthrosen und Erkrankungen der Wirbelgelenke sowie Leiden der Harnorgane, Ekzemen und Stoffwechselkrankheiten heilend wirken. Diese Heilkraft entfaltet der Löwenzahn vor allem, wenn aus den getrockneten Blättern Tee bereitet wird. Aber auch in den folgenden Rezepten ist sie noch vorhanden.

Zur Einstimmung beginnen wir mit einem Rezept, das bereits früher in der Hobbythek vorgestellt worden ist; * wir wiederholen es hier.

Kräuterschnaps „Frühlingserwachen" der Hobbythek

Sie brauchen dazu:

> 20 bis 30 Blumen des gelben Löwenzahns, die gerade aufgeblüht sind und frische Blütenblätter haben
> 500 ccm (1/2 Liter) 38% Doppelkorn

* Im „Hobbythek-Buch 1" und im Heft „Kräuter" der Reihe Hobbythek TIP.

Abb. 6: So knackig soll der Löwenzahn vor der Verarbeitung sein.

beziehen können. Einzelheiten der Zucht stehen auf der Samenpackung. Hier aber noch ein paar zusätzliche Tips:

Man kann den Löwenzahn im Freien, aber auch in hellen Kellern in Kästen aussäen. Wenn die Pflanzen im Freien stehen, dann können Sie es machen wie wir es den Franzosen abgeguckt haben: Sobald die Pflanzen ihre Blätter ausgebildet haben, werden sie nach oben gebunden, damit in das Innere nur wenig Licht fällt und die Blätter zart

und hell bleiben. Die Pflanze sieht zum Schluß dann ähnlich wie Endiviensalat aus.

Die weiße *Milch* in den Löwenzahnstengeln und -blättern hat einen bitteren Geschmack. Wir selbst fanden ihn, da er ja durch andere Gewürze in den Rezepten gemildert ist, sehr angenehm. Wen aber dieser bittere Geschmack stört, der kann die Blätter vor der Zubereitung einige Zeit ins Wasser legen und dann gut abspülen.

Der Löwenzahn enthält viel Vitamin B_2,

Abb. 7: Löwenzahnblüte.

Abb. 8: In Schnaps eingelegte Blütenblätter des Löwenzahn.

Die zarten gelben Blütenblätter müssen Sie vorsichtig von den Blütenkelchen abzupfen. Dabei dürfen die grünen Kranzblätter nicht mitverwendet werden, denn sie enthalten Bitterstoffe, die den Kräuterschnaps um sein zartes Aroma bringen würden.

Die Blütenblätter werden nun mit dem Doppelkorn übergossen und etwa eine Woche in einem dichten Gefäß abgestellt. In dieser Zeit zieht der Schnaps die Aromastoffe aus den Blütenblättern heraus.

Anschließend filtern Sie den Schnaps durch einen ganz normalen Kaffeefilter und heben ihn in einer gut verschließbaren Flasche auf.

Dieser Schnaps ist ein ausgesprochener *Muntermacher,* wobei wir davon ausgehen, daß Sie ihn nur in ganz kleinen Mengen zu sich nehmen; denn zum „Runtersaufen" ist er viel zu schade.

Wenn Sie so gestärkt daran gehen wollen, den Speisezettel für das nächste Essen zu entwerfen, dann sollten Sie es mit einem Löwenzahnsalat bereichern.

Frischer Löwenzahnsalat nach Bauernart

Der Löwenzahnsalat gehört — und das haben die feinschmeckerischen Franzosen längst herausbekommen — zu den wirklich großen Delikatessen. Uns selbst hat, wie gesagt, der leicht bittere Geschmack der Blätter nicht gestört; ganz im Gegenteil. Wer nichts damit anfangen kann, sollte die Blätter deshalb wässern. Bitte aber darauf achten, daß auch die Blattspitzen im Wasser liegen; denn der Bitterstoff dieser Pflanze sitzt nicht — wie man denken könnte — in den dicken milchigen Stengeln, sondern in den Blattspitzen.

Geeignet sind für einen leckeren Salat natürlich nur die jungen frischen Blätter, wie man sie im frühen Frühjahr findet. Sie müssen für den Salat gut verlesen und selbstverständlich gut gewaschen werden.

Nun kann man Löwenzahnsalat, wie jeden anderen Salat auch, auf vielfältige Weise zubereiten. Er ähnelt ja in seiner Beschaffenheit ein wenig dem Endiviensalat, für den Sie sicher ein Rezept kennen. Uns schmeckte besonders gut folgende Zubereitungsweise:

Würfeln Sie *durchwachsenen Speck* und braten Sie ihn in einer Pfanne an, in der Sie vorher etwas *Butter* zerlassen haben. Zu den Speckwürfeln kommen ein wenig *Knoblauch* und einige *Weißbrotwürfel.* Alles zusammen knusprig rösten.

Während Sie die Pfanne abkühlen lassen, können Sie die Schüssel für den Salat vorbereiten. Sie soll leicht angewärmt sein und vorher mit einer *Knoblauchzehe* ausgerieben werden. In diese Schüssel kommen nun die Löwenzahnblätter, die mit *Öl, Essig* und etwas *Salz* gewürzt werden. Über alles streuen Sie dann die in der Pfanne angerösteten Würfel.

Sie werden sehen, daß dieser Salat nur durch ein ganz ausgezeichnetes Hauptgericht zu überbieten ist.

Gemüse aus Löwenzahn-Embryoblüten

Nicht alles, was selten oder schwer zu sammeln ist, ist zugleich auch eine Delikatesse. Diese aber ist eine.

Abb. 9: Die dunkelgrünen Kugeln sind sogenannte Embryoblüten. Um sie zu ernten, müssen Sie die Pflanze auseinanderbiegen.

Sie müssen sich für das Sammeln dieses Gemüses etwas Zeit nehmen, denn es geht hier um die kleinen noch nicht aufgesprungenen Blüten des Löwenzahns, wie man sie im ganz frühen Frühjahr findet. Diese Blüten sind ziemlich klein, grün und kugelförmig, und sie sitzen noch tief unten im Herz der Pflanzen, haben also noch nicht den langen Stengel der Pusteblumen. Am einfachsten ist es, wenn Sie die Pflanzen ausstechen, auseinanderbiegen und dann die Embryo-Blüten herausbrechen. Aus den Blättern kann man dann natürlich immer noch einen Salat machen oder ein zweites Gemüse, das zwar nicht ganz so edel ist, aber das andere in seiner Besonderheit noch unterstreicht.

Die Blütenembryonen schmecken ähnlich wie Rosenkohl, aber noch pikanter. Da sie sehr klein sind und auch noch recht zart sind, müssen sie beim Zubereiten entsprechend vorsichtig behandelt werden.

Diese Zubereitung ist ganz einfach. Waschen Sie die Blüten gut und erhitzen Sie danach in einer Pfanne *Butter*. In dieser nicht allzu heißen Butter werden die Blüten ein paar Minuten lang geschwenkt. Durch die anhängenden Wassertropfen vom Waschen haben sie genügend Feuchtigkeit. Abgeschmeckt wird mit *Salz* und wenn beliebt, mit etwas *Pfeffer*. Sehr gut schmecken auch einige anschließend darüber geträufelte Tropfen *Zitronensaft*. Dabei aber aufpassen: Zitronensaft darf weder kochen noch in heißes Fett gelangen, weil er sonst bitter wird.

Der wunderbare Geschmack dieses kostbaren Gemüses wird Sie die Mühen des Sammelns schnell vergessen lassen.

Ein Gemüse aus den Blättern des Löwenzahns

Wie gesagt — man kann neben dem edlen Embryo-Blüten-Gemüse auch noch das sozusagen gewöhnlichere Gemüse aus den Blättern des Löwenzahns reichen, womit nicht gesagt sein soll, daß dieses Blättergemüse nicht gut schmecken würde. Es ist halt nur anders, und deshalb kann man es ruhig neben dem Blütengemüse servieren.

Sie brauchen dazu die jungen hellen Blätter des Löwenzahns, die Sie genauso wie beim Feldsalat verlesen und gut waschen. Diese Blätter werden dann in kochendem Wasser etwa 2 bis 3 Minuten gebrüht, damit sie den Bittergeschmack verlieren. Gießen Sie durch ein Sieb ab und dünsten Sie dann die Blätter in *Butter* noch ein paar Minuten. Würzen können Sie außer mit Salz auch noch mit Pfeffer. Auch hier empfiehlt es sich, zum Schluß ein wenig *Zitronensaft* zuzugeben. Dieses Gemüse hat dann einen Geschmack, der leicht an den italienischen Broccoli erinnert.

Auch Gänseblümchen kann man essen

Es gibt einen alten Aberglauben, der besagt folgendes: Das erste Gänseblümchen, das man im ganz frühen Frühjahr sieht, soll man essen. Es würde Glück bringen. Aus dieser Aberglaubensregel geht zumindest hervor, daß Gänseblümchen eßbar sind. Sie sind es sogar ganz hervorragend.

Gänseblümchen, die sich wie auf Kommando bei Sonnenaufgang öffnen und bei Sonnenuntergang schließen — sogar bei einer Sonnenfinsternis klappen sie die Blütenblätter zu —, kann man zu fast jeder Jahreszeit auf Wiesen finden. Sie blühen von März bis weit in den September oder gar Oktober hinein.

Auch das Gänseblümchen hat *heilende Wirkung*. So benutzte man es zum Beispiel schon im Mittelalter zur Regulierung der Verdauung. Dann spielt es noch eine Rolle bei der Blutreinigungskur, und schließlich soll es auch noch für die Leber gut sein.

Von der Gänseblume kann man eigentlich alles verwenden. Aus den zarten Blättern kann man Gemüse oder Salat herstellen und aus den grünen Blütenknospen lassen sich Kapern machen. Wegen seines milden, nußartigen Geschmacks läßt sich das Gänseblümchen gut mit anderen Wildgemüsearten mischen, zum Beispiel mit Sauerampfer.

Hier nun ein paar Rezepte zur Anregung. Beginnen wir mit einer Suppe.

Gänseblümchen-Suppe

Dafür brauchen wir die ganze Gänseblümchenpflanze. Säubern Sie sie gründlich, damit hinterher kein knirschender Sand in der Suppe ist und befreien Sie die Pflanze von allen nicht mehr ganz frischen Teilen. Eine Handvoll reicht etwa für 2 Personen. Dann die Pflanzen fein hacken.

Bereiten Sie zusammen mit etwas *in Butter angedünstetem Mehl* eine gebundene *Rinderbrühe*. In diese Rinder-

Abb. 10: Gänseblümchen.

brühe geben Sie nun die feingehackten Gänseblümchen. Lassen Sie einige Male kurz aufwallen.
Sie können die Suppe verfeinern mit wenig *saurer Sahne,* gehacktem *Schnittlauch* und *Salz.*

Gänseblümchen-Gemüse
Hierfür brauchen wir nur die frischen Blätter der Pflanze. Wieder sauber waschen und alle harten Stiele von den Blättern entfernen. Diesmal werden die Blätter ganzgelassen. Kochen Sie sie wenige Minuten in Salzwasser auf und gießen Sie danach das Wasser bis auf einen kleinen Rest, der im Topf bleibt, ab.
In einem anderen Topf dünsten Sie kleingeschnittene *Zwiebeln* mit etwas *Mehl* in *Butter.* Nehmen Sie von der Butter ruhig reichlich. Wenn alles leicht angebräunt ist, geben Sie das Gänseblümchen-Gemüse mit dem Rest des Kochwassers dazu. Würzen können Sie außer mit *Salz* mit ein wenig *Liebstöckel.*

Eine Abwandlung dieses Gemüses, das sehr delikat schmeckt, ist, wenn Sie Gänseblümchen und Sauerampferblätter etwa im Verhältnis 2 zu 1 mischen. Sonst bleibt alles so wie hier beschrieben.
Zum Schluß ein Rezept, das uns Frau Eve-Marie Helm in der Sendung verriet:

Gänseblümchen-Soße
Bereiten Sie eine helle *Mehlschwitze,* in die Sie eine nicht zu große Menge kleingeschnittener *Zwiebeln* geben. In

die Schwitze kommen anschließend feingewiegte Gänseblümchen. Nach etwa einer Minute wird alles mit *Milch* aufgegossen. Zum Schluß können Sie mit *Schnittlauch, Zitronensaft* und *Salz* abschmecken.

Die Vogelmiere

Die Vogelmiere gehört zu den verbreitetsten Unkräutern. Sie wächst nicht nur in den Gärten und Weinbergen, sondern auch auf Schuttplätzen.

Oft bilden diese Pflanzen ganze grüne Teppiche.

Wenn Sie die Vogelmiere sammeln, müssen Sie auf die *Farbe der kleinen Blüten* achten. Bei der Vogelmiere sind sie *weiß*. Eine ähnlich aussehende Pflanze mit roten oder violetten Blüten heißt Feldgauchheil. Sie ist zwar nicht giftig, aber ungenießbar. Ernten kann man die Vogelmiere fast das ganze Jahr über; auf jeden Fall aber von März bis etwa Oktober. Sie schmeckt leicht bitter und sie hat, ungekocht als Salat genossen, einen Geschmack, der manchen vielleicht fremd vorkommt. Kenner von Wildgemüsen schätzen aber gerade diese Geschmackseigenart.

Die *Stiele* sind relativ *zäh,* so daß man sich auf die Verwendung der Blätter und Blüten beschränken sollte.

Natürlich sagt man auch der Vogelmiere *heilende Wirkungen nach.* Sie ist reich an Kalium und wird nach Rezepten der Volksmedizin bei Erkrankungen der Atemwege, bei Rheuma und bei Gicht verwendet.

Abb. 11: Bei der Vogelmiere darauf achten, daß die winzigen Blüten weiß sind.

Am besten schmeckt Vogelmiere als Gemüse oder auch als Suppe. Hier die Rezepte:

Suppe aus Vogelmiere
Bereiten Sie eine *helle Mehlschwitze* mit feingehackten *Zwiebeln*. Füllen Sie die Schwitze zunächst mit wenig Fleischbrühe auf. Geben Sie dann feingehackte Vogelmierenblätter und Blüten hinzu. Lassen Sie alles heiß werden und füllen Sie dann mit Brühe weiter auf. Da die Vogelmiere eine relativ feste Pflanze ist, muß das Ganze dann etwa 15 Minuten kochen.

Würzen können Sie außer mit *Salz* und etwas *Pfeffer* mit *Dill,* wobei Sie das Dillkraut unzerkleinert eine Weile in der Suppe mitkochen lassen und dann wieder herausnehmen.

Vogelmieren-Gemüse
Auch hier wieder müssen Sie die Vogelmieren fein hacken. Zerlassen Sie in einem Topf nicht zu wenig *Butter* und geben Sie das kleingehackte Vogelmierengemüse dazu. Mit ganz wenig Wasser wieder etwa 15 Minuten kochen lassen. Abschmecken mit *Salz* und *Pfeffer.*

Dieses Gemüse schmeckt besonders gut, wenn Sie aus feingewürfelten *durchwachsenem Speck* und *Zwiebeln* eine gut gebräunte Mischung herstellen. Ziehen Sie Speck und Zwiebeln noch heiß unter das Gemüse.

Sauerampfer

Der Sauerampfer gehört zu den bekanntesten Wildgemüsen. Er ist zum Beispiel ein wichtiger Bestandteil der berühmten

Frankfurter Grüne Soße
für die es sehr unterschiedliche Rezepte gibt. Übrigens hält sich hartnäckig das Gerücht, daß Goethe als geborener Frankfurter ein besonderer Liebhaber dieser Soße gewesen sei und daß es sogar ein Rezept von ihm gäbe. Wir sind der Sache einmal nachgegangen und haben festgestellt, daß das reiner Mumpitz ist. Nach Auskunft des Frankfurter Goethehauses, das mit dieser Frage schon oft beschäftigt war, ist nicht einmal sicher, ob Goethe diese Soße überhaupt kannte. Da kann man sehen, wie hartnäckig sich Legenden halten können.

Goethe hin, Goethe her: die Frankfurter Soße schmeckt wunderbar und darf beim Thema Wildgemüse nicht fehlen.

Abb. 12: Auch beim Sauerampfer gilt: je jünger und frischer, um so besser schmeckt er.

Sie setzt sich aus 9 Wildgemüsen und Kräutern zusammen:

Sauerampfer Pimpinelle Kerbel (besonders wichtig für den Geschmack) Schnittlauch Petersilie Dill Boretsch Brennessel Salbei (nur kleine Menge)

Selbstverständlich können Sie sich eine andere Mischung zusammenstellen. Auf Sauerampfer darf aber nicht verzichtet werden.

Hauptbestandteil der Soße ist der *Sauerampfer*; bei den anderen Zutaten handelt es sich ja im strengeren Sinne um Kräuter. Die müssen allerdings frisch sein. Sie werden heute sicher keine großen Schwierigkeiten haben, sie auf dem Markt oder in Gemüsegeschäften frisch zu bekommen. Feinschmecker ziehen diese Kräuter aber selbst (wie man's macht, steht im Hobbythek-TIP-Heft „Kräuter" oder im „Hobbythek-Buch 1").

Im Hinblick auf die Zusammensetzung und die jeweiligen Mengen sollten Sie Ihrem Geschmack folgen. Aber bitte vom Grünzeug reichlich nehmen.

Die Kräuter und Gemüse möglichst fein hacken und in eine Soße geben, die zu Dreivierteln aus Joghurt und zu einem Viertel aus Mayonnaise besteht, abgeschmeckt mit Salz und Pfeffer und — falls beliebt — mit ein wenig Senf. Hinzu kommen noch hartgekochte Eier, deren Eigelb mit in die Soße eingerührt wird, während das gehackte Eiweiß

schließlich zusammen mit den Kräutern untergezogen wird.

Sehr gut schmeckt die Soße mit gekochtem oder gebratenem Rindfleisch und mit Bratkartoffeln.

Der Sauerampfer wächst auf Wiesen, an Waldrändern; Sie kennen sicher die Pflanze, die bis zu 1 m hohe Blütenrispen hat. Kinder streifen die kleinen Früchte oft mit der Hand ab, die man wie Konfetti werfen kann. Allerdings schmeckt der Sauerampfer am besten in den Monaten März/April, in denen die Blätter noch klein und zart sind und die Pflanze noch keine Blüten hat. Das ist auch die Zeit, in der der Sauerampfer „pur" am besten schmeckt; vielleicht haben Sie auf einem Spaziergang die sauren Blättchen, die gut gegen Durst wirken, bereits einmal probiert.

Der Sauerampfer ist in der *Volksheilkunde* ein gutes Mittel zur Blutreinigung im Frühjahr. Er enthält eine ganze Menge Vitamin C, er wirkt appetitanregend und verdauungsfördernd. Allerdings sollte man Sauerampfer bei Nierenkrankheiten, Neigung zur Steinbildung, Rheuma oder auch bei häufigem Sodbrennen lieber nicht essen.

Der Sauerampfer, der ja nicht zufällig so heißt, schmeckt am besten, wenn man ihn mit anderen Wildgemüsen oder auch Kultursorten mischt. Wir sagten schon, daß er sich zum Beispiel gut mit dem milden Gänseblümchen kombinieren läßt. In manchen Gegenden mildert man auch den Geschmack des Sauerampfers mit Zucker, Korinthen, süßer Sahne oder süßem Apfel.

Probieren Sie den Sauerampfer vielleicht doch zunächst einmal aus, indem Sie ihn etwa zum Kopfsalat hinzu-

mischen (etwa $1/4$ Sauerampfer zu $3/4$ Kopfsalat). Dazu werden die Sauerampferblätter grob geschnitten. Wunderbar schmeckt er aber auch als Zutat zum Eiersalat.

Sauerampfer-Gemüse

Wenn der Sauerampfer nicht mehr ganz zart ist, dann verwenden Sie am besten nur die Blattseiten; also nicht die Stiele und das dickere Stück der mittleren Blattrippe. Wir möchten es Ihrem Geschmack überlassen, ob überhaupt und womit Sie den Sauerampfer mischen. Gut geeignet sind — wie gesagt — die Blätter des Gänseblümchens.

Die Zubereitung ist ganz einfach und ähnlich wie bei Spinat. Also zum Beispiel so: Zerlassen Sie etwas *Butter* und dünsten Sie darin *in Streifen geschnittene Zwiebeln*. Geben Sie dann den Sauerampfer und eventuell ein zweites Gemüse hinzu, das so bald genügend Wasser zieht, um auf kleiner Flamme ganz kurz gekocht zu werden. Sollte die Angelegenheit zu trocken sein, dann können Sie auch ein wenig Wasser dazugeben. Abgeschmeckt wird mit *Salz, Pfeffer* und einer Prise *Muskat*.

Dieses Gemüse schmeckt sehr gut, wenn man es mit *hartgekochten Eiern* garniert oder diese Eier als Beilage mit hinzunimmt.

Am besten schmeckte uns Sauerampfer-Gemüse aber zusammen mit einer *groben Bratwurst* und *mehligen Kartoffeln*. Das ist ein sehr uriges Gericht, das Sie unbedingt einmal ausprobieren sollten.

Das Gericht, mit dem wir in der Hobbythek den größten Erfolg hatten, war die

Abb. 13: Frankfurter Grüne Soße.

Abb. 14: Hier gibt es Sauerampfergemüse und Sauerampfer-Suppe à la Hobbythek.

Sauerampfer-Suppe à la Hobbythek

Dazu brauchen Sie etwa 3 bis 4 Handvoll Sauerampferblätter, von denen Sie gegebenenfalls die harten Stiele entfernen. Die Blätter werden grob geschnitten und mit einem großen Stück *Butter* angedünstet. Danach etwa 1 Liter Wasser dazugeben und 15 Minuten lang kochen. Abschmecken mit *Salz* und *Pfeffer*. Nun kommen etwa 8 Eßlöffel *süße Sahne* dazu und *1 Eigelb*, das Sie einrühren.

Und der Clou des Ganzen: Die Suppe wird jetzt — ähnlich wie eine französische Zwiebelsuppe — in feuerfeste Suppentassen gefüllt, mit einem Stück *getoastetem Weißbrot* und *geriebenem Käse* bedeckt. Alles kommt dann in den Backofen und wird überbacken. Am besten geht das in einem Ofen, in dem Sie nur die Oberhitze einschalten können. Dann verläuft und bräunt der Käse ganz schnell.

Sauerampfer-Püree

Dünsten Sie Sauerampferblätter mit ganz wenig Wasser gar und passieren Sie sie anschließend durch ein Sieb. Binden Sie diesen Brei mit *süßer Sahne*, in der Sie zuvor *rohes Eigelb* zerquirlt haben. Zum Schluß wird in Butter geröstetes *Paniermehl* untergerührt und das Ganze schließlich mit feingehackter *Petersilie* überstreut.

Dieses Püree schmeckt besonders gut zu kroßgebratenem Fleisch (Schnitzel, Koteletts usw.).

Abb. 15: Junge Huflattichpflanze mit den charakteristischen gelben Blüten und geschuppten fleischigen Stengeln.

Der Huflattich

Der Huflattich gehört zu den frühesten Pflanzen des Jahres. Er macht sich zuerst nur mit den typischen *gelben Blüten* bemerkbar, die an einem dicht mit kleinen Blättchen bedeckten fleischigen Stiel sitzen. Später treiben auch die Blätter hervor, die im Laufe des Jahres fast so groß wie Rhabarberblätter werden können. Für unsere Zwecke eignen sich allerdings nur die kleinen, auf der Unterseite noch weich behaarten Blätter, wie sie bis spätestens April auf meistens sehr unfruchtbar aussehenden Lehm- oder Kalkboden wachsen.

Wer in der Natur weniger bewandert ist, könnte den Huflattich mit dem Pestwurz verwechseln, der allerdings noch größere und auch rundere Blätter hat. Ein sicheres Zeichen, daß es sich um Huflattich handelt, sind die gelben Blüten.

Der Huflattich gehört zu den ganz alten *Hausmitteln*. Die getrockneten Blätter und Blüten kann man zu Tee aufbrühen. Er hilft gegen Husten und Heiserkeit.

Verwenden kann man von der Pflanze eigentlich alles; also sowohl die jungen Blätter mit Stiel wie die Blüten und natürlich auch die Knospen, die noch einmal bei unseren Kapern-Rezepten auftauchen werden. Die vielseitige Verwendbarkeit des Huflattichs geht auch daraus hervor, daß man die nicht mehr ganz kleinen Blätter auch zu *Huflattich-Rouladen* verwenden kann, bei denen die Blätter wie die Kohlblätter bei den Kohlrouladen einfach um die Fleischfüllung gewickelt werden.

Abb. 16: Huflattichblatt (es ist mit einem spinnwebartig wirkenden Pelz überzogen, der sich abreiben läßt).

Huflattichblätter können Sie genauso wie bei den vorhergehenden Rezepten als Gemüse, Suppe oder Salat zubereiten. Das brauchen wir hier aber nicht zu wiederholen. Stattdessen wollen wir Ihnen hier ein Rezept verraten, das ein ganz hervorragendes Dessert gibt.

Götterspeise aus Huflattich

Sammeln Sie zwei Handvoll *Huflattich-Blüten* mit ihren Stengeln. Schneiden Sie diese Stengel und Blüten möglichst klein und legen Sie sie in etwa einem 1/4 Liter *Weißwein* ein. Achten Sie darauf, daß der Wein alles bedeckt. Geben Sie schließlich zu diesem Ansatz noch 2 Eßlöffel *Zucker* hinzu und lassen Sie alles einen Tag abgedeckt stehen.

Am nächsten Tag wird Gelatine angerührt, die Sie in Körnerform oder als Blattgelatine kaufen können. Diese Gelatine muß nach Vorschrift in kaltem Wasser aufgeweicht werden und etwa 2 Minuten stehen. Währenddessen

Abb. 17: So wird die Götterspeise mit Huflattich angesetzt.

Abb. 18: Wer sich's leisten kann, sollte die Götterspeise mit Schlagsahne garnieren.

wird der eingelegte Huflattich im Wein erwärmt, anschließend die Gelatine dazugegeben und vollständig aufgelöst. Dann schnell alles vom Herd nehmen und entweder in eine kalt ausgespülte Schüssel oder — besser noch — in ebenfalls kalt ausgespülte Portionsschälchen gießen. Diese Götterspeise braucht je nach Größe der Schüsseln 2 bis 3 Stunden zum völligen Erkalten und Erstarren.

Sie können dann die Speise entweder in den Schüsseln selbst servieren oder auf Teller stürzen, was ganz einfach geht, wenn Sie die Schüsseln vorher ganz kurz in heißes Wasser tauchen. Dann schmilzt die Gelatine nämlich an den Schüsselwänden kurz noch einmal an.

Natürlich gehört zu einer richtigen Götterspeise *Schlagsahne* oder auch *Vanillesoße*.

Probieren Sie einmal den auf diese Weise besonders deutlich hervortretenden unverwechselbaren Huflattichgeschmack.

„Falsche Kapern" — alles andere als ein Ersatz

Kapern sind mit ihrem leicht säuerlichen Geschmack eine sehr beliebte Zutat zu Königsberger Klopsen, Fleischgerichten überhaupt, zu Tartar, zu Pizzen und in verschiedenen Arten von Soßen. Wir wollen hier die falschen oder auch Deutschen Kapern gar nicht als Ersatz für die echten Kapern nennen, sondern als eine durchaus eigenständige und je nach verwendeter Pflanze sehr unterschiedlich schmeckende Köstlichkeit empfehlen.

Abb. 19: Kapern

Für die Zubereitung dieser „falschen Kapern" eignen sich eine ganze Menge Pflanzen. Allerdings braucht man davon immer nur die kleinen *Blütenknospen* die Sie natürlich nicht gleich pfundweise sammeln können. Aber Kapern ißt man ja nicht pfundweise.

Besonders geeignet sind die sogenannten *Embryo-Knospen des Löwenzahns*, die wir bereits bei einem anderen Rezept verwendet haben. Gut schmecken aber auch die Blütenknospen des *Gänseblümchens*, der *Sumpfdotter-*

blume oder auch der *Butterblume*; schließlich noch die Knospen der *Kapuzinerkresse*.

Es gibt grundsätzlich zwei Arten, falsche Kapern einzulegen; entweder *roh* oder *gebrüht*.

Rohe Kapern

Roh eingelegte Kapern macht man so: Die Blütenknospen — die Sie übrigens auch mischen können — werden 24 Stunden lang in eine kräftige *Salzwasserlösung* gelegt. Nach dem Abgießen des Wassers kommen die Knospen in einen *Weinessig*, den man mit Kräutern würzen sollte. Besonders eignet sich dazu *Estragon*. Diesen Essig kann man fertig kaufen oder selbst ansetzen.*

Gebrühte Kapern

Die gebrüht eingelegten Kapern werden nach dem Waschen zunächst nur mit *Salz* bestreut und einige Stunden stehengelassen. Dann schüttet man sie in kochendes Wasser, aus dem man sie mit einem Schaumlöffel wieder herausnimmt, nachdem es kurz noch einmal gesiedet hat. Danach kommen die Kapern in ein Glas und werden wieder mit Kräuteressig übergossen. Dieser Kräuteressig sollte vorher heiß gemacht werden (bitte aufpassen, daß das Glas nicht springt; man kann das verhindern, indem man es auf ein feuchtes Tuch stellt).

Sowohl die rohen wie die gebrühten Kapern müssen nun 14 Tage lang ziehen. Dafür ist es wichtig, daß sich das Gefäß dicht verschließen läßt. Übrigens lassen sich daraus auch hübsche und originelle Geschenke machen.

* Essigrezepte finden Sie im Kräuterkapitel von „Das Hobbythek-Buch 1" oder in „Hobbythek-Tip: Kräuter".

Geräucherte Köstlichkeiten

Wir sind einmal die Themen der *Hobbythek* durchgegangen; und da ist uns aufgefallen, daß die Gaumenfreuden darin doch eine ganz erhebliche Rolle spielen: Seien es nun die Wildgemüse oder die Kräuter, aus denen man Kräuterschnäpse und anderes herstellen kann, die Züchtung von Pilzen samt dazugehörigen Rezepten, die Feststellung, wann Fleisch den höchsten Genußwert hat und vieles andere mehr, was Sie in den *Hobbythek-Büchern* oder auch in der Reihe *Hobbythek TIP* nachlesen können.
Diesmal geht es ums Räuchern, und da vor allem ums Räuchern von Fischen.

Warum Fisch so gesund ist
Fische nämlich verderben besonders leicht, und das hat zugleich mit einem Vorteil zu tun, der Fische vor dem Fleisch von Warmblütern — also von Kalbfleisch, Schweinefleisch usw. — voraus hat. Das Fischfleisch ist nicht nur leichter verderblich als Fleisch von Warmblütern, sondern zugleich auch *leichter verdaulich.* Das hat verschiedene Gründe:

Abb. 1: So sah es bei unserer Sendung im Studio aus.

Leichter verdaulich ist es, weil es weniger Bindegewebe hat. Hinzu kommt aber als wesentlicher Grund, daß es reicher an *Enzymen* ist, die verdauungsfördernd wirken. Enzyme übernehmen nämlich im menschlichen Körper ganz wichtige Aufgaben bei der Verdauung. Ein Fleisch also, das von diesen Enzymen reichliche Mengen enthält, die im menschlichen Körper nur unwesentlich umgesetzt werden müssen, bringt also gewissermaßen seine verdauungsfördernden Hilfsstoffe von selbst mit. Deshalb ist Fisch bei der Zubereitung von Schonkost auch besser geeignet als normales Fleisch.

Fischfleisch hat aber noch andere Vorteile. Es enthält zum Beispiel fast alle für die Ernährung des Menschen notwendigen *Aminosäuren;* außerdem ist es bei den meisten Fischarten relativ fettarm. 100 g Forellenfleisch hat zum Beispiel nur 2 1/2 g Fett, obwohl geräucherte Forelle ausgesprochen fettreich wirkt. Zugleich aber hat Forellenfleisch pro 100 g 21 g Eiweiß.

Etwas aus der Art schlägt allerdings der Aal. Er hat pro 100 g Fleisch 26 g Fett und nur 16 g Eiweiß. Aber selbst dieser hohe Fettgehalt, der dem geräucherten Aal seinen typischen Speckgeschmack verleiht, ist im Vergleich zu Fleisch von Warmblütern recht ungefährlich. Das Fett der Fische hat nämlich einen außerordentlich günstigen Gehalt an *ungesättigten Fettsäuren.* Für Fische gilt also nicht, was man im Hinblick auf Schweinefleisch durchaus sagen kann: daß tierische Fette den pflanzlichen Fetten unterlegen seien.

Der Mensch braucht pro Tag und Kilogramm Körpergewicht etwa 1 g

Abb. 2: Grüne Heringe — heute wegen Überfischung der Meere bereits eine kleine Kostbarkeit.

Eiweiß. Ein Mensch von 80 kg Gewicht braucht also rund 80 g Eiweiß am Tag. Dieser Eiweißbedarf ist durch eine große Forelle bereits zu decken. Wenn Sie einmal nachrechnen wollen: Eine große Forelle kann 400 g wiegen. Bei 21 g Eiweißgehalt pro 100 g ergeben sich 84 g Eiweiß.

Obwohl wir sicher sind, daß selbst Leute, die Fisch skeptisch gegenüberstehen, beim ersten selbstgeräucherten Fisch ihren Grundsätzen untreu werden, hoffen wir die Skeptiker zu überzeugen, indem wir zusammenfassen: Fisch ist als Lieferant des notwendigen Eiweißes für den Menschen kaum zu übertreffen. Er ist leichter verdaulich als Fleisch von Warmblütern, und sein Fettgehalt wird vom Körper des Menschen leicht und ohne die problematischen Nebenwirkungen abgebaut, die tierisches Fett sonst im Hinblick auf den Fettspiegel des Blutes hat.

Nun ist es mit den Fischen so eine Sache; es ist nicht nur schwieriger geworden, als Hobbyangler oder

Abb. 3: Verschiedene Arten, Fisch haltbar zu machen: Im Hintergrund getrockneter Klippfisch; in der Mitte zwei Salzheringe; rechts zwei geräucherte Heringe (Bücklinge). Die beiden grünen Heringe links sind nicht konserviert.

Hobbyharpunist einen Fisch an Land zu ziehen; Fisch ist auch im Handel teurer geworden, in vielen Fällen ebenso teuer wie normales Fleisch oder sogar noch teurer. Urlaubsreisende werden das inzwischen bemerkt haben.

Ein alter Spruch besagt, der Hering sei die Forelle des kleinen Mannes oder die „Arbeiterforelle". Inzwischen sieht es so aus, als habe der alte Kanzler Bismarck mit seinem prophetischen Wort recht, der noch im vorigen Jahrhundert dem Sinne nach sagte: Der Hering würde, wenn er seltener wäre, zu den kostbarsten Fischen gehören. Die Nachwelt dankte Bismarck diesen Spruch mit dem „Bismarckhering".

Inzwischen zeigt sich, daß dieser weitsichtige Mann so unrecht nicht hatte; der Hering ist durch Überfischung der Meere inzwischen zu einem Fisch geworden, für den ausgeklügelte Fangquoten ausgerechnet und international vereinbart werden müssen, damit er nicht in absehbarer Zeit ausstirbt. Jeder, der Hering in seinen verschiedenen Zubereitungsarten kennt: als Salzhering, Matjes, Brathering, grünen Hering und schließlich als Bückling oder kaltgeräucherten sogenannten Lachshering, wird wissen, daß sein Fleisch in Zartheit, Wohlgeschmack und Nahrhaftigkeit von kaum einem anderen Fisch übertroffen werden kann.

Wer ein Freund von Fischen ist, dem wird bei all diesen Andeutungen bereits das Wasser im Munde zusammenlaufen. Diese Wirkung wird vor allem beim Gedanken an geräucherten Fisch ausgelöst.

Das *Räuchern* von Fisch oder von Fleisch überhaupt hat aber nicht nur deshalb so große Verbreitung gefunden, weil dadurch ausgesprochen leckere Fleischgerichte zustande kommen, sondern weil durch das Räuchern Fleisch haltbar gemacht werden kann. Trotzdem ist man auf diese Konservierungsart erst relativ spät gekommen. Ältere Methoden der Konservierung von Fleisch hatten bereits die Vorfahren der alten Griechen und Ägypter herausgefunden, die Fleisch und Fisch oder eiweißhaltige Lebensmittel überhaupt entweder stark *salzten* oder durch schnelles *Trocknen* vor dem Verderben bewahrten. Vielleicht kennen Sie den sogenannten „Klipp-Fisch", den es auch heute noch zu kaufen gibt.

Gesalzene oder getrocknete Fleischwaren haben den Nachteil, daß man sie nicht unbehandelt genießen kann. Getrocknetes Fleisch muß man kochen, sonst schmeckt es scheußlich, und gesalzene Heringe müssen gewässert werden, damit sie den frischen Matjesfilets wenigstens ähnlich schmecken.

Ganz anders ist es beim *Räuchern:* Bei der von uns auf den nächsten Seiten beschriebenen Methode des Heißräucherns ist das Fleisch nicht nur gegart, sondern es hat einen besonderen Wohlgeschmack bekommen und ist ohne alle weiteren Vorbereitungen sofort genießbar.

Das Trocknen von Fleisch und Fisch ist also eine uralte Erfindung, die man so genau nicht mehr datieren kann. Das Salzen ist zumindest seit den Griechen und Ägyptern belegt.

Die Kunst des Räucherns hat man erst später zu beherrschen gelernt; wahrscheinlich hat man sie im Mittelalter zum erstenmal bei der Konservierung von Seefischen angewandt.

Heute nimmt das Räuchern gegenüber anderen Konservierungsmethoden mehr und mehr zu; und das vor allem in Deutschland. In Holland gibt es ganze Industrien, die ihre Räucherfischproduktion fast ausschließlich in die Bundesrepublik liefern. Statistiken besagen, daß inzwischen bereits über 30% der angelandeten Seefische geräuchert werden. Die gebräuchlichsten Räucherfischarten sind der Bückling, die Schillerlocke (bei der es sich übrigens um die Bauchlappen des Dornhaies handelt), geräucherte Heilbutt-, Steinbeißer- und Kabeljaustücke, nicht zu vergessen der teure Räucherlachs. Aber vielleicht haben Sie schon bemerkt, daß in den Fischgeschäften neben dem Bückling immer mehr geräucherte Makrelen angeboten werden, was nicht zuletzt damit zu tun hat, daß der Hering so selten geworden ist. Makrelen schmecken zwar auch nicht schlecht; den Hering können sie allerdings nicht einholen.

Fische, die sich zum Räuchern eignen

Wir gehen einfach einmal davon aus, daß Sie Räucherfisch sehr gern mögen. Dieses an sich schon große Vergnügen läßt sich steigern, wenn man Fisch selbst räuchert. Obwohl sich fast jeder Fisch zum Räuchern eignet, wollen wir hier kurz durchgehen, welche Fischarten auf jeden Fall für diese Art der Haltbarmachung und Geschmacksveredelung problemlos geeignet sind. Voraussetzung ist natürlich, daß Sie diese Fische frisch oder zumindest tiefgefro-

Kreissparkasse Saarlouis

Einzahlung
Girokonto / SB-Sparkonto
Empfangsbescheinigung

für:

EUR: 300,—

Datum	Kontonummer	Betrag	Bankleitzahl / Folge-Nr. Kasse Gebühr
01.02.07	0400272613	***********300,00+	59350110/0 005211

Wir bestätigen hiermit, den von der Maschine abgedruckten Betrag zur Gutschrift auf obiges Konto am genannten Einzahlungstag erhalten zu haben.

Kreissparkasse Saarlouis

20 221-013 150. 05.05

ren bekommen können, wobei frische Fische den gefrorenen immer vorzuziehen sind.

Zunächst zu den *Seefischen.*

Am Anfang hat der trotz allem immer noch recht billige *Hering* zu stehen, der ungeteilt geräuchert werden kann.

Dasselbe gilt für *Makrelen,* die — wie gesagt — gröber im Geschmack als der Hering sind, sich aber für das Räuchern wegen ihres relativ festen Fleisches hervorragend eignen.

Ein guter Räucherfisch ist auch die *Meerforelle,* die man allerdings bei uns nicht so ohne weiteres bekommt. In Italien und in Mittelmeerländern werden Sie aber damit keine Probleme haben. Und da unser Räucherofen, den wir gleich vorstellen werden, auch im Urlaub gebaut und verwendet werden kann, ist dieser Tip nicht ohne Nutzen.

Ein Fisch, der ebenfalls unzerlegt geräuchert werden kann, ist die *Flunder,* aber auch die *Scholle* und der *Butt,* wenn er nicht zu groß geworden ist.

Eine besondere Spezialität ist die *Seezunge,* die aber auch als frischer Fisch im Laden nicht ganz billig ist.

Schließlich noch zwei Fischarten, die Sie zerlegen müssen, um sie räuchern zu können: Da ist einmal der *Heilbutt,* der ein besonders gutschmeckendes, aber auch relativ fettreiches Fleisch hat. Ihn müssen Sie in Stücke zerlegen, die nicht dicker als 3 oder 4 cm sind.

Der *Lachs* als ein besonders edler Fisch kann nur in kleineren Exemplaren im ganzen Stück geräuchert werden. Wer in die skandinavischen Länder kommt und dort angelt, wird noch das Glück haben, an diesen inzwischen relativ seltenen Fisch heranzukommen. Lachse leiden bei uns darunter, daß sie durch die Technifizierung der Flußläufe vom Meer nicht mehr zu ihren Laichplätzen kommen können, die in den Oberläufen der Flüsse liegen. Wenn Sie aber im Laden ein Lachsstück kaufen können, dann wird es ebenso geräuchert wie der Heilbutt.

Nun zu den *Süßwasserfischen.*

Eine Spezialität ist die *Forelle,* die inzwischen im Preis vom Hering gar nicht einmal mehr so weit entfernt ist. Forellen werden in großen Mengen in Teichen, vor allem in den Mittelgebirgen, gezüchtet, oder sie sind als tiefgefrorene Fische aus Schweden und anderen Gebieten recht billig zu haben. Forellen können in der Regel, so wie sie sind, geräuchert werden.

Ebenfalls weit verbreitet ist durch die Anstrengungen der Züchter der *Karpfen.* Auch Karpfen lassen sich räuchern, wobei größere Exemplare längs gespalten werden müssen, bevor sie geräuchert werden können.

Brassen sind zu unrecht verkannte Fische, die man auch in den Geschäften nicht so ohne weiteres bekommt. Sie werden bis zu 4 Pfund schwer und lassen sich deshalb auch meist nicht mehr in einem Stück räuchern. Ihr Geschmack ähnelt dem der Karpfen, ist aber nicht ganz so edel.

Besonders gut schmeckt das Fleisch der *Schleie.* Auch hier muß der Fisch in der Regel in Stücke geschnitten werden, bevor er geräuchert werden kann.

Nicht überall zu haben und auch nicht ganz billig ist der *Hecht.* Er schmeckt aber geräuchert besonders gut, da er als Raubfisch sehr kräftig im Geschmack ist.

Man könnte sich lange darüber streiten, ob Räucherlachs oder Räucheraal die größere Spezialität ist. Da wird sicher der persönliche Geschmack entscheiden. *Aale* bekommt man eigentlich recht leicht überall, wobei Sie beim Kauf darauf achten sollten, möglichst Fische gleicher Größe und Dicke zu bekommen. Das ist für das Räuchern wichtig. Es macht gar nichts, wenn die Aale für den ersten Räucherversuch nicht allzu groß sind; zu bedenken ist auch, daß unsere Räuchertonne, wie Sie gleich noch sehen werden, für einen meterlangen Aal viel zu kurz ist.

Vorteile des Räucherns vor anderen Zubereitungsarten

Stellen Sie sich vor, Sie wollen die Familie oder Freunde oder eine größere Zahl von Leuten mit frisch zubereitetem Fisch bewirten. Wenn Sie ihn kochen oder braten, müssen Sie sich intensiv mit der Zubereitung beschäftigen, während bereits alle ungeduldig auf das Festmahl warten.

Nicht viel anders ist es beim Grillen, obwohl das natürlich ein gemeinsamer Spaß werden kann. Beim Grillen müssen Sie bestimmte Fischarten vorher sorgfältig schuppen. Das entfällt beim Räuchern.

Nun schmeckt zwar ein geräucherter Fisch besonders gut, wenn er noch warm vom Rauch ist; es beeinträchtigt ihn aber gar nicht, wenn er bereits einige Zeit vor dem Essen geräuchert wurde. Vergessen wir nicht, daß Räuchern ja ursprünglich nur in zweiter Linie etwas war, was der Geschmacksverbesserung diente, sondern vor allem ein Mittel der Konservierung.

Abb. 4: Zwei Seefische, die geräuchert besondere Leckerbissen sind: oben der Lachs, unten eine Seezunge.

Abb. 5: Zwei leckere Süßwasserfische: oben ein Hecht, unten die überaus beliebte Forelle.

Wie müssen die Fische für das Räuchern vorbereitet werden?

Wenn Sie frische Fische kaufen, was immer von Vorteil ist, dann müssen Sie die Tiere zunächst schlachten und ausnehmen. Wichtig ist, daß es dabei möglichst *sauber* zugeht. Es ist leider so, daß die Gewässer — das trifft ebenso auf die Meere wie die Flüsse und Binnenseen zu — nicht mehr ganz sauber sind. Deshalb sollten Sie versuchen, die Fische so auszunehmen, daß die Innereien *nicht beschädigt* werden und dadurch auslaufen können. Schneiden Sie also den Fischbauch nicht vom After her auf, sondern von der Kopfseite. Wichtig ist, daß Sie dabei vor allem die Galle nicht beschädigen, die relativ dicht am Kopf in der Leber sitzt. Bei frischen Fischen ist es nach dem Aufschlitzen überhaupt nicht schwierig, die gesamten Eingeweide einschließlich des evtl. vorhandenen Rogens und der Milch in einem Stück herauszunehmen, wenn man die Eingeweide zwischen den Kiemen unmittelbar hinter dem Kopf abschneidet. Die einzigen Organe, die auf diese Weise nicht zu entfernen sind, sind die Nieren. Sie liegen bei nahezu allen Fischarten links und rechts der Wirbelsäule, und sie sind im Bauchraum als dunkler Streifen zu erkennen. Man muß sie mit dem Messer oder einem anderen geeigneten Gegenstand einfach herauskratzen.

Es empfiehlt sich auch, die Kiemen herauszuschneiden, weil auslaufendes Blut sonst die Haut der Fische beim Räuchern mit Streifen verunzieren kann. Das ist allerdings mehr ein ästhetisches Problem.

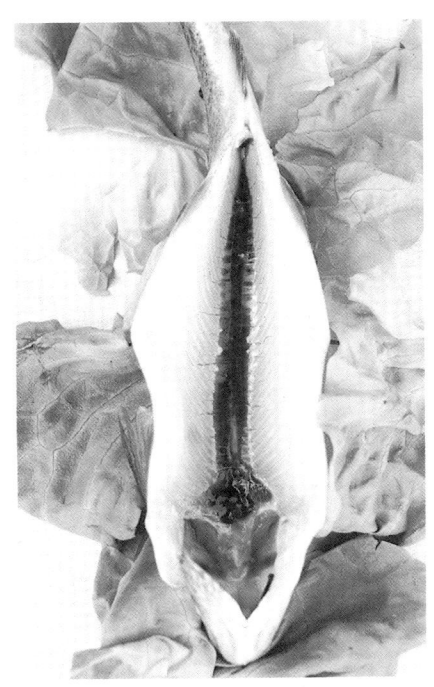

Abb. 6: Eine ausgenommene Forelle. Der dunkle Streifen längs der Wirbelsäule ist die Niere, die sich nur durch Herausschaben mit einem Messer oder Löffel entfernen läßt.

Nach dem Ausnehmen muß der Fisch innen und außen sorgfältig gewaschen werden. Wichtig ist dabei, daß auch der *Schleim* auf der äußeren Haut abgewaschen wird, weil Rückstände sonst den Fisch beim Räuchern unansehnlich machen.

Für den Geschmack des Fisches nach dem Räuchern ist ausschlaggebend, daß er richtig *gesalzen* wird. In der Industrie wird das sogenannte Naßsalzen bevorzugt, weil es für große Fischmengen bequemer ist. Für unsere Zwecke genügt es, den Fisch trocken zu salzen; und zwar sowohl innen wie außen.

Man war lange der Meinung, daß Seefische — da sie ja im salzigen Meer schwimmen — auch ein salziges Fleisch haben müßten. Süßwasserfische hingegen — so glaubte man — hätten ein weniger salziges Fleisch. Das hat dazu geführt, daß man in Krankenhäusern, in denen es auf die Diätkost ankommt, Meeresfische ablehnte und Süßwasserfische vorzog. Inzwischen hat man herausgefunden, daß sich der Salzgehalt im Fleisch von See- oder Süßwasserfischen kaum unterscheidet. Festgestellt hat man auch, daß Fische ausgesprochen salzarmes Fleisch haben. Es entspricht in seinem Salzgehalt etwa unbehandeltem Kalbfleisch.

Da aber ein geräucherter Fisch ohne Salz doch recht labbrig schmeckt, sollten Sie mit dem Salz nicht allzu sparsam umgehen.

Erfahrene Räucherer haben im Hinblick auf das *Würzen* von Fischen ihre Spezialrezepte, über die sie nur sehr ungern Auskunft geben. Wir meinen, daß Sie beim Würzen, das gewissermaßen die Krönung jeglicher Küche bedeutet, ebenfalls Ihrer Phantasie vertrauen sollten oder vielleicht auch Ihrem Spieltrieb, der Sie zum Ausprobieren reizt. Nur soviel als Tip: Fische, die einen starken Eigengeschmack haben, sollte man nicht mit zusätzlichen Gewürzen behandeln, weil das ihre Geschmackseigenart nur überdecken könnte. Zu solchen Fischen gehört zum Beispiel der Aal, der Karpfen und besonders der kräftig schmeckende Hecht.

Zu Weißfischen würde hingegen *Thymian* recht gut passen, vielleicht auch

Dill, Salbei oder *Basilikum*. Wenn Sie diese Kräuter nur getrocknet verfügbar haben, dann weichen Sie sie vorher in Wasser ein und reiben Sie damit das Fleisch der Fische ab und lassen Sie es an den Innenseiten kleben.

Die so mit Salz und Kräutern behandelten Fische sind feucht. Obwohl es bei der kommerziellen Räucherung von Fischen sowohl das Verfahren der Räucherung von trockenen wie auch von nassen Fischen gibt, empfiehlt es sich für unsere Zwecke, nur trockene Fische in den Räucherofen zu hängen. Sie vermeiden damit verschiedene Risiken und auch mögliche Enttäuschungen, die dadurch entstehen, daß der Fisch nicht golden wie ein Bückling, sondern blaß und möglicherweise fleckig aussieht. Nach dem Waschen, Salzen und Würzen, sollten Sie die Fische also möglichst eine Stunde rundherum trocknen lassen.

Noch ein Wort zur Größe der Räucherfische

Aale kann man auf jeden Fall unzerteilt räuchern. Bitte beachten Sie aber, daß Sie möglichst nicht längere Aale nehmen als die Höhe unserer Tonne mißt, abzüglich einiger Zentimeter für das Sägemehl und einen Sicherheitszwischenraum (vgl. dazu Seite 72).

Auch Forellen, die nicht mehr als 300 g oder maximal 400 g wiegen, können in einem Stück geräuchert werden.

Karpfen müssen in zwei Hälften getrennt werden, wenn sie besonders groß geraten sind; sonst geht es auch hier in einem Stück.

Abb. 7: Hier haben wir eine Tonne aufgeschnitten, um zu zeigen, wie die Fische in ihr hängen müssen.

Bei Seefischen, wie Heilbutt oder Kabeljau, werden Sie in jedem Falle Stücke schneiden müssen, wobei es sich empfiehlt, etwa 3 bis maximal 4 Zentimeter dicke Scheiben zu nehmen. Es gibt aber auch Fische, die so groß sind, daß man Stücke ähnlich wie ein Kotelett vorbereiten kann.

Bevor es ans eigentliche Räuchern geht . . .

Räuchern diente vornehmlich dem Haltbarmachen von Fleisch, Fischen und anderen eiweißhaltigen Nahrungsmitteln. Gegenüber dem Trocknen oder Einsalzen hat Räuchern auch heute noch den Nachteil, daß Fische dadurch nicht unbegrenzt haltbar werden. Das Fischfleisch verliert zwar gerade durch das Heißräuchern stark an Wassergehalt und wird dadurch haltbar, es bleibt aber trotzdem nicht unangreifbar für Fäulniserreger. Räuchern Sie also nur so viel, wie in den nächsten Tagen auch gegessen wird.

Räuchern und Räuchern ist nicht dasselbe

Es gibt zwei Verfahren für das Räuchern: Einmal das sogenannte *Kalträuchern* bei Temperaturen bis maximal 30°, und das sogenannte *Heißräuchern* bei Temperaturen zwischen 100° und 110°.

Das Kalträuchern ist die verbreitetere Methode beim Räuchern von *Fleisch;* und da vor allem beim Schinken. Es hat den unbezweifelbaren Vorteil, daß die auf diese Weise entstehenden Räucherwaren haltbarer sind als heißgeräuchertes Fleisch. Allerdings dauert der Prozeß recht lange — nämlich mindestens mehrere Wochen —, und man braucht dafür eine regelrechte Räucherkammer. In früheren Zeiten hatte man es in den Häusern, die noch einen offenen Kamin hatten, einfacher; denn dort brauchte man zum Beispiel nur die Schinken und Würste so in den

Kamin zu hängen, daß der Rauch an ihnen vorüberzog, ohne sie stark zu erhitzen. Man kann dieses Verfahren noch heute in alten Häusern, die meist als Museum dienen, besichtigen.

Für die Zwecke des Hobbyräucherers ist das *Heißräuchern* aus verschiedenen Gründen das geeignetere Verfahren. Es hat folgende Vorteile:

1.
Der Räuchervorgang wird drastisch verkürzt; er dauert in der Regel und je nach Dicke des Räuchergutes kaum länger als 20 Minuten.

2.
Beim Heißräuchern wird das Fleisch oder der Fisch zugleich gegart.

3.
Auf eine große Räucherkammer kann verzichtet werden; es genügt eine kleine Tonne, deren Bau wir nachher beschreiben werden.

4.
Beim Heißräuchern in einem Gerät, das relativ dicht abgeschlossen werden kann, entsteht kaum Geruchsbelästigung durch Rauch.

Der typische und so beliebte Rauchgeschmack und die appetitlich goldbraune Farbe der geräucherten Fische kommt beim Heißräuchern ebenso zustande wie beim Kalträuchern.

Was passiert eigentlich beim Räuchern?

Beim Thema Rauch reagieren wir heute ja allergisch. Es hat sich inzwischen herumgesprochen, daß durch Rauch, vor allem von Tabak, Krebs erzeugt werden kann. Davon haben natürlich auch wir gehört und uns deshalb um genauere Informationen im Hinblick auf das Räuchern bemüht. Wir haben uns in diesem Zusammenhang von Fachleuten erklären lassen, was beim Räucherprozeß chemisch passiert, und wie es mit den Auswirkungen auf die Gesundheit steht.

Wir wollen jetzt nicht ein chemisches Seminar abhalten; nur soviel sei gesagt, daß beim Räuchern der nötige Rauch sich in erster Linie durch unvollständige Verbrennung von schwelendem Sägemehl entwickelt. Die Fachleute nennen diese qualmende Verbrennung ohne Zufuhr von Sauerstoff *Pyrolyse*. Bei diesem Prozeß werden über 300 verschiedene Stoffe frei, unter denen sich eine Menge sogenannter aromatischer Kohlenwasserstoffe befinden, die sowohl konservierend wirken als auch den charakteristischen Räuchergeschmack erzeugen. Für die Konservierung sind vor allem verantwortlich: Ameisensäure, Formaldehyd und Methylalkohol. Für den guten Geschmack sorgen im wesentlichen sogenannte Phenole und schließlich auch verschiedene Teere, die die goldbraune Farbe erzeugen.

Mit dem Wort Teer ist zugleich das Stichwort gefallen, das uns zum Thema krebserzeugende Stoffe führt. In diesen Teeren kann tatsächlich der bekannteste Krebserzeuger nachgewiesen werden, das *Benzpyren*. Allerdings hat man bei der Untersuchung von Räucherwaren in diesen selbst kein Benzpyren feststellen können. Sie brauchen also keine Angst zu haben, sich durch geräuchertes Fleisch oder Rauchfisch der Gefahr auszusetzen, Krebs zu bekommen. Auf jeden Fall ist die Gefahr weitaus geringer als beim Rauchen einer Zigarette oder beim Verzehren einer verbrannten Scheibe Toast; gar nicht zu reden von gegrilltem Fleisch, bei dem die glühende Kohle unter dem Fleisch liegt. Das in diese Kohle tropfende und verdampfende Fett des Fleisches erzeugt einen Rauch, der schädlicher ist als jeder Räucherrauch.

Bevor es an den Bau unserer Hobbythek-Räuchertonne geht, hier noch ein paar Worte über das *Räuchermehl*.

Es kommt darauf an, ein Sägemehl zu verwenden, das möglichst wenig Harz enthält, weil Harz trotz seines angenehmen Geruchs schädliche Dämpfe entwickelt. Geeignet ist also Laubholz und darunter vor allem das Holz der *Buche*, der *Eiche*, des *Ahorns*, der *Erle*, aber auch das Holz von *Obstbäumen*.

Das Holz von Nadelbäumen ist für unsere Zwecke viel zu harzhaltig.

Die eben genannten Holzarten haben zugleich ihr typisches Aroma. Es gehört zu den geheimsten Rezepten der Räucherspezialisten, wie ihre Holzmischung zusammengestellt ist. Wir wollen Ihnen empfehlen, selbst zu experimentieren und Ihre eigene, ,,unverwechselbare'' Mischung herauszufinden. Dabei kann man zum Beispiel zum Sägemehl der genannten Holzarten noch eine Prise von Hölzern hinzutun, die besonders aromatisch sind; etwa Sägemehl aus Wacholderholz.

Wer es ganz raffiniert machen möchte, mischt unter das Sägemehl noch getrocknete Kräuter, zu denen unter Fachleuten durchaus auch das Heidekraut, aber auch Wacholderbeeren und ähnliche gutriechende Dinge aus dem Wald gehören.

Man kann heute Räuchermehl in Anglergeschäften kaufen oder es notfalls bei einer Adresse beziehen, die wir Ihnen auf Seite 177 nennen. Bei diesen Räuchermehlen haben Sie die Gewißheit, daß sie aus reinem Holz bestehen und zum Beispiel frei von Rindenbestandteilen sind. Rinde enthält verschiedene Gerbstoffe, die einen bitteren Geschmack erzeugen können.

Wenn Sie sich Sägemehl bei einem Tischler oder anderswo besorgen wollen, dann müssen Sie ganz sicher gehen können, daß sich darin nicht das Mehl von Span- oder Tischlerplatten befindet. Diese Werkstoffe sind stark mit synthetischen Bindemitteln versetzt, die auf jeden Fall gesundheitsschädlich wären. Natürlich fällt auch Sägemehl aus, das aus lackiertem oder sonstwie behandeltem Holz gewonnen wurde.

Die Hobbythek-Räuchertonne

Unsere Räuchertonne geht auf ein Prinzip zurück, das man schon in uralten Zeiten verwendete. Das Urbild unserer Räuchertonne war nämlich ein echtes Faß, aus dem man Boden und Deckel herausgenommen hatte und das auf ein niedriges Steinfundament gesetzt wurde. In diese Tonne hängte man an quergelegten Stöcken die zu räuchernden Fische auf, deckte einen nassen Sack über die Öffnung und entfachte unter der Tonne zwischen den flachen Steinen ein schwelendes Holzfeuer. Auf diese Weise räucherte man Fische gleich am Strand. Das war in jenen glücklichen Zeiten, als man noch sicher sein konnte, daß sich am Strand kein Teer oder sonstwelche schädliche Chemikalie befand.

Abb. 8: Diese wenigen Gegenstände brauchen Sie für den Bau einer Räucheranlage.

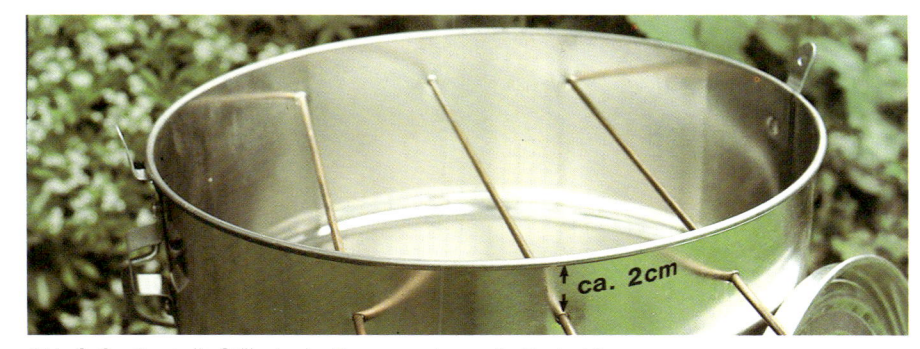

Abb. 9: So sitzen die Stäbe in der Tonne, an denen die Fische hängen.

Unsere Tonne bildet ein in sich geschlossenes System. Sie gehört in der Reihe unserer Bastelvorschläge zu den simpelsten und zugleich wirkungsvollsten Handwerkerarbeiten.

Wir brauchen für die Hobbythek-Räuchertonne folgende *Gegenstände:*

> 1 mindestens 10 Liter fassender Blecheimer mit passendem Blechdeckel (wie ihn Gaststätten für saure Gurken, Bockwürste usw. verwenden);
>
> 3 Stück Schweißdraht, Durchmesser 2,5 mm, Länge je nach Tonnendurchmesser;
>
> etwas Alufolie;
>
> 3 Ziegelsteine;
>
> 1 alte Fischdose (Marke Hering in Tomatensauce).

Der Blecheimer ist unsere Räuchertonne, und da dieser Eimer später einmal heiß wird, ist es wichtig, daß er nicht lackiert oder mit anderen schmorenden Stoffen gefärbt ist. Da viele Eimer innen mit einer isolierenden Lackschicht überzogen sind, empfiehlt es sich, ihn zur Sicherheit vor dem ersten Gebrauch auszubrennen, indem man ihn leer auf möglichst große Hitze bringt.

Wichtig ist auch, einen Eimer zu verwenden, dessen Naht möglichst nicht mit Zinn gelötet, sondern *geschweißt* oder *gefalzt* ist. Ein gelöteter Eimer könnte nämlich leicht aufschmelzen.

Und schließlich darauf achten, daß der Deckel ähnlich wie bei einer Konservendose gut schließt.

Wir sagten schon, daß man Aale, Forellen usw. senkrecht in den Eimer hängt, und das bedeutet zugleich: Je

höher der Eimer, um so länger können die Fische sein, die Sie einmal darin räuchern.

Wie man die Räuchertonne baut

Die Hobbythek-Räuchertonne ist ganz einfach herzustellen. Bohren Sie etwa so wie auf *Abb. 9 und 10* jeweils einander gegenüberliegend auf zwei Seiten der Tonne drei Löcher in das Blech, die etwa 1,5 bis 2 cm unterhalb des oberen Randes liegen sollen, damit der Deckel auch bei eingehängten Fischen noch gut schließen kann.

Da möglichst wenig Rauch aus der Tonne entweichen soll, bohren Sie die Löcher bitte nicht viel größer als der Schweißdraht dick ist, der später hindurchgesteckt werden soll.

Bei der Anordnung der Löcher können Sie folgendermaßen vorgehen:

Die Löcher für die mittlere Stange sollen so gebohrt werden, daß diese Stange den Durchmesser der Tonne in zwei gleichgroße Hälften teilt. Die Stangen links und rechts davon sollen etwa den gleichen Abstand zur Mitte wie zum Rand haben; wo genau Sie die Löcher dafür anzubringen haben, das können Sie am einfachsten festlegen, wenn Sie alle drei Stangen auf den oberen Rand legen und von den Auflagestellen jeweils 1 1/2 bis 2 cm nach unten gehen und dort die Stelle für das Loch markieren.

Wenn Sie Schweißdraht schwer bekommen können, dann tun es zur Not auch Fahrradspeichen, und wenn Sie auch die nicht bekommen, dann geht es schließlich auch mit steifem Draht. Achten Sie aber darauf, daß er möglichst gerade ist und sich nur schwer biegen läßt, weil bei durchhängenden

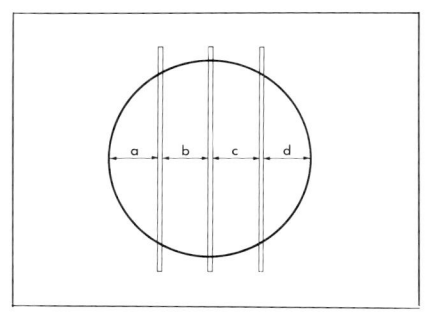

Abb. 10: Anordnung der Stäbe in der Tonne: a, b, c und d sind jeweils gleiche Abstände.

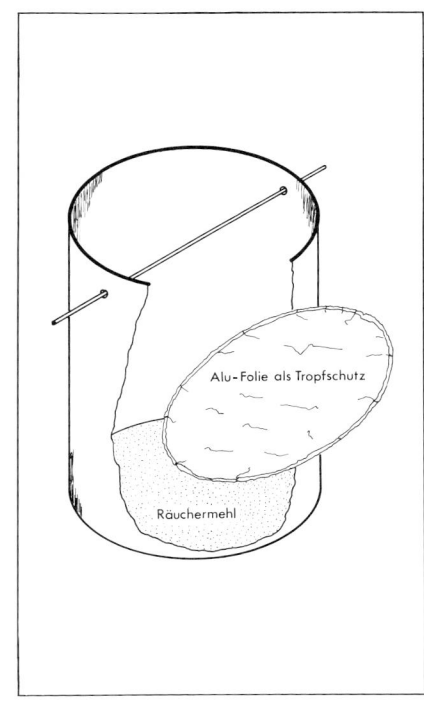

Abb. 11: Schnittbild durch die Tonne. Die Folie wird als Schutz gegen Fett, das sonst in die Glut läuft, auf das Räuchermehl gelegt.

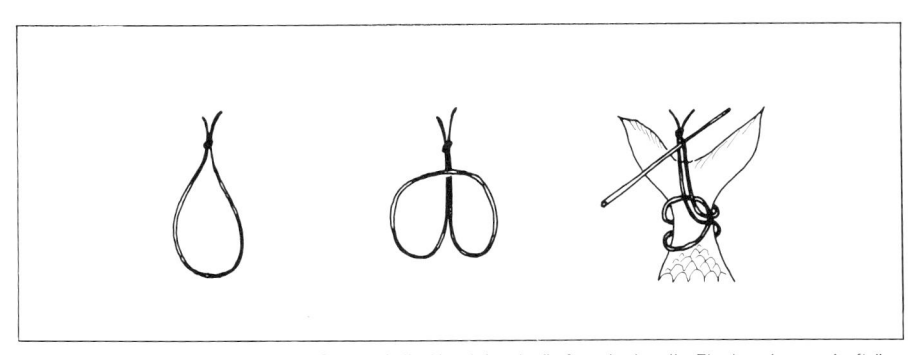

Abb. 12: Von links nach rechts: So wird die Kordel geknüpft, mit der die Fische einen „Aufhänger'' erhalten.

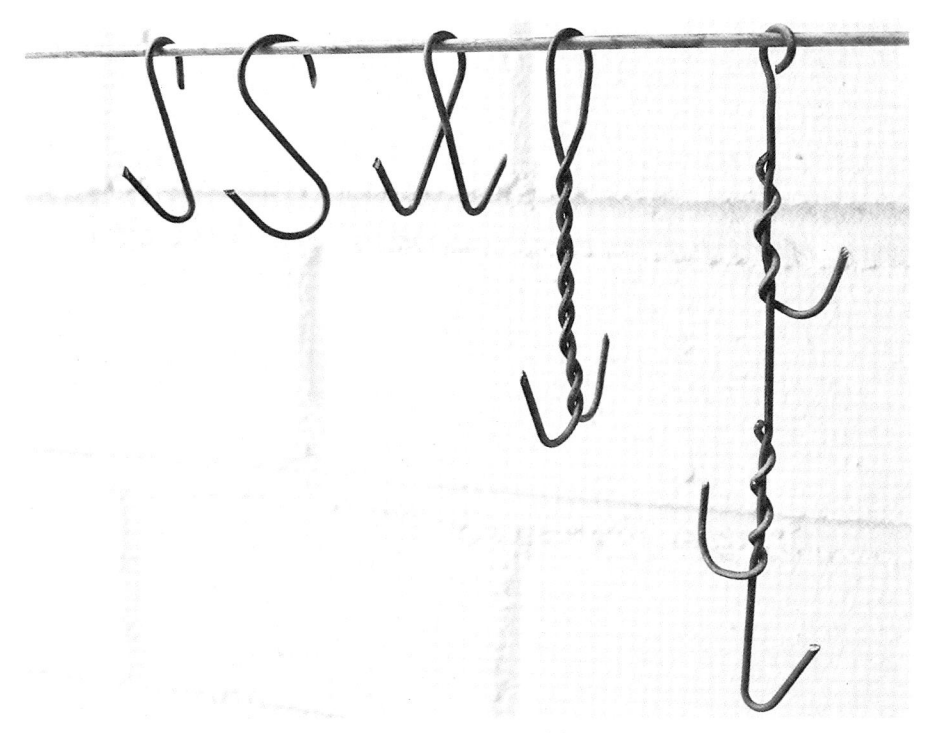

Abb. 13: Fisch- und Fleischstücke werden an Haken gehängt. Hier einige Modelle zum Selbermachen. An einige kann man mehrere Stücke gleichzeitig hängen.

Stangen die Fische später zusammenrutschen, sich gegenseitig berühren und dadurch fleckig und an manchen Stellen nicht gar werden.

In der Tonne unseres Typs (sie faßt etwa 10 Liter, was dem Fassungsvermögen eines Eimers entspricht) können Sie ohne Schwierigkeiten bis zu sieben Forellen unterbringen.

Bevor aber nun das — wie man in der Fachsprache sagt — „Räuchergut'' eingehängt wird, streuen Sie auf den Boden der Tonne das *Räuchermehl.* Es genügen 3 bis 8 gehäufte Eßlöffel. Wir sagten oben schon, daß krebserzeugende Stoffe entstehen können, wenn Saft und Fett von Fleisch auf einem Grill in die glühende Holzkohle tropft und dort verdampft. Ähnliches könnte auch hier passieren. Deshalb wird das Räuchermehl durch eine *Alufolie* abgedeckt, die Sie etwas größer schneiden müssen als der Boden der Tonne ist. Auf diese Folie tropft nämlich später beim Räuchern das Fett. Und damit es nicht am Rand doch noch in die Glut gerät, biegen wir den Rand wie bei einem runden Kuchenblech hoch. Dieser runde Alu-Untersatz wird auf das glattgestrichene Räuchermehl gelegt, bevor die Fische eingehängt werden. Damit Sie gut an den Boden herankommen, können Sie vorher die Stäbe aus der Tonne ziehen.

Wenn Sie zum Beispiel Forellen an *Kordelschlaufen* einhängen wollen — was das einfachste Verfahren ist —, dann müssen Sie die Stäbe ohnehin wieder ein Stückchen herausziehen, damit die Schlaufe der Kordel über die Stäbe gestreift werden kann. Wie man solche Schlaufen knüpft, sehen Sie auf *Abbildung 12.*

Wenn Sie jedoch Fischstücke oder Scheiben räuchern wollen, dann empfiehlt es sich, für das Aufhängen *Haken* zu nehmen. Es gibt dafür verschiedene Modelle, von denen wir Ihnen auf *Abbildung 13* ein paar zeigen, die Sie bei ein wenig Geschick sehr leicht selbst zurechtbiegen können. Man kann diese Haken allerdings auch in Anglergeschäften kaufen.

Wenn Sie das Räuchergut an die Stangen gehängt haben, dann schieben Sie alles so zurecht, daß die Fische oder Fischstücke einander nicht berühren können und daß sie auch nicht auf dem Boden aufstoßen. Die Alufolie wird später beim Räuchern nämlich glühend heiß und würde dort das Fleisch verschmoren lassen und in der Tonne einen ziemlichen Gestank erzeugen. Mit dem wunderbaren Räuchergeschmack wäre es dann nichts mehr.

Ist das Räuchergut fachgerecht verstaut, dann wird der dichtsitzende Deckel auf die Tonne gedrückt. Beim Bewegen der Tonne müssen Sie jetzt vorsichtig sein, damit nicht alles wieder verrutscht.

Nun geht es weiter mit dem *Ofen*.

Die drei Ziegelsteine werden so gestellt, wie es auf Abbildung 14 zu sehen ist. In die Öffnung zwischen den Steinen kommt später die Fischdose, die zur Hälfte mit Spiritus gefüllt wird. Wenn es losgehen soll, brauchen Sie den Spiritus nur einfach mit einem Streichholz anzuzünden und die Dose unter den Eimer zu schieben. Beim Anzünden bitte aufpassen: Man sieht die Spiritusflamme kaum und kann sich deshalb leicht die Finger verbrennen.

Sollte es übrigens nötig werden, Spiritus nachzugießen, dann tun Sie das

Abb. 14: Zwischen den Steinen die Konservendose als Spiritusbrenner (Vorsicht beim Anzünden, nicht aus der Flasche nachgießen!). Die Tonne mit dem Räuchergut wird auf die Steine gestellt.

Abb. 15: Die Abb. zeigt ein käufliches Räuchergerät — nicht ganz billig — gleiche Dienste tut auch ein normaler Bräter.

bitte nicht direkt aus der Flasche. Sie riskieren nämlich, daß die Flamme in die Flasche schlägt und Ihnen das Ding in der Hand explodiert. Auf diese Weise sind beim Anzünden von Grillkohle schon viele Leute erheblich verletzt worden. Also versichern Sie sich, bevor Sie nachgießen, daß die Flamme tatsächlich erloschen ist.

Steht erst einmal der Brenner unter der Tonne, dann sollten Sie es sich auf jeden Fall verkneifen, zwischendurch einmal den Deckel zu öffnen und nachzuschauen, wie es denn den Forellen geht.

Fertig sind nach unserer Erfahrung Fische, die in der obenbeschriebenen Weise in die Tonne kommen, nach etwa maximal 20 bis 25 Minuten. Genauere Zeiten geben wir noch bei den Rezepten an.

Wie lange Ihre Räuchertonne ganz genau braucht, werden Sie nur durch Versuche feststellen können. Wir sind aber sicher, daß Sie den Bogen sehr schnell heraushaben werden.

Nach abgeschlossener Räucherprozedur öffnen Sie die Tonne vorsichtig — sie ist ja noch heiß — und nehmen die Fische heraus. Bei den kleinen Mengen, die man in unserer Tonne räuchern kann, ist es natürlich überhaupt kein Problem, den Fisch gleich zu verzehren. Er schmeckt noch warm am besten. Aber auch abgekühlt ist er eine Delikatesse und gewissermaßen der Normalfall. Im Geschäft bekommen Sie ihn ja immer nur kalt. Wir sagten schon, daß Sie mit der Räuchertonne auf Partys Ihren Gästen etwas ganz Besonderes anbieten können.

Wenn Sie nicht ohnehin auf einem Balkon oder sonstwo draußen räuchern, dann müssen Sie aufpassen, daß der in der Tonne entstandene Rauch möglichst bald abziehen kann. Ist das geschehen, dann wird das verbrannte Räuchermehl aus der Tonne herausgeschüttet, und das Gerät ist fertig für den nächsten Gang.

Die Räucherkammer im Topf

Wenn Sie aus irgendwelchen Gründen keine Gelegenheit haben, sich unsere Räuchertonne Marke Hobbythek anzufertigen, dann können Sie auch mit einem möglichst großen Topf arbeiten, der einen dichtschließenden Deckel hat. Dazu eignen sich zum Beispiel die Gänsebräter.
Wenn Sie einen solchen Bräter nicht bereits besitzen, sondern nur für diesen Zweck kaufen sollten, dann würden wir allerdings doch abraten; denn der Preis dieser Gefäße ist im Vergleich zu unserer Räuchertonne beträchtlich.
Haben Sie aber schon einen solchen Topf, dann brauchen Sie dazu ein Zusatzgerät. Geräuchert wird hierin nämlich nicht mehr der Fisch an Stäben hängend, sondern liegend auf einem *Rost*.
Nun gibt es zwar in Haushaltwarengeschäften oder auch im Kaufhaus schon fertige und auch passende Gittereinsätze. Sie haben aber den Nachteil, ziemlich teuer zu sein. Außerdem liegen sie für unsere Zwecke zu flach auf dem Topfboden auf. Wir empfehlen Ihnen deshalb, selbst ein Räuchergitter zu bauen, und das geht ganz einfach so:
Kaufen Sie sich ein *Farbabstreichgitter*

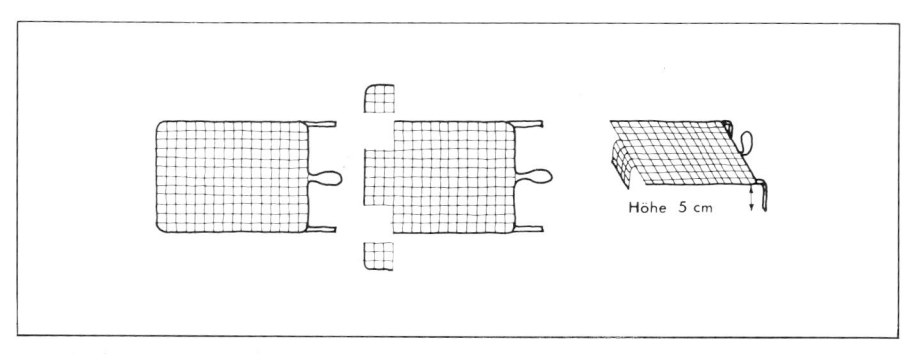

Abb. 16: So wird der Rost für einen Räuchertopf gebaut.

aus Metall, wie man es für das Abstreifen von Lammfellrollen benutzt, mit denen man die Wände „streicht". Dieses Farbabstreifgitter soll mindestens so groß wie der Gänsebräter sein; die Ecken dürfen sogar ein wenig überstehen.
Mit einer Kneifzange — wenn es sich um ein sehr kräftiges Farbgitter handelt, auch mit einer Eisensäge — wird nun das Gitter so angesägt, wie wir es Ihnen auf *Abbildung 16* zeigen. Durch die beiden herausgesägten Ecken läßt sich der überstehende mittlere Teil so biegen, daß daraus eine etwa 5 Zentimeter hohe Auflage entsteht. Die beiden anderen Beine des Gitters bilden die beiden Blech- oder Drahtstreifen, die normalerweise zum Einhängen des Gitters in den Farbeimer dienen.
Beim Zersägen des Gitters immer darauf achten, daß es anschließend auch wirklich in den Topf paßt.
Beim Räuchern im Gänsebräter gehen Sie genauso vor wie bei unserer Räuchertonne. Auf den Boden streuen Sie wieder das Räuchermehl, das mit einer passend geschnittenen Alufolie abge-

deckt wird. Anschließend wird der Gitterrost vorsichtig auf die Folie gestellt und das Räuchergut daraufgelegt.
Der Gitterrost eignet sich besonders gut zum Räuchern von Fisch und anderen Speisen, die sich schlecht aufhängen lassen; also zum Beispiel Fischfilet, Würstchen oder weiche Scheiben von Fleisch. Auch mit dem Würzen hat man es hier etwas einfacher, weil die Gewürzkrümel nicht so leicht vom Räuchergut herunterfallen.

Die Mini-Räucherdose für unterwegs

Wenn Sie unterwegs sind und durch Ihre Räucherexperimente mit unserer Tonne derart auf den Geschmack gekommen sind, daß Sie auch auf Reisen nicht auf Ihr Frischgeräuchertes verzichten wollen, dann hilft Ihnen dieser Tip weiter.
Sie kennen vielleicht die aus Aluminium gefertigten *Butterbrotdosen,* die es in jedem Campinggeschäft zu kaufen

Abb. 17: Die Mini-Räucherdose für unterwegs. Der eingelegte Rost besteht aus zwei Alu-Winkelstücken, in die für die Stäbe entsprechend Löcher gebohrt werden.

gibt. Für eine solche Dose müssen Sie sich jetzt einen kleinen Rost basteln, den Sie auf *Abbildung 17* sehen. Er besteht aus zwei Alu-Winkelstücken, die man als Abfall in einer Schlosserwerkstatt bekommen kann, und aus mehreren Schweißdrähten vom gleichen Durchmesser wie bei unserer Räuchertonne. In die Winkelstücke müssen Sie nun Löcher bohren, die möglichst exakt so groß sind wie der Schweißdraht dick ist. Der Schweißdraht wird je nach Größe der Dose passend zurechtgesägt und nun in die Löcher der beiden Blechstreifen gesteckt.

Der Räuchervorgang selbst unterscheidet sich nicht von dem in unseren anderen Geräten. Als Heizung reicht hier auch ein Kocher für Trockenspiritus.

Natürlich kann man in einer solchen Butterbrotdose keinen Walfisch räuchern. Aber dafür haben Sie das Vergnügen, auch auf einem Campingplatz stets mit noch räucherwarmen Delikatessen überraschen zu können.

Geht es auch mit tiefgefrorenen Fischen?

Man kann auch tiefgefrorene Fische räuchern. Allerdings müssen sie vor dem Räuchern aufgetaut werden, und zwar möglichst schnell. Das geht am einfachsten, wenn Sie den Fisch in fließendes Wasser tun; also einen entsprechend großen Topf, in den Sie — wie beim Kühlen von Bier beispielsweise — ständig Wasser nachfließen lassen. Ist der Fisch aufgetaut, was Sie leicht durch Biegen feststellen können, dann wird er wie oben beschrieben gesalzen und zum Trocknen aufgehängt. Anschließend kommt das Räuchern, das wie bei Fisch vor sich geht, der frisch in den Ofen kommt.

Und hier noch ein paar Rezepte

Hering nach Kieler Art
Der Hering wird ausgenommen, geschuppt und gesäubert. Nach dem Abtrocknen mit einem Papierküchentuch lassen Sie ihn gut an der Luft trocknen. Danach wird der Hering etwa 10 Minuten lang geräuchert und erst anschließend mit Pfeffer und Salz oder einer Gewürzmischung auf den richtigen Geschmack gebracht. Zu diesem Hering schmecken am besten Bratkartoffeln.

Geräucherter Hecht
Der Hecht wird von Schuppen und Schleim befreit, danach ausgenommen, gewaschen und getrocknet. Kleinere Hechte können Sie im Ganzen räuchern. Fische, die über 500 Gramm wiegen, müssen Sie filetieren, d. h. der

Länge nach teilen, was am besten von der Rückenseite her geht. Anschließend werden die Innenseiten des Hechtes gut gesalzen, gepfeffert und mit Zitronensaft beträufelt. Je nach Geschmack können Sie zusätzlich mit Oregano oder Rosmarin würzen. Dem Räuchermehl sollten Sie zur Verfeinerung des Geschmacks ein paar Wacholderbeeren zusetzen. Die Räucherzeit für filetierten Hecht beträgt etwa 10 bis 15 Minuten, die für ganze Fische etwa 20 Minuten.

Uns hat geräucherter Hecht am besten mit Kartoffelsalat geschmeckt.

★

Zum Räuchern eignen sich aber nicht nur Fische, sondern auch verschiedene Fleischsorten. Und um Ihnen nicht dasselbe vorzuschlagen, was Sie in jedem Laden kaufen können, nämlich Schinken oder Kasseler, hier die folgenden Vorschläge:

Steak aus dem Räucherofen

Gut abgehangene Steaks, die weder geklopft noch sonstwie behandelt sein sollen, werden nach eigenem Geschmack gewürzt. Geeignet ist Pfeffer, nicht aber zum Beispiel Paprika, der unter Einwirkung von Hitze leicht bitter wird. Die Steaks werden ca. 10 Minuten mit wenig Räuchermehl gegart. Die genauere Räucherzeit richtet sich allerdings danach, wie Sie Ihr Steak haben wollen: nämlich entweder englisch oder medium oder gut durchgeräuchert. Als Beilage empfehlen wir Toast und Kräuterbutter.

Abb. 18: Hering nach Kieler Art.

Schweineschnitzel einmal anders

Nicht zu dünn geschnittene Schnitzel werden leicht gesalzen und mit grünen Pfefferkörnern belegt, die Sie möglichst in das Fleisch eindrücken sollen. Die Schnitzel werden 20 bis 25 Minuten über Eschenmehl geräuchert. Als Beilage: Toastbrot und grüner Salat.

Geräucherte Putenbrust

Putenbrust können Sie in Geschäften kaufen, die sich auf Geflügel spezialisiert haben. Man bekommt sie aber oft auch schon in Kaufhäusern tiefgefroren. Die Putenbrust leicht salzen, pfeffern und mit einigen ganzen Lorbeerblättern bedecken. Geräuchert wird etwa 15 Minuten über Buchenmehl. Auch hierzu schmeckt getoastetes Weißbrot.

Sie sehen an diesen Rezepten schon, daß sich die meisten Fisch- und Fleischsorten räuchern lassen. Räuchern lassen sich aber zum Beispiel auch Muscheln oder Würstchen oder Hasenrücken.

Abb. 19: Selbstgeräuchertes zur Haus- oder Gartenparty. Hinten ein Bückling. Vorn von links nach rechts: Makrele, Sardinen, Schillerlocken, Schwarzer Heilbutt, Aale — fachgerecht mit Bast zu Bundaal gebunden.

Sie werden sicher bald herausbekommen, in welchen Mengen Sie das Räuchermehl verwenden müssen und wie lang die Räucherzeit für die verschiedenen Fisch- und Fleischarten sind. Als Faustregel vielleicht noch diese: Wenig Räuchergut braucht wenig Räuchermehl und kurze Räucherzeit.

Und nun wünschen wir Ihnen guten Appetit.

Abb. 20: Haben Sie schon einmal ein geräuchertes Steak gegessen? Sehr zu empfehlen.

Süßigkeiten selbstgemacht: Bonbons, Pralinen, kandierte Früchte und andere Leckereien

Wir geben es ja zu: Natürlich reizen uns Basteleien, Zubereitungsarten und Tips, die man nicht überall findet. Originell sein um jeden Preis — das freilich wollen wir nicht.

Zugegeben sei auch, daß wir beim Gedanken, in der Hobbythek das Selbermachen von wirklich professionell aussehenden und schmeckenden Pralinen vorzuführen, zunächst selbst etwas ängstlich waren. Nachdem wir aber herausfanden, daß es hier keine unüberwindlichen Hindernisse gibt, reizte es uns gerade wegen dieser anfänglichen Angst besonders, das Problem zu lösen.

Auch hier wieder werden wir — dem Prinzip der Hobbythek folgend — nicht nur Rezepte verraten, sondern Sie über die verschiedenen Methoden der Herstellung von Süßigkeiten insgesamt informieren.

Probleme gab es zunächst eine ganze Menge. Deshalb gingen wir erst einmal bei den Zuckerbäckern in die Lehre, die uns hilfreich unterstützten und die uns deutlich machten, daß die Zuckerbäckerei oder auch die Arbeit der Konditoren durchaus etwas Künstlerisches hat. Es zeigte sich hier wieder einmal, daß man durch Selbermachen nicht nur seine eigenen Fähigkeiten erweitert, sondern darüber hinaus Hochachtung vor manchen Berufen und Handwerken bekommt, über die man normalerweise hinwegsieht.

Natürlich sind wir keine Fachleute geworden; und auch Sie werden es nach dem Lesen der nächsten Seiten nicht sein. Immerhin werden Sie aber danach in der Lage sein, nicht nur die hier mitgeteilten Rezepte zu verwirklichen, sondern sogar selbst welche zu erfinden und ohne großen Maschinenpark und die vielen Hilfsmittel der professionellen Zuckerbäcker in die Praxis umzusetzen. Natürlich ist auch uns nicht alles auf Anhieb gelungen. Ihnen wird es nicht viel anders gehen; trösten wird Sie aber vielleicht unsere Versicherung, daß auch wir mit diesem Thema als Laien begonnen haben und trotzdem zu guten Ergebnissen gekommen sind. Wir haben unsere Vorschläge so ausgewählt, daß viel Spielraum für eigene Einfälle bleibt.

Die Zuckerbäckerei — eine Kunst mit langer Tradition

Offenbar hatten die Menschen schon immer das Bedürfnis, sich das Leben zu ,,versüßen''. Süße Leckereien kannten schon die alten Ägypter, Phönizier und Griechen. Und daß die dem Wohlleben zugetanen Römer nicht nur zu festlichen Gelegenheiten hinter süßen Sachen sehr her waren, das hat sich schon im Schulunterricht herumgesprochen. Diese alten Völker kannten zwar den *Zucker* noch nicht, sie wußten sich aber mit *Honig* zu behelfen. Noch heute ist in den orientalischen Ländern der Honig das bevorzugte Mittel zum Süßen von Konfekt und Gebäck.

Der mit Honig bereitete Teig wurde schon in frühen Zeiten in kunstvoll geschnitzte Formen gedrückt oder auch mit der Hand zu schönen Figuren geformt. Kultische Bräuche spielten bei dieser Bäckerei eine große Rolle. In vielen Fällen dienten diese süßen Kostbarkeiten als Opfer für die Götter.

Es gab in diesen alten Zeiten auch

schon in Honig eingelegte Früchte, wie zum Beispiel Datteln oder Feigen. Den heute vor allem in Kuba und den lateinamerikanischen Ländern angebauten *Rohrzucker* — der chemisch dasselbe ist wie unser *Rübenzucker* — lernten die Griechen aber erst etwa in der Zeit um 350 vor Christi Geburt durch die Feldzüge *Alexander des Großen* kennen. Der Rohrzucker stammt aus Ost-Indien; genauer: aus Bengalen. Dort hat man die Kunst erfunden, den Saft der Zuckerrohrpflanze einzudicken und daraus den Zucker zu gewinnen, den man dort „Sakara" nannte. Auf dieses Wort geht unsere heutige Bezeichnung Zucker zurück.

Eine Athener Schrift aus dem Jahre 300 nach Christi Geburt berichtet zum erstenmal von Handwerkern, die sich ausschließlich mit der Herstellung von süßem und gewürztem Gebäck befaßten.

In unseren Gegenden, wo sich so etwas wie verfeinerte Kultur erst sehr viel später herausbildete, hatte man natürlich trotzdem schon recht früh herausbekommen, daß süße Sachen zu den schönen Seiten des Lebens gehören. Die Germanen süßten ihr Gebäck noch mit dem Honig wilder Bienen. Der Zucker wurde erst im 8. Jahrhundert in Europa bekannt. In dieser Zeit nämlich brachten die Araber ihn auf ihren Eroberungszügen nach Spanien mit. Ein Zucker, der dem unseren ähnlich war, wurde aber erst im 15. Jahrhundert entwickelt, als die Venezianer auf die Idee kamen, den Rohrzucker noch weiter zu

Abb. 1: So stellten Zuckerbäcker im 17. Jahrhundert Süßigkeiten her. Fig. 1 zeigt auf dem Fußboden einen Holzkohleofen mit Messingschüssel zum Verflüssigen von Zucker; Fig. 2: Siebe zum Trocknen und Nachdörren; Fig. 4: eingebauter Ofen mit Messingschüssel. (Kupferstich aus Diderot et d'Alembert „Encyclopédie ou Dictionnaire raisonné des sciences, des arts et des métieres, Paris 1751 — 1772).

Abb. 2: Jean Pütz mit selbstgemachten Leckereien im Studio.

reinigen. Er sah dadurch nicht nur heller und schöner aus, sondern ließ sich auch besser verarbeiten und formen.

Die ersten *Konditoren* in Deutschland waren die sogenannten *Lebküchler.* Es gab sie bereits um das Jahr 1400, und sie hatten damals auch schon anerkannte Zünfte. Im Jahr 1645 bestimmte ein Erlaß, daß die Lebküchler nur dunkles Gebäck — also Lebkuchen — herstellen durften, während den Zuckerbäckern vorbehalten blieb, helles Gebäck zu backen.

Die erste deutsche *Zuckersiederei* entstand im 16. Jahrhundert in Augsburg. Und um das Jahr 1730 gab es bereits 365 solcher Kleinfabriken in Deutschland, die man allerdings mit den heutigen Zucker-Raffinerien nicht vergleichen kann. Zucker, dessen Rohstoff aus dem Ausland kam, war zu damaliger Zeit sehr teuer. Nur die Reichen konnten ihn sich leisten; und so wurde Zucker nicht nur ein Zeichen für besonders üppige Lebensweise, sondern geradezu ein Status-Symbol. Vor allem der Adel und die Geistlichkeit zeigten auf ihren Festen ihren Reichtum, indem sie phantastische Kunstwerke aus Zucker ausstellten. Da gab es naturgetreu nachgebildete Schlösser, mit Gärten und Tieren und Gondeln auf Zuckerseen. Ja, es gab sogar lebensgroße Figuren aus Zucker, den man bunt bemalte. Die Förderung der Zuckerbäckerei an den europäischen Höfen zeigte sich nicht zuletzt darin, daß ein besonders geschickter Zuckerbäcker ein Gehalt erhielt, das fast so hoch war wie das eines Ministers.

1747 entdeckte *Andreas Marggraf* — ein Berliner Chemiker —, daß auch in der Runkelrübe ein Zucker enthalten ist, der dem Rohrzucker chemisch völlig gleicht. Ein Schüler Marggrafs begann später mit der Züchtung einer besonders zuckerreichen Rübenart: der Zuckerrübe. 1802 wurde aus solchen Zuckerrüben der erste *Rübenzucker* gewonnen.

Jetzt konnte man den Rohstoff im eigenen Land herstellen, und das machte sich sofort in den Preisen bemerkbar. Zucker wurde billiger, und so entstanden im 19. Jahrhundert in Berlin und später auch in Wien die ersten Konditoreien mit Kaffee- und Kakaostuben, die zu besonders beliebten Treffpunkten auch des einfachen Volkes wurden. Während man Schokolade, Bonbons und andere Zuckerwaren bis dahin nur in Apotheken herstellte, machten sich nun auch die Konditoreien ans Geschäft der Süßwarenproduktion.

Abb. 3: Rohstofflieferanten für Zucker. Links Zuckerrohrstengel, in der Mitte die vollständige Zuckerrohrpflanze, die bis zu 5 m hoch wird, rechts eine Zuckerrübe.

Zucker hat auch seine problematischen Seiten

Es gibt Ernährungswissenschaftler, die in Zucker gar kein Nahrungsmittel, sondern ein reines Genußmittel sehen. Sie sind überzeugt davon, daß der Mensch sehr gut ohne Zucker auskommen kann, vor allem ohne den heute üblichen *gebleichten Industriezucker.* Er ist zwar sehr kalorienreich; aber in einer Zeit, in der die Überernährung in den reichen Industrieländern fast die Regel ist, ist das eher ein Nachteil.

Auch Ärzte, und vor allem die Zahnärzte, sind auf Zucker gar nicht gut zu sprechen. Die Zahnärzte gehen heute sogar so weit, daß sie sagen, Zucker müßte wie Zigaretten und Drogen verboten werden.

Beim Zucker ist es nicht anders als auch bei anderen Dingen: es kommt ganz auf die Menge an. Zucker kann heute in unserer Gesellschaft deshalb so viel Schaden anrichten, weil er in riesigen Mengen konsumiert wird. In Amerika ißt jeder Mensch pro Tag im Durchschnitt 200 g Zucker in verschiedenster Form; das heißt also, als reinen Zucker und als Bestandteil von Speisen und Getränken. 200 g pro Tag sind eindeutig zuviel, denn sie machen bis zu 30% der vom Menschen benötigten Gesamtkalorien pro Tag aus. Dieser hohe Kaloriengehalt hat auch noch einen anderen Nachteil. Zucker wird fast vollständig im Körper verbrannt; er besitzt keine anderen Nährstoffe wie etwa Vitamine, Spurenelemente und Balaststoffe, die normalerweise mit der Nahrung aufgenommen werden. Anders ausgedrückt: Zucker macht satt, ohne daß mit dieser sattmachenden Speise dem Körper zugleich die nötigen Vitamine usw. zugeführt werden. Es kann also regelrecht zu Mangelerscheinungen kommen.

In Deutschland werden „nur" 90 g Zucker pro Tag und Person vertilgt, also knapp die Hälfte der in den USA verbrauchten Menge. Aber auch 90 g halten die Ärzte immer noch für viel zu hoch. Wünschenswert wäre, wenn der Konsum auf 40 g bis höchstens 50 g heruntergeschraubt würde. Diese Reduzierung müßte möglich sein, ohne daß die Menschen auf die angenehmen Seiten des Zuckers verzichten müssen.

Sicher ist es nicht richtig, den Zucker als Hauptübeltäter und Verursacher aller Zivilisationskrankheiten hinzustellen. Und wenn inzwischen sogar in den Anzeigenteilen der Tageszeitungen die Verfechter verschiedener Auffassungen gegeneinander antreten, dann stecken hinter solchen Attacken sehr oft handfeste Interessen. Daß sich die Süßstoffindustrie und die Zuckerwirtschaft ständig in den Haaren liegen, ist seit langem bekannt. Beide Seiten versuchen der jeweils anderen gesundheitsgefährdende Wirkungen ihres Produktes nachzuweisen, und beide können wissenschaftliche Untersuchungen für sich in Anspruch nehmen. Wir wollen uns hier aus diesem Gerangel schon deshalb heraushalten, weil es über verschiedene Wirkungen des Zuckers sehr voneinander abweichende Lehrmeinungen gibt. Nur eins ist ohne Zweifel festzustellen: Zucker kann den Zähnen schaden. Er ist eine wesentliche Ursache der Karies, denn Zucker wird in der Mundhöhle von Bakterien zersetzt, wobei die meist wie Säuren wirkenden Zersetzungsprodukte den Zahnschmelz angreifen und die gefürchteten Löcher hinterlassen. Besonders schädlich sind in dieser Hinsicht Lutschbonbons, die man lange im Mund behält oder auch die klassischen Karamel-Bonbons, die man nicht zu Unrecht im Volksmund als „Plombenzieher" bezeichnet. Schädlich ist aber auch Kaugummi, sofern er mit Zucker gesüßt ist, und schließlich alle sauren Bonbons. Die Mischung aus Zucker und Säure ist besonders aggressiv.

Obwohl es hier um die Zubereitung von Süßigkeiten geht, sagen wir offen, daß auch wir etwas dagegen haben, daß in den Schulpausen am Schulkiosk tonnenweise Bonbons verkauft werden, daß es die gefährliche Sitte des sogenannten Betthupferls nach dem Zähneputzen gibt. Wir meinen aber auch, daß es einen Unterschied gibt zwischen den gedankenlos gekauften Süßigkeiten und den selbstgemachten. Denn — wie Sie gleich sehen werden — die eigene Herstellung von Bonbons und Pralinen ist eine geradezu künstlerische Tätigkeit, die viel Aufmerksamkeit erfordert, die aber auch viel Spaß macht. Und diese mit viel Hingabe hergestellten Leckereien schluckt man nicht wahllos in jeder beliebigen Menge hinunter.

Ein wenig Zucker-Chemie zuvor

Zucker ist eine physikalisch und chemisch interessante Substanz. Es gibt mehrere Erscheinungsformen und -arten: den normalen Haushaltszucker (Rohr- oder Rübenzucker) bezeichnet man auch als *Kristallzucker,* weil er von selbst aus seinem inneren Molekül-Aufbau heraus Kristalle bildet. Diese Kristalle können eine erhebliche Größe annehmen; Sie kennen das vom Kandiszucker her. Unter idealen Wachstumsbedingungen können Kristalle von über 1 Kilogramm gezüchtet werden.

Den Kristallzucker bezeichnet man fachmännisch als *Saccharose.* Er ist ein sogenanntes *Disaccharid* (Doppel-

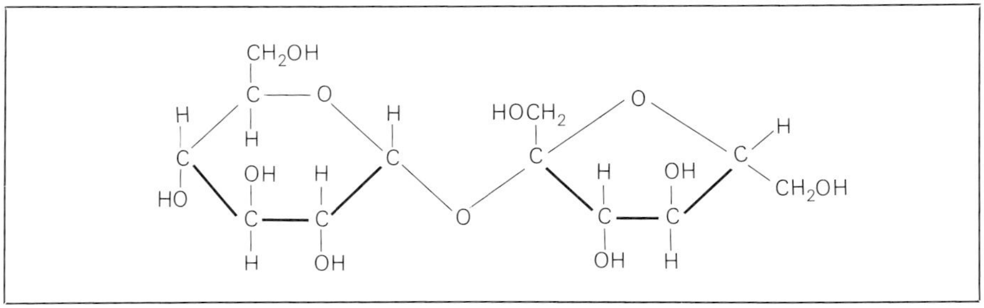

Abb. 4: So stellen die Chemiker ein *Disaccharid* (das ist unser Kristallzucker) dar. Es besteht aus dem Fünfring (rechts) der *Fructose* (Fruchtzucker) und dem Sechsring der *Glucose* (Traubenzucker). In der Mitte ist die Bindung über ein Sauerstoffatom (O) zu sehen, die leicht teilbar ist.

Abb. 5: Solche Sachen lassen sich aus Fondant herstellen.

Zucker). An seinem Molekülaufbau — das Molekül besteht aus Kohlenstoff- (C), Wasserstoff- (H) und Sauerstoff-Atomen (O) — erkennt man, daß es leicht teilbar ist. Es kann unter Einfluß von *Enzymen* oder Säuren in zwei Teile zerfallen: in die *Mono-Saccharide* (Einfach-Zucker) *Traubenzucker* (Glucose) und *Fruchtzucker* (Fructose). Diese Eigenschaft der Natur machen wir uns bei dem folgenden Rezept zunutze.

Fondant — eine Substanz mit unbegrenzten Möglichkeiten

Fondant ist eine Grundsubstanz mit fast unbegrenzten Möglichkeiten. Für den Konditor ist sie unentbehrlich. Man kann aus Fondant beispielsweise einen ganz hervorragenden *Tortenüberzug* herstellen, der wesentlich glatter und fester wird als der aus Puderzucker. Eine Fondantglasur wird auch nicht pappig.

Schließlich kann man diese universelle Modelliermasse auch zu *Christbaumschmuck* und *Ostereiern* verarbeiten, für das Kneten von Figuren und viele andere Sachen verwenden. Fondant läßt sich nämlich mit Speisefarben beliebig einfärben. Außerdem kann man es mit Likören oder verschiedenen Aromastoffen mischen und auf diese Weise für verschiedene *Pralinenfüllungen* verwenden.

Fondant besteht fast ausschließlich aus Zucker und Wasser. Würde man diese Grundstoffe jedoch ohne Zusätze kochen, so wäre der Zucker nach dem Erkalten entweder hart wie Glas oder brüchig und grob-kristallin. Fondant soll sich aber gut verarbeiten lassen, und dafür muß er weich und geschmeidig sein. Um dies zu erreichen, verwendet der Fachmann bei der Herstellung sogenannten *Glycose-Sirup*. Er besteht im wesentlichen aus Traubenzucker (Glucose). Da Traubenzucker nicht kristallisiert wie der normale Haushaltszucker (Saccharose), bewirkt dieser Zusatz, daß die Fondant-Masse nicht völlig kristallin erstarrt und deshalb plastisch bleibt. Erst beim Austrocknen erhält Fondant dann eine härtere, beständige Oberfläche.

Nun kann man leider als Normalverbraucher und Nicht-Konditor den Glycose-Sirup nirgendwo kaufen. Und da war zunächst guter Rat teuer. Aber wir fanden einen Ausweg und produzierten selbst eine Art Glycose-Sirup. Dabei vollzieht man einen Vorgang nach, der in der Natur von selbst abläuft und den man z. B. auch bei der menschlichen Verdauung findet. In den Verdauungs-Organen teilt sich — unter Einwirkung der Magensäure — das große Molekül des Kristallzuckers (Saccharose) in zwei kleinere Moleküle auf; und zwar in ein Traubenzucker-Molekül (Glucose) und ein Fruchtzucker-Molekül (Fructose). Eine solche Mischung nennt man *Invert-Zucker*, und den Vorgang bezeichnet man als *Invertieren des Kristallzuckers*. Glucose und Fructose kann der Organismus besser verarbeiten als Saccharose. Traubenzucker wird direkt vom Blut aufgenommen und im Stoffwechsel umgesetzt. Diesen natürlichen Vorgang des „Invertierens" vollziehen wir bei unserem Rezept nach. Aus Kristallzucker erzeugen wir Trauben- und Fruchtzucker.

Wir machen uns unseren Invert-Zucker selbst

Zur Herstellung unseres Invert-Zuckers benötigen Sie:

> 335 g Kristallzucker
> 165 g Wasser
> 1/2 Teelöffel Weinsteinsäure
> 1/2 Teelöffel doppelsaures Natronsalz

Bevor Sie anfangen, sollten Sie sich ein *Thermometer* kaufen. Es lohnt sich; Sie brauchen es bei fast allen Rezepten. Kaufen Sie aber ein Thermometer, das mindestens einen Meßbereich bis 160°C besitzt. Handelsüblich sind Thermometer bis 200°C, die man in jedem Fachgeschäft für Laborbedarf bekommt. Weinsteinsäure und doppelsaures Natronsalz erhalten Sie in Apotheken, Drogerien und Reformhäusern.

Zucker, Wasser und Weinsteinsäure

Abb. 6: Das sind die Zutaten, die man für die Herstellung von Invertzucker braucht.

werden gemeinsam im Wasserbad auf 70 bis 80°C erhitzt. Dabei spaltet die Weinsteinsäure den Kristallzucker in Frucht- und Traubenzucker. Das dauert etwa 1½ Stunden. Während dieser Zeit braucht der Zucker eine gleichmäßige Temperatur von 70 bis 80°C. Im Wasserbad bei kleiner Hitze ist das kein Problem. Lassen Sie das Thermometer im Topf stehen und kontrollieren Sie von Zeit zu Zeit die Temperatur. Nach 1½ Stunden fügt man das Natronsalz hinzu, um den Rest der Wein-

Abb. 7: Bei der Fondantherstellung kommt es auf jedes Grad an.

steinsäure zu neutralisieren. Die chemische Reaktion zeigt sich durch kräftiges Aufschäumen. Der nun entstandene Invert-Zucker bleibt auch nach dem Erkalten flüssig und ist dem Honig sehr ähnlich. Man hebt ihn in einem verschließbaren Glas auf und nimmt zur Fondant-Herstellung jeweils nur die benötigte Menge heraus. Auch zum Süßen von Speisen kann man den Invert-Zucker verwenden.

Fondant à la Hobbythek
Man braucht dazu:

> 500 g Kristallzucker
> 120 g Wasser
> 60 g des selbstgemachten Invert-Zuckers

Man gibt Wasser und Zucker in einen Topf und erhitzt beides unter Rühren auf starker Flamme. Bei über 100°C beginnt die Zuckerlösung kräftig zu kochen. Dabei verdampft ein Teil des Wassers; die Zuckerkonzentration wird höher, und somit steigt auch die Siedetemperatur. Achten Sie bitte genau auf das Thermometer; die gewünschte Temperatur darf nicht überschritten werden. Bei 115°C gibt man die 60 g Invert-Zucker dazu und erhitzt alles zusammen weiter bis 118 oder 120°C. Das Einhalten der Temperatur ist deshalb so wichtig, weil bereits 1°C Temperatur-Unterschied den Fondant verändert. Erhitzt man ihn auf 118°C, so wird er weicher, bei 120°C härter. Wir empfehlen, den Fondant bis 120°C zu kochen. Dann stellt man den Topf in kaltes Wasser und rührt so lange, bis die Masse abkühlt. Am einfachsten geht das mit einer Küchenmaschine mit

Knethaken. Je mehr der Fondant abkühlt, um so kräftiger muß die Maschine arbeiten. Dabei wird die zunächst klare Zuckerlösung milchigweiß und fest.
Den fertigen Fondant gibt man in ein Gefäß mit dicht schließendem Deckel (z. B. in eine Frischhaltedose), damit die Masse nicht austrocknet.

Fondant als Modelliermasse
Man kann Fondant kalt, so wie er ist, zu Figuren modellieren oder auch vorher

Abb. 8: Lustige Figuren aus Fondant, die man auch noch viel bunter bemalen kann.

Abb. 9: Wie wäre es mit einer solchen Geburtstags-, Jubiläums-, bedanke-mich-, Mitbringsel-, Konfirmations-, Kommunions- und-so-weiter-Torte?

mit Speisefarben einfärben. Die fertigen Figuren läßt man anschließend 1 bis 2 Tage trocknen.

Fondant als Kuchenglasur

Dafür erhitzt man ihn auf 30 bis höchstens 40°C, so daß er flüssig wird und sich gut auf den Kuchen streichen läßt. Erhitzt man den Fondant höher, so verliert die Glasur ihren Glanz und wird zu hart. Wenn Sie wollen, können Sie in den erwärmten Fondant noch ein wenig Wasser, Saft oder Alkohol geben. Aber bitte nicht zu viel, sonst wird der Fondant nachher nicht mehr fest. Die Glasur ist nach dem Erkalten glänzend und noch relativ weich; sie läßt sich also gut schneiden.

Fondant-Bonbons und Fondant-Pralinen

Aus Fondant kann man auch Bonbons oder Pralinen-Innenkörper herstellen. Dazu erwärmt man etwas von der Masse in einer Kasserolle auf etwa 80°C und gibt — je nach Geschmack — ein paar Spritzer Weinbrand, Rum, Likör oder ähnliches dazu. Wollen Sie z. B. Pfefferminz-Geschmack erzielen, so können Sie etwas Pfefferminz-Likör zufügen. Auch Aroma-Öle können Sie verwenden.

Am einfachsten lassen sich Bonbons oder Pralinenfüllungen herstellen, wenn Sie den Fondant auf einer kühlen Unterlage — z. B. Alu-Folie — zu runden Bonbons oder Plätzchen ausgießen. Für Fondant-Sterne und ähnliches eignen sich Kunststoff-Formen, die es in Haushalts- und Spielwaren-Geschäften zu kaufen gibt. Oft genügen auch Einsätze aus Pralinen-Schachteln. Vorsicht: nicht zu heiß einfüllen, sonst schmilzt der Kunststoff.

Der auf 80°C erhitzte Fondant ist ,,abgestorben'', wie der Fachmann sagt. Er wird nach dem Erkalten fester als der auf 30 bis 40°C erwärmte, und er läßt sich danach auch durch Erhitzen nicht wieder verflüssigen.

Garnieren von Torten

Man läßt heißen Fondant etwas abkühlen, gibt ihn dann in den Spritzbeutel und garniert nach eigenem Geschmack und ,,Kunstempfinden''.

Pralinen sind kleine Kunstwerke

Zuvor ein wenig Kulturgeschichte

Pralinen haben in der Regel mit Schokolade zu tun. Und Schokolade ist etwas, was es noch gar nicht so lange gibt.

Mit *Chocolate* bezeichnete man ursprünglich ein spanisches Getränk aus gemahlenen bitteren Kakaobohnen und Rohrzucker. Es war mit der Entdeckung und Eroberung Amerikas durch die Spanier nach Europa gekommen. 1605 erscheint das Wort zum erstenmal in deutschen Arzneibüchern; die Apotheken führten Kakao damals als Heilmittel. Nach und nach entwickelte sich aus dem Getränk die feste Schokolade. Um die Mitte des 17. Jahrhunderts versucht der Koch des französischen *Marschalls du Plessy-Pralin* zum erstenmal die Herstellung von Konfekt aus dieser Schokoladen-Masse. Innerhalb kurzer Zeit finden die Leckerbissen von ,,Pralin'' in den wohlhabenden Kreisen reißenden Absatz.

Erst Anfang des 18. Jahrhunderts werden sie unter dem Namen *Pralinés* (von *Pralin*) unter den auch weniger betuchten Normalbürgern bekannt. Die Herstellung übernehmen die *Confectioniers* in den *Confiserien*. Mitte des 18. Jahrhunderts bürgert sich für diesen Berufszweig in Deutschland auch der Begriff *Konditor* ein. Bis heute gehört die Pralinen-Herstellung zur hohen Kunst dieses Berufes. Daneben war es selbstverständlich, daß die ,,bessere'' Hausfrau im vorigen Jahrhundert ihre Süßigkeiten und Konfekt selbst herstellte.

Wenn wir heute auch Sie dazu anregen wollen, sich Ihr Konfekt selbst zu machen, dann nicht um Gebräuche des sogenannten gehobenen Hauses wiederzubeleben, sondern weil die Konfekt-Herstellung wirklich sehr großen Spaß macht und der Höhepunkt aller Küchenkunst ist. Wir werden auch nur Grundrezepte geben, damit Ihre Phantasie nicht eingeschränkt wird. Denn die Phantasie spielt hier eine große Rolle. Sie kann sich in zweifacher Hinsicht entfalten: einmal beim Erfinden von Formen und zum andern beim Ausprobieren besonders wohlschmeckender Mischungen.

Pralinen bestehen aus der *Füllung* — auch *Grundmasse* genannt — und der *Überzugsmasse,* die man als *Kuvertüre* bezeichnet.

Das Grundprinzip der Pralinen-Herstellung besteht darin, daß man den Füllkörper in aufgeschmolzene Schokoladen-Masse (die Kuvertüre) eintaucht und sofort wieder herausholt, damit die Füllmasse nicht mitschmilzt. Man kann Pralinen auch mit Hilfe von Formen herstellen. Das wollen wir Ihnen als Hobby-Pralinenmacher aber nicht empfehlen, da das erhebliche

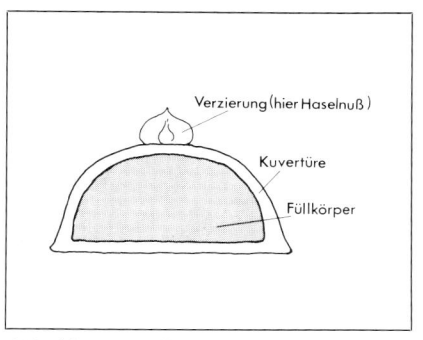

Abb. 11: Etwa so ist eine Praline aufgebaut.

Routine und teils aufwendige Werkzeuge erfordert.

Pralinen-Grundmassen

Wir beginnen zunächst mit Rezepten für die *Füllkörper,* die Grundmasse. Die klassischen Füllungen bestehen aus Fondant, Marzipan, Nougat, Nüssen oder Mandeln und kandierten Früchten. Sie sind die „Creme de la creme'' der Praline, die ihr den eigentlichen Geschmack verleihen.

Wie unwiderstehlich Pralinen sein können, zeigen diese Anekdoten: *Napoleon* nahm in jede Schlacht seinen Konditor mit, weil er nicht auf frisches Konfekt verzichten wollte. *Goethe* verschenkte Süßigkeiten mit selbstgemachten Versen an die nicht wenigen Damen, die er verehrte. Der Dichter *Wieland* stieg sogar nachts aus dem Bett, um sich aus dem — nur ihm bekannten — Versteck Konfekt zu holen

Marzipan

Schon unsere Urgroßeltern verwendeten Marzipan zur Weihnachts-Bäckerei oder Konfektherstellung. Die Roh-

Abb. 10: Monsieur du Plessy-Pralin, der „Erfinder'' der Praline.

Abb. 12: Marzipan kann man als Rohmasse kaufen. Es gibt übrigens erhebliche Qualitäts- und Preisunterschiede, die sich vor allem nach dem Gehalt an Mandeln richten.

masse selbst herzustellen empfiehlt sich allerdings nicht, weil es sehr viel Arbeit macht, wenn man keine Spezialmaschinen zur Verfügung hat. Die Mandeln werden nämlich mit Wasser gerieben, mit Zucker versetzt und abgeröstet. Außerdem wird die eigene Herstellung keineswegs billiger, weshalb sogar der Konditor nur fertige Rohmasse bezieht.

Sie besteht — nach gesetzlicher Vorschrift — aus 2/3 Mandeln und 1/3 Zucker. Zu dieser Rohmasse darf in der Weiterverarbeitung nochmals 100% Zucker — und zwar Puderzucker — zugegeben werden. Mehr ist gesetzlich nicht erlaubt. Der Konditor setzt normalerweise höchstens 250 g Zucker auf 500 g Rohmasse zu.

Hochwertiges Marzipan enthält freilich nur 5 bis 10% Zucker; und dieses Marzipan sollten Sie verwenden.

Persipan ist ein billiger Marzipan-Ersatz. Es besteht zu 65% aus entbitterten Pfirsich- oder Aprikosen-Kernen und zu 35% aus Zucker. Als Zuckerzusatz zu dieser Rohmasse sind 150% Zucker erlaubt. Deshalb muß die Ver-

wendung von Persipan nach gesetzlicher Vorschrift immer gekennzeichnet sein.

Zu Hause können Sie Ihr Marzipan natürlich ganz nach Geschmack mischen. Denken Sie aber daran: je mehr Zucker Sie nehmen, um so süßer und härter wird das Marzipan. Man kann als Pralinen-Füllkörper die Rohmasse natürlich auch pur verwenden. Besser schmeckt sie aber mit ein wenig Zucker.

Und schließlich kann man dem Marzipan auch durch Zusätze eine bestimmte Geschmacksrichtung geben. Alles muß gut miteinander verknetet werden, so ähnlich wie Kuchen- oder Brotteig. Vor allem der Puderzucker muß vollständig eingearbeitet werden.

Marzipan — natur

200 g Marzipan-Rohmasse
20 — 40 g Puderzucker

Walnuß-Marzipan

200 g Marzipan-Rohmasse
20 g Puderzucker
10 g Curacao (Orangen-Likör)
10 g Kirschwasser
10 g feingehackte Walnüsse
5 g Maraschino (Kirsch-Likör)

Pistazien-Marzipan

200 g Marzipan-Rohmasse
10 — 20 g Puderzucker
15 g geschälte Pistazien
evtl. ein Tropfen grüne oder
gelbe Speisefarbe

Nach dem Verkneten bestäubt man eine glatte Fläche mit etwas Puder-

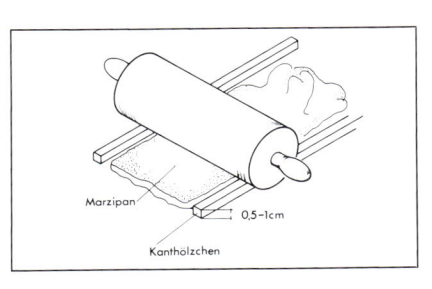

Abb. 13: Ausrollen des Marzipans zwischen zwei Hölzern. Die Stärke — und damit Größe — Ihrer Pralinen können Sie durch die Stärke der Hölzer bestimmen.

zucker und rollt die Masse aus. Am besten geht das zwischen 2 Hölzern, die etwa 0,5 bis 1 cm hoch sind; dann wird das Ausgerollte schön gleichmäßig. Nun schneidet man entweder mit dem Messer Rechtecke oder sticht Formen aus. Sie können die Marzipan-Masse auch mit der Hand formen oder die Kunststoff-Einsätze von leeren Pralinen-Schachteln als Form benutzen, in die Sie das Marzipan hineindrücken. Anschließend überzieht man das Marzipan mit Kuvertüre (vgl. dazu *Seite 93*). Damit der Überzug später nicht reißt, läßt man die Füllkörper vorher 24 Stunden trocknen.

Marzipan als „Verpackungsmaterial"

Man kann — wie wir auf Seite *103* noch zeigen werden — *kandierte Früchte* oder *Geleefrüchte* vollkommen in eine dünne Marzipan-Schicht eingepackt als Pralinen-Füllkörper verwenden. Das hat den Vorteil, daß später beim Eintauchen keine Feuchtigkeit in die Kuvertüre gerät. Das gleiche gilt für *Dominosteine*, bei denen man die Gelee- und

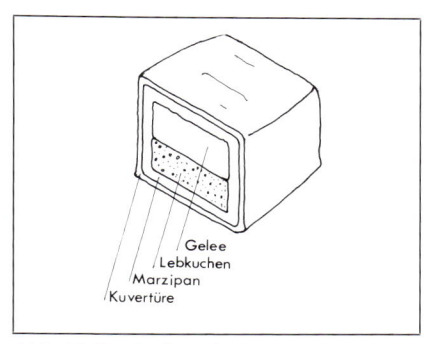

Gelee
Lebkuchen
Marzipan
Kuvertüre

Abb. 14: Der Aufbau eines Domino-Steins.

Lebkuchenschicht rundherum mit Marzipan umwickeln sollte.

Sehr zu empfehlen sind auch verpackte *Maraschino-Kirschen.* Das sind Kirschen, die in Maraschino-Likör eingelegt sind. Die handelsüblichen Maraschino-Kirschen sind entsteint und haben oft noch ihren Stiel, was besonders dekorativ wirkt, wenn sie damit zu Pralinen verarbeitet werden. Man holt die eingelegten Früchte aus dem Alkohol heraus und läßt sie 1 bis 2 Stunden trocknen. Dann umwickelt man sie gründlich von allen Seiten mit einer Marzipanschicht, damit der restliche Alkohol nicht herausläuft, und überzieht sie sofort mit Kuvertüre. Der Stiel ragt dann aus dem Überzug heraus.

„Beschwipste Kirschen"

Solche mit Alkohol getränkten Kirschen kann man natürlich auch selbst herstellen: Man legt dazu entsteinte Süßkirschen oder anderes Obst, das auch eingemacht sein kann, in Schnaps oder Likör. Gut geeignet ist dazu Weinbrand. Noch besser wird die Sache, wenn Sie die Alkohol-Konzentration der Flüssigkeit mit 80 — 90 %igem reinen Alkohol (Äthanol), den man in der Apotheke erhält, erhöhen. Das macht den Geschmack intensiver, weil der Alkohol besser in die Früchte eindringt. Man läßt die Früchte im Alkohol 3 bis 4 Wochen stehen; je länger sie ziehen, desto besser. Danach abtrocknen lassen und mit Kuvertüre überziehen. Natürlich kann man für dieses Rezept auch Früchte aus dem Rumtopf verwenden.

Likörpralinen à la Hobbythek

Nehmen Sie dazu Früchte aus dem Alkohol und lassen Sie sie über Nacht trocknen. Dann erhitzt man Fondant, taucht die Früchte hinein und legt sie zum Abkühlen auf Pergament-Papier. Sobald der Fondant fest ist, überzieht man sie mit temperierter Kuvertüre (vgl. dazu *Seite 93*). Es ist wichtig, daß Sie beide Arbeitsgänge sofort nacheinander erledigen, da sonst die Flüssigkeit aus den Früchten den Fondant durchdringt und sie sich nicht mehr überziehen lassen.

Mandeln und Nüsse als Pralinenfüllung

Mandeln und Nüsse schmecken wesentlich besser, wenn sie leicht angeröstet werden. Das gilt nicht nur für die Verwendung in Konfekt, sondern auch für Mandeln und Nüsse, die man knabbern oder im Studentenfutter verwenden will.

Mandeln müssen vor dem Rösten geschält werden. Dazu läßt man sie in einem Topf mit heißem Wasser kurz aufkochen; die Haut kann man dann ganz einfach abziehen.

Abb. 15: Leckere Maraschino-Kirschen.

Haselnüsse röstet man in ihrer braunen Haut.

Zum Rösten werden Mandeln oder Nüsse auf einem Backblech in den auf 180 bis 200 °C vorgeheizten Backofen geschoben, wo sie rund 10 bis 15 Minuten geröstet werden. Die Haselnüsse sind dann ausreichend geröstet, wenn das braune Häutchen sich mit den Fingern einfach abdrücken läßt.

Gestiftete, geblätterte und geriebene Mandeln und Nüsse läßt man entsprechend kürzere Zeit im Backofen (höchstens 5 bis 10 Minuten). Sie werden es schmecken, die Mühe — die eigentlich gar keine ist — lohnt sich.

Nougat als Pralinenfüllmasse

Nougat ist ein Begriff, der aus dem Arabischen stammt. Allerdings verstand man darunter lange etwas anderes als heute: nämlich ,,Türkischen Honig''. Im Ausland verwendet man das Wort Nougat heute noch in diesem Sinne. Besonders bekannt ist der ,,Nougat Montelimar'', eine Masse aus Honig, Zucker, Eiweiß, Mandeln und Nüssen. Er hat eine weiße Farbe, im Gegensatz zum deutschen Nougat, der braun ist und oft auch Praliné genannt wird.

Die Herstellung des deutschen Nougats ist nicht ganz einfach und wird heute eigentlich nur noch industriell vorgenommen. Man unterscheidet zwischen Nuß- und Mandel-Nougat, wobei der erste der weitaus am häufigsten verwandte ist.

Nougat ist eine ölig geriebene Masse aus geschmolzenem Zucker und gerösteten Mandeln oder Nüssen, die mit Vanille gewürzt und mit flüssiger Kakao-Masse versetzt wird. Nougat-Grundmasse gibt es — wie Marzipan — im Lebensmittel- und Feinkostladen.

Wenn man Nougat als Innenkörper für Pralinen zubereitet, mischt man ihn stets noch mit Kuvertüre oder Schokolade, weil er sonst viel zu weich und temperaturempfindlich beim Überziehen wäre. Man nimmt dazu:

200 g Nuß-Nougat
50 g Vollmilch-Kuvertüre
25 g Haselnüsse

Die Haselnüsse werden geröstet, von der trockenen braunen Haut befreit und fein gemahlen. Die aufgelöste Kuvertüre und die geriebenen Nüsse mischt man unter den nicht zu kalten Nuß-Nougat (Zimmer-Temperatur). Diese Masse rollt man auf Alu-Folie und zwischen 2 Holzleisten (vgl. dazu noch einmal die Marzipanverarbeitung) mit dem Rollholz aus und läßt sie im Kühlschrank erkalten. Sie wird dann etwas fester und kann in Formen geschnitten werden. Die spätere Unterseite bestreicht man evtl. ganz dünn mit Kuvertüre, damit beim Überziehen der Nougat nicht zu weich wird. Am besten lassen Sie die Stücke vor dem Kuvertieren der Praline noch etwa 1 bis 2 Stunden abkühlen.

Nougat direkt verarbeitet

Nougat ist auch *spritzfähig*. Damit er Halt bekommt, sollten Sie ihn auf eine Kuvertüre-Unterlage (*Seite 98*) spritzen und ein zweites Plättchen obenauf decken. Dazwischen kann man zu-

Abb. 16: Nougat-Masse, wie man sie im Laden bekommt.

sätzlich eine kandierte Kirsche, geröstete Nuß oder Mandel legen.

Natürlich können Sie die Nougat-Masse auch einfach auf Fettpapier spritzen und garnieren. Hier empfiehlt es sich aber, entweder den Fuß der Praline in Kuvertüre zu tauchen oder der Nougat-Masse mehr Kuvertüre beizumischen, damit sie etwas fester wird. Vor dem Verarbeiten abkühlen lassen, da die Kuvertüre ja relativ warm eingemischt wird.

Auch *Nougat-Tütchen* können Sie herstellen. Zunächst schneiden Sie dazu aus glänzendem Papier oder Alu-Folie Kreise von ca. 5 cm Durchmesser aus, die Sie zu Tütchen wie auf *Abbildung 18* formen. Dann brauchen Sie nur noch die Nougat-Masse hineinzuspritzen.

Kuvertüre — oder die hohe Kunst des Temperierens

Die Kuvertüre ist der Schokolade sehr ähnlich. Wie die Schokolade enthält sie Kakao-Bestandteile; oder genauer: Kakao, Kakao-Butter; hinzu kommen noch Milchpulver und Zucker. Man unterscheidet *Halbbitter-* und *Vollmilch-Kuvertüre*, wobei letztere weniger Kakao, dafür aber mehr Milchpulver enthält. Von der Schokolade unterscheidet sich Kuvertüre durch den etwas höheren Anteil an Kakao-Butter. Je mehr Kakao-Butter die Kuvertüre enthält, um so flüssiger wird sie beim Erwärmen. Das macht sie besser als die sehr zähflüssige Schokolade für das Überziehen von Pralinen geeignet.

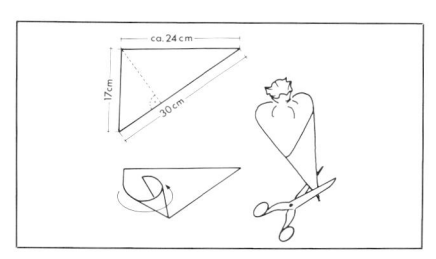

Abb. 17: Ein einfacher Spritzbeutel aus Butterbrotpapier zum Einmalgebrauch wird wie eine Tüte gedreht. Beim Abschneiden der Spitze lieber zuerst zuwenig als zuviel abschneiden.

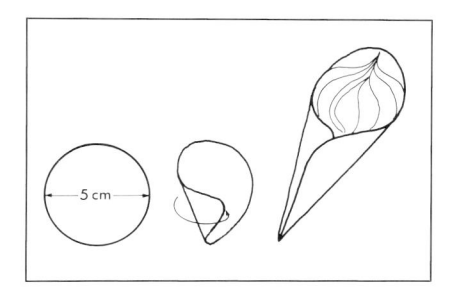

Abb. 18: So werden Nougat-Tütchen aus Gold-, Silber- oder Alufolie gewickelt, in die man die Masse einfach hineinspritzt.

Abb. 19: In diesen Formen bekommt man Kuvertüre im Laden.

Allerdings kommt es beim Erwärmen sehr darauf an, daß die *richtige Temperatur* getroffen wird. Damit hatten wir anfangs große Probleme; denn — ist sie zu heiß, dann bekommt der Pralinenüberzug später nach dem Erkalten helle Streifen oder Punkte oder die Oberfläche wird überhaupt matt. Das beeinträchtigt zwar nicht die Qualität; aber die Pralinen sehen dann doch wie verdorben aus. Man sieht das bei gekauften Pralinen, die einmal in der Sonne gestanden haben. Beim Mattwerden

der Oberfläche geschieht folgendes: Die leichtere Kakao-Butter neigt dazu, bei Erwärmung an die Oberfläche der Kuvertüre zu steigen und sich dort abzusetzen.

Sollte Ihnen einmal dieses Mißgeschick passieren — was natürlich jeder Konditor vermeiden möchte — dann kann man die Pralinen entweder noch einmal überziehen oder sie auch einfach ganz schnell aufessen; denn schmecken tun sie wie die gelungenen Pralinen.

Bevor wir kurz auf das richtige Temperieren kommen, hier kurz die

Werkzeuge des Pralinen-Machers

Wichtigstes Werkzeug ist eine sogenannte *Pralinen-Gabel,* mit der man die Pralinen aus dem Schokoladenbad herausheben kann. Sie läßt sich ganz einfach aus Silberdraht selbst herstellen (vgl. dazu *Abbildung 20*). Da werden einfach vier Drahtenden zu einem Stiel verdrillt und vorne wie eine Gabel gebogen. Zur Not leistet dieselben

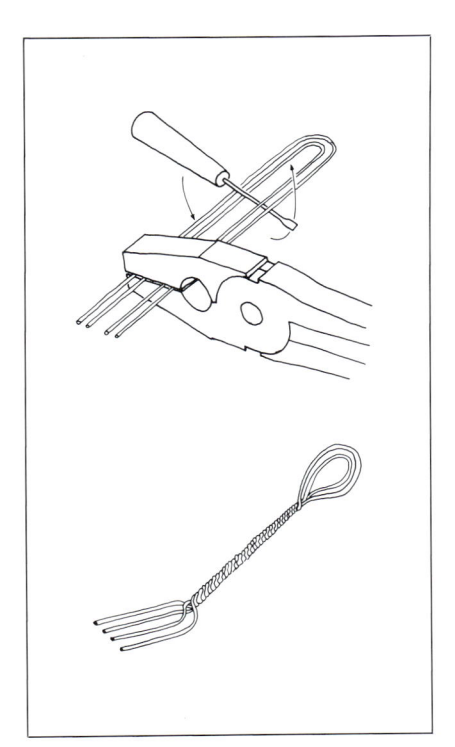

Abb. 20: Herstellung einer einfachen Pralinen-Gabel.

Abb. 21: Die Gerätschaften des Pralinen-Machers.

Dienste auch eine alte Küchengabel, aus der Sie ein oder zwei Zinken herausbrechen.

Außerdem brauchen Sie eine grobe *Reibe* zum Zerkleinern der harten Kuvertüre. Zur Not geht das auch mit einem großen *Messer*. Wichtig ist dabei aber, daß die Kuvertüre gleichmäßig zerkleinert wird, denn sonst dauert das Aufschmelzen der größeren Stücke länger als das der Kleinen und es bilden sich Klumpen, und die Temperatur ist unterschiedlich in der Masse.

Zum Schluß brauchen Sie noch einen *kleinen Topf* oder eine Kasserolle und ein *flaches Gefäß,* in das dieser kleine Topf hineinpaßt. Kuvertüre wird nämlich im Wasserbad geschmolzen, und das heißt: Sie müssen den Topf für die Kuvertüre in einen anderen mit heißem Wasser stellen können.

Worauf es beim Temperieren ankommt

Wenn Sie die Kuvertüre geraspelt haben, bereiten Sie das *Wasserbad* vor. Bitte das Wasser nicht höher als 60°C erwärmen, denn sonst beginnt es zu dampfen. In die Kuvertüre darf aber auf keinen Fall Wasser hineingelangen — auch kein Wasserdampf —, denn sonst würde sie sofort zu klumpen beginnen.

Geben Sie zunächst nur die Hälfte der geraspelten Kuvertüre in das Töpfchen und schmelzen Sie sie unter ständigem Rühren. Die Kuvertüre muß zunächst eine Temperatur von 40°C erreichen, was Sie mit dem Thermometer kontrol-

Abb. 22: Schmelzen der Kuvertüre im Wasserbad.

Abb. 23: Kühlen der Kuvertüre.

lieren sollten. Später bekommt man Routine und kann dann auf das Thermometer verzichten.

Bei 40 °C nehmen Sie das Töpfchen aus dem Wasser und stellen es auf ein dickes, wärmeisolierendes, gefaltetes Handtuch oder auch ein Stückchen Styropor, damit die Unterlage die Wärme aus dem Topf nicht gleich herausziehen kann.

Nun geben Sie die zweite Hälfte der geraspelten Kuvertüre hinzu und versuchen, unter gleichmäßigem Rühren alles aufzulösen. Der Vorteil dieses Verfahrens ist: Die neu hinzugegebene Kuvertüre kühlt die bereits auf 40 °C erwärmte soweit ab, daß sie die richtige Temperatur zur Pralinen-Herstellung bekommt. Das sind etwa 30 bis 32 °C. Sie müssen das nicht mit dem Thermometer messen; einfacher geht die sogenannte Lippen-Probe. Dazu wird ein wenig Kuvertüre auf die Fingerspitze getippt und an die Lippen geführt. Die Kuvertüre muß dort fast schon kühl erscheinen, denn die Lippen selbst haben etwa 35 °C.

Um ganz sicher zu gehen, können Sie auch eine Probe machen, indem Sie die Ecke eines Pralinenkörpers in die Kuvertüre tauchen. Nach etwa 2 Minuten „zieht die Kuvertüre an", das heißt, sie wird fest. Wenn jetzt der Überzug gleichmäßig und glänzend aussieht, dann ist alles in Ordnung, und man kann mit dem Überziehen beginnen. Dauert das „Anziehen" der Kuvertüre aber länger, so ist entweder die Raumtemperatur zu hoch — richtig sind etwa 22 °C — oder die Kuvertüre ist zu warm. Dann nämlich wird der Überzug glanzlos und möglicherweise streifig. Ist die Kuvertüre wärmer als 32 °C

geworden, gießen Sie einfach einen kleinen Teil auf ein kühles sauberes Brettchen aus Resopal oder ähnlichem Material und verteilen sie Kuvertüre darauf. Das geht am einfachsten mit einem breiten glatten Messer. Sobald sie soweit abkühlt, daß sie anzuziehen beginnt, lösen Sie sie rasch wieder von der Platte und geben sie zurück in den Topf. Hartwerden darf sie auf der Platte allerdings nicht. Rühren Sie nun alles wieder gleichmäßig glatt und machen Sie einen neuen Versuch.

Sollte jetzt die Kuvertüre zu kalt sein, dann den Topf noch einmal ganz kurz (wenn er aus Metall ist, nur 1 Sekunde) ins Wasserbad halten und rühren.

Erst die Kuvertüre macht Konfekt zur Praline

Wir gehen jetzt einfach einmal davon aus, daß die Kuvertüre die richtige Temperatur hat.

Dann werden zunächst die Zinken der Pralinen-Gabel mit den Fingern etwas warmgerieben, damit die überzogene

Abb. 24: Der Pralinenkörper wird in die flüssige Kuvertüre getaucht.

96

Praline später besser von den Zinken heruntergleitet. Legen Sie dann den Pralinen-Körper auf die Zinken und tauchen Sie ihn ganz in die flüssige Kuvertüre. Sollte das Tauchbad nicht tief genug sein, dann bewegen Sie die Gabel vorsichtig so hin und her, daß die Kuvertüre über den Pralinen-Körper schwappt.

Ist die Praline vollständig überzogen, dann heben Sie sie vorsichtig mit der Gabel heraus und lassen die überflüssige Kuvertürenmasse in den Topf zurücklaufen. Dabei mehrmals leicht mit dem Gabelstiel auf dem Topfrand aufklopfen; denn das beschleunigt das Abtropfen. Der Rest, der immer hängen bleibt, kann ruhig mit dem Finger direkt unter der Gabel abgestreift werden. Je geschickter Sie das machen, um so kleiner wird später der breitgelaufene Fuß der Praline sein. Und das wiederum zeugt von Könnerschaft.

Abgelegt wird die Praline auf einem waagerechten, mit Pergament- oder Fettpapier belegten Tablett. Sind alle Pralinen-Körper überzogen, dann kann man sie etwa 5 bis 10 Minuten in den Kühlschrank stellen. Sie sind danach nicht mehr so anfällig für Temperaturschwankungen. Richtig auskühlen und durchtrocknen sollen sie dann aber an einem anderen kühlen Ort.

Die Kunst des Verzierens

Die einfachste Art der Verzierung besteht darin, daß man *rippenförmige erhabene Streifen* auf der Praline anbringt. Und das geht so: Sobald Sie die Praline aus der Kuvertüre gehoben haben, drücken Sie mit den Gabelzinken leicht dort auf die Praline, wo Sie diese Streifen haben wollen. Das Ergebnis sieht dann schon recht profimäßig aus.

Sie können aber auch *geröstete halbe Walnüsse, Haselnüsse* oder auch *Mandeln* auf die noch weiche Kuvertüre legen. Sie sinken dann leicht in die Schokolade ein und kleben fest.

Schließlich kann man die Pralinen mit dünnem farbigen oder weißen *Fondant* bespritzen.

Eine besonders schöne Form der Verzierung besteht darin, daß man die hartgewordenen Pralinen mit zusätzlicher *Kuvertüre* garniert, die in einem Spritzbeutel aus Pergament- oder Fettpapier aufgetragen wird (vgl. dazu *Abbildung 26*). Besonders wirkungsvoll ist das, wenn Sie zum Beispiel auf Halbbitter-Kuvertüre mit Vollmilch-Kuvertüre spritzen bzw. umgekehrt; denn beide unterscheiden sich in der Helligkeit ihres Brauns.

Abb. 25: Auf der noch nicht erstarrten Kuvertüre werden mit der Gabel „Rippen" zur Verzierung angebracht.

Abb. 26: Mit Nüssen, Mandeln, farbigem Fondant und Schokolade verzierte Pralinen. In der Mitte eine mit Kuvertüre überzogene „beschwipste Kirsche" (vgl. dazu noch einmal Seite 91).

nicht ganz reichen, dann können Sie ohne weiteres ein paar Riegel Schokolade darin auflösen.

Hier das Grundrezept:

> 100 g Kuvertüre oder Schokolade
> 100 g gestiftete Mandeln
> 10 g Puderzucker (kann man auch weglassen)

Die Mandeln werden leicht angeröstet und (eventuell mit dem Puderzucker) in die temperierte Kuvertüre gerührt. Mit einem Teelöffel setzt man die Masse zu Häufchen auf, die auf Pergamentpapier erkalten sollen.

Kandierte Früchte — eine herrliche Leckerei und zugleich ein Mittel zur Haltbarmachung

Früchte kann man auf verschiedene Weise haltbar machen: durch *Einkochen,* durch *Trocknen* — und durch das *Kandieren.*
Viele schrecken vor dem Kandieren zurück, weil es ihnen zu kompliziert vorkommt. Wir haben aber eine Methode entwickelt, bei der eigentlich nichts schiefgehen kann. Auf die Rezepte der Profis konnten wir uns dabei allerdings nicht stützen, weil diese Leute Geräte verwenden, die man zu Hause einfach nicht hat. So benutzt der Fachmann zum Beispiel die sogenannte Zucker-Waage, mit der man die Konzentration einer Zuckerlösung exakt messen kann. Sie sieht etwa so aus und funktioniert auch so wie die

Was man mit Kuvertüre-Plättchen machen kann

Für gespritzte Nougat- oder Marzipan-Pralinen eignen sich Kuvertüre-Plättchen ganz hervorragend als Unterlage. Sie sind denkbar leicht herzustellen. Man gießt dazu einfach temperierte Kuvertüre auf Pergament- oder Fettpapier und verstreicht sie so, daß sie etwa 2 bis 3 mm dick ist. Sobald die Schicht erstarrt ist, sticht man sie mit einer runden Form aus. Die übrigbleibenden Reste kann man natürlich

wieder einschmelzen und noch einmal verwenden.
Mit einiger Geschicklichkeit können Sie natürlich auch die Plättchen dadurch herstellen, indem Sie eine geringe Menge auf das Papier gießen, das dann zu einem runden siegelförmigen Gebilde breitläuft und erstarrt.

Mandelsplitter

Wenn Sie Kuvertüre übrig haben, können Sie ganz einfach Mandelsplitter daraus machen. Sollte die Kuvertüre

sogenannte Öchsle-Waage, die man bei der Weinherstellung benutzt. *

Bei uns ergibt sich die richtige Konzentration des Zuckers durch die Mengenangaben unserer Rezepte. Hinter diesen dürren Zahlen stehen ganze Meßreihen, die wir angestellt haben, um möglichst narrensichere Rezepte zustandezubringen.

Wenn wir auch versprechen können, daß die Sache nicht übermäßig kompliziert ist, so müssen wir doch auch sagen, daß Kandieren keine Sache für Eilige ist. Der Prozeß vollzieht sich in mehreren Etappen, die sich über insgesamt 5 Tage hinziehen. Allerdings brauchen Sie pro Tag nicht mehr als 5 bis 10 Minuten Zeit.

Was geschieht beim Kandieren?

Das Grundprinzip des Kandierens besteht darin, daß man den Zucker so langsam in die Früchte eindringen läßt, daß sie sich konservieren, ohne Farbe, Form und den typischen Fruchtgeschmack zu verlieren. Der Zucker tritt dabei an die Stelle des Fruchtsaftes. Damit der Zucker die gesamte Frucht durchdringt, geht man in 5 Etappen vor. Dabei wird die Frucht in Zuckerlösung gelegt, deren Zuckergehalt schrittweise erhöht wird. Man beginnt mit einer 35%igen Zuckerlösung und steigert die Konzentration in 5 Tagen auf fast 65%.

Geeignete Früchte und ihre Vorbehandlung

Kandieren kann man *frische* und *eingemachte* Früchte. Die frischen Früchte müssen meist vorbehandelt werden, damit der Zucker auch eindringen kann. *Frische Äpfel* (am besten feste grüne Sorten wie Boskop, Granny Smith usw.), *Birnen* (hart und grün) und *Quitten* müssen geschält und anschließend ganz kurz in heißes Wasser gelegt werden, das gerade gekocht hat (ca. 95°C). In das Wasser einige Spritzer Zitronensaft geben, damit die Früchte nicht braun werden. Bei dieser Prozedur spricht der Fachmann von *Blanchieren*. Bei den folgenden Früchten kann man darauf verzichten.

Kernobst wie *frische Pflaumen* und *Zwetschgen* (nicht zu reif), *Pfirsiche* (klein und fest), *Aprikosen, Reineclauden* und *Mirabellen* müssen vorsichtig entkernt und dann *piktiert* werden, d. h. mit einer etwas dickeren Nähnadel, Stecknadel oder größeren Sicherheitsnadel von allen Seiten ca. 10- bis 15mal durchstochen werden, damit auch hier der Zucker überall eindringen kann.

Piktiert werden müssen auch *Stachelbeeren, Apfelsinen* und *Mandarinen*,

sofern sie in ihre natürlichen Scheiben zerlegt werden und die feine Haut unbeschädigt bleibt; die weiße Haut, die beim Schälen oft noch anhaftet, muß natürlich gut entfernt werden.

Apfelsinen und *Zitronen* können auch gut in runde, etwa 0,5 bis 1 cm dicke Querscheiben geschnitten und kandiert werden. Wenn Sie sicher sind, daß sie nicht gespritzt sind, kann man sogar die Schale dranlassen. Sonst die Schale oberflächlich abschneiden, aber nur so weit, daß die darunterliegende weiße

Abb. 28: Im Studio haben wir die verschiedenen Phasen des Kandierens einmal nebeneinander aufgebaut.

Schicht erhalten bleibt; denn sie hält die runden Scheiben in Form und sorgt für einen pikanten, leicht bitteren Beigeschmack.

Eingemachte Früchte können kandiert werden, wie sie aus der Dose oder dem Glas kommen. Besonders geeignet sind *Ananas, Herz-* bzw. *Kaiserkirschen* und *Mirabellen* (mit Stein oder entkernt) sowie *Stachelbeeren*.

Am besten beginnen Sie mit den wirklich problemlosen frischen Apfelsinen und Mandarinen oder mit eingemachten, entkernten Kaiserkirschen oder mit Dosen-Ananas. Bei der *Ananas* kann man sich auch als Laie bald mit den Profis messen. Gut geht es auch mit Kirschen und in Scheiben geschnittenen Orangen. Die segmentierten Mandarinen und Orangen haben allerdings auf den ersten Biß eine etwas härtere Haut; sie schmecken aber ausgezeichnet, viel besser und saftiger als Dörrobst. Und so haben wir's gemacht:

Die Zubereitung des Ausgangssaftes

Zunächst müssen Sie die *Zuckermengen* bestimmen, die nach und nach in 5 Etappen zugegeben werden. Sie hängen logischerweise von der Flüssigkeitsmenge ab, mit der man beginnt.

Wieviel *Flüssigkeit* man braucht, läßt sich ganz leicht feststellen. Die Früchte müssen vom *eigenen Saft* (z. B. bei Eingemachtem) oder dem *Zucker-Sirup* (bei trockenen frischen Früchten zunächst pures Wasser, in das später der Zucker kommt) vollständig bedeckt sein. Gießen Sie also zunächst entsprechend viel Saft oder Wasser auf Ihre Früchte und wiegen Sie dann diese Flüssigkeitsmenge.

Unsere Mengenangaben für den Zucker beziehen sich auf 100 g Ausgangsflüssigkeit. Wenn Sie 300 g, 500 g oder 1000 g Flüssigkeit haben, dann müssen Sie einfach alles mit 3, mit 5 oder 10 malnehmen. Hier die Mengen:

● Bei Früchten ohne Eigensaft kommt *auf 100 g Wasser 60 g Zucker.*
● Bei eingemachten Früchten mit Eigensaft benötigt man *auf 100 g Saft 50 g Zucker.* (Wenn der Saft die Früchte nicht voll bedeckt, dann mit Wasser verlängern.)

Ein Beispiel: Für 300 g Saft aus der Dose braucht man 3×50 g $= 150$ g Zucker. Reicht die Saftmenge nicht aus, um die Früchte ganz zu bedecken, gibt man noch Wasser dazu. Für 200 g Wasser zusätzlich benötigt man 2×60 g $= 120$ g Zucker. Das ergibt 500 g Flüssigkeit und 270 g Zucker.

Beim eigentlichen Kandieren gibt es dann keinen Unterschied mehr zwischen frischen und eingemachten Früchten. Es empfiehlt sich aber, beide Gruppen nicht gemeinsam in einen Topf zu bringen.

Jetzt geht's an das Kandieren

1. Tag

Zucker und Saft bzw. Wasser werden gut aufgekocht und danach wieder *auf Zimmer-Temperatur (20 °C) abgekühlt.* Die Früchte kommen in ein Gefäß mit Deckel und werden mit dem kalten Saft übergossen. Das Ganze bleibt abgedeckt 24 Stunden stehen.

2. Tag

Am nächsten Tag läßt man die Früchte in einem Sieb abtropfen. Pro 100 g *ursprünglicher* Flüssigkeit gibt man nun

weitere 20 g Zucker dazu. Ist man z. B. von 500 g Flüssigkeit ausgegangen, so braucht man jetzt 5×20 g $= 100$ g Zucker. Zucker und Saft läßt man gut aufkochen und anschließend *auf 30 bis 40 °C abkühlen.* Die Früchte legt man wieder in das Gefäß, übergießt sie mit der lauwarmen Flüssigkeit und läßt das Ganze wieder abgedeckt 24 Stunden stehen.

3. Tag

Man läßt die Früchte wieder abtropfen, gibt noch einmal die gleiche Zuckermenge wie am Vortage — also 20 g Zucker pro 100 g Ausgangsflüssigkeit — zum Saft und kocht beides zusammen gut auf. Dann läßt man die Flüssigkeit *auf 80 °C abkühlen,* übergießt die Früchte damit und läßt sie 24 Stunden abgedeckt stehen.

4. Tag

Früchte wieder abtropfen lassen, wieder die gleiche Zuckermenge (20 g) zum Saft zugeben und gut aufkochen. Mit der *kochenden Flüssigkeit* übergießt man die Früchte und läßt sie wieder abgedeckt 24 Stunden stehen.

5. Tag

Man gibt zum letztenmal die gleiche Zuckermenge wie an den Vortagen zum Saft, erhitzt ihn, legt auch die Früchte hinein und kocht alles zusammen ganz kurz (30 Sek.) auf. Dann nimmt man die Früchte heraus und läßt sie auf einem Küchenrost gründlich abtropfen. Es schadet nichts, wenn Sie sie auch mal wenden. Dann noch ca. 24 bis 48 Stunden weiter trocknen lassen. Um den Trockenvorgang abzukürzen, können die kandierten Früchte auch in den Backofen eingeschoben werden (bei einer Temperatur von ca. 100 – 150°C etwa 10 bis 15 Minuten bei leicht geöffneter Tür). Dann etwas nachtrocknen lassen.

Die fertigen Früchte am besten in einer Frischhalte-Dose — durch Pergament-Papier voneinander getrennt — übereinander geschichtet, an einem nicht zu kühlen Ort lagern. Man kann sie aber auch weiterverarbeiten, indem man sie mit Fondant überzieht und anschließend in Schokoladen-Kuvertüre taucht (alles weitere dazu weiter vorn).

Was machen wir mit dem übrigbleibenden Sirup?

Beim Kandieren bleibt schließlich doch eine ganze Menge Sirup übrig, bei dem es zu schade wäre, ihn wegzutun. Er besteht zu fast 100% aus *Invert-Zucker,* den man vielfach verwenden kann. Hier zwei Tips, die man ganz einfach in die Praxis umsetzen kann.

Gelee-Früchte

Gelee-Früchte erhält man, wenn man den Sirup mit einem *Geliermittel* aufkocht. Wir haben es mit Opekta versucht, und es hat geklappt. Für 500 g Sirup benötigt man eine Normalflasche Opekta (225 g), d. h. pro 100 g Sirup 45 g Geliermittel.

Bei Früchten, die wenig Säure haben, empfiehlt es sich, noch eine gute Messerspitze Zitronensäure dazuzugeben, die sich mit im Opekta-Paket befindet.

Alles zusammen gut aufkochen (ca. 1 Minute) und abkühlen lassen. Anschließend in eine flache Schale aus-

Abb. 29: Hier führen wir die Herstellung von Geleefrüchten vor.

Abb. 30: Ganz schön viel Joule präsentieren sich hier. Aber dafür auch in besonders schöner Form. Und Pralinen schlingt man ja auch nicht dutzendweise hinunter. Vor allem dann nicht, wenn man an jedem Stück handwerkliche und künstlerische Arbeit geleistet hat.

gießen. Wenn der Gelee völlig ausgekühlt und fest geworden ist, auf Pergament-Papier stürzen und einige Tage trocknen lassen. Mal rumdrehen kann nicht schaden, damit auch die andere Seite trocknet. Danach in kleine Portionen schneiden und — wenn Sie wollen — in Kristallzucker wälzen.

Die Geleefrüchte schmecken bereits ohne alle weitere Zutat wunderbar. Wenn Sie sich etwas ganz Leckeres leisten wollen, dann können Sie sie in Marzipan verpackt mit Kuvertüre überziehen und zur Praline machen. Und wenn Sie eine flache Scheibe Lebkuchen mit einpacken und alles würfelförmig schneiden, dann erhalten Sie *Domino-Steine.*

Früchte-Honig

Eine Art Kunsthonig erhält man, wenn der vom Kandieren zurückbehaltene Sirup gekocht wird. Man macht das ähnlich wie beim Zuckerkochen zur Fondantherstellung. Lassen Sie ihn solange brodeln, bis er eine Temperatur von 116—120°C erreicht hat, dann vom Feuer nehmen und in Gläser abfüllen. Da der Sirup weitgehend aus Invert-Zucker besteht, wird er nicht hart.

*

Wir hoffen, daß Sie mit unseren Vorschlägen zurechtkommen. Selbstverständlich ist es nicht nur erlaubt, sondern sogar erwünscht, daß Sie Ihrer Phantasie nachgeben. Aus den vielen hier vorgestellten Grundsubstanzen und Basisrezepten lassen sich vielerlei Mischformen und vielleicht auch neue Ideen bei der Konfekt- und Süßigkeiten-Herstellung finden. Der Reiz dieses Hobbys besteht ja darin, daß man möglichst viele und vielleicht auch überraschende Kombinationen findet. Anregen kann Sie auch ein Blick in eine gute Konditorei oder ein Süßwarengeschäft.

Wie bei vielen unserer Tips, ist auch dieser besonders dazu geeignet, jemandem ein *Geschenk* zu machen, das nicht mal schnell um die Ecke im Laden gekauft ist.

Viel Spaß also — und immer daran denken: selbstgemachtes Konfekt ist einfach viel zu schade, es wahllos hinunterzuschlingen.

Kosmetik zum Selbermachen

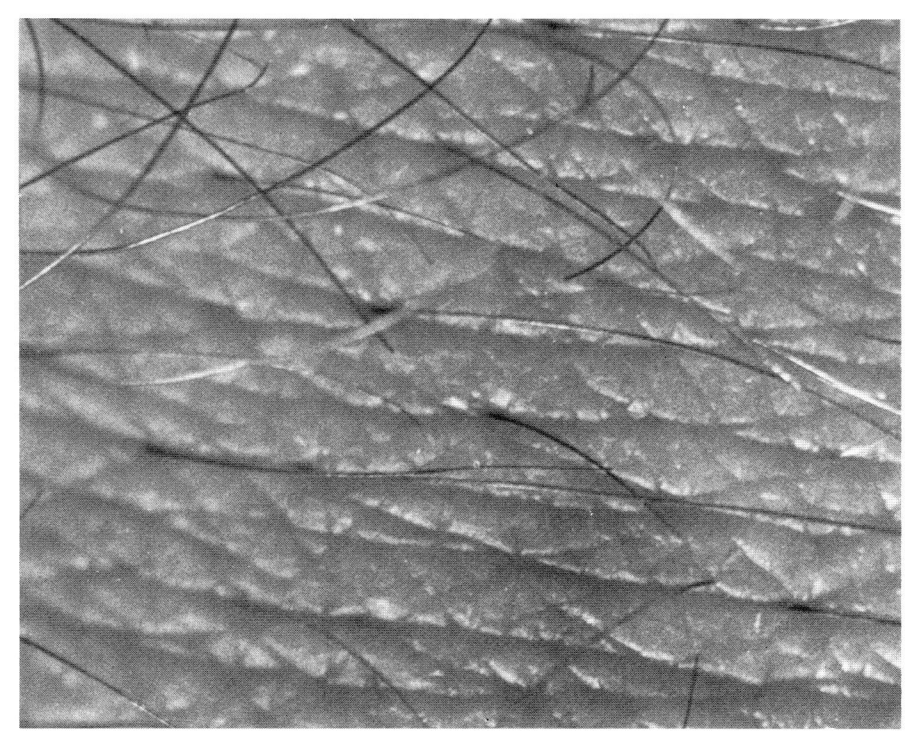

Abb. 1: Über die Schönheit der Haut ist viel geschrieben worden. Aber wußten Sie auch, daß die Haut eines der wichtigsten Körper-„Organe" ist? (12fache Vergrößerung aus einem Handrücken).

Uns sei aber auch nichts heilig, sagte man, als wir uns an das Thema Kosmetik heranmachten. Das sei ein Gebiet, dessen Beherrschung oft sogar der Industrie Schwierigkeiten bereite; und außerdem hätte es da schon Versuche mit Büchern gegeben. Herausgekommen sei dabei freilich nicht viel. Nun, so einfach haben wir uns nicht entmutigen lassen, vor allem auch deshalb nicht, weil diese skeptischen Stimmen vor allem aus Kreisen der Kosmetikhersteller oder des Handels kamen, die es gar nicht so gern sehen, wenn sie Konkurrenz bekommen. Gerade das Schwierige aber reizte uns.

Wir fühlten uns auch deshalb verpflichtet, das Thema nicht sang- und klanglos fallenzulassen, weil die Zuschauer und Freunde der Hobbythek es in einer Fragebogenaktion, in der 15 Themen angeboten wurden, an die dritte Stelle gesetzt haben. Und zwar nach „Weine zum Selbermachen" und „Brot, einmal nicht vom Bäcker", die bereits mit großem Erfolg gesendet wurden und inzwischen auch gedruckt vorliegen*.

---

* Sie finden beide in „Das Hobbythek-Buch 2".

Wir wandten uns – wie immer bei neuen Themen der Hobbythek — zunächst an die Wissenschaft. Wir sprachen mit Hautärzten und wälzten wissenschaftliche Literatur, um die grundsätzliche Problematik des Themas Kosmetik· kennenzulernen. Wir erfuhren, daß die Haut, die als das größte Organ des menschlichen Körpers bezeichnet werden kann, außerordentlich schwer in ihren Reaktionen auf Umweltreize zu beschreiben ist. Kaum ein anderes Organ des Menschen zeigt nämlich so starke individuelle Unterschiede wie die Haut. Was für den einen Menschen gut ist, kann für den anderen ausgesprochen schlecht sein. Ein großes, von der Wissenschaft kaum lösbares Próblem stellen denn auch die vielfältigen Formen von Allergien dar, die dadurch entstehen, daß der Organismus auf einen Stoff, mit dem er in Berührung kommt, in heftiger Weise reagiert. Diese Reaktionen können sogar so weit gehen, daß es zu schweren Krankheiten kommt. Hautkrankheiten gehören heute zu den verbreitetsten und am schwierigsten zu behandelnden medizinischen Problemen.

Aber nicht nur das. Die Haut steht in sehr enger Beziehung zum Gesamtkreislauf des Körpers; und deshalb ist es kein Wunder, daß Vorgänge im Körperinneren sich auch auf der Haut bemerkbar machen können. Innere Krankheiten — vor allem Stoffwechselstörungen und Folgen falscher Ernährung — beeinträchtigen die Haut. Alkoholmißbrauch, starker Nikotingenuß, das alles schlägt sich auf der Haut nieder. Geübte Hautärzte können aus den Hautreaktionen auf innere Störungen schließen, wie uns Professor Woe-

ber, Dermatologe an der Universität Aachen, erklärte. Er weist außerdem auf den engen Zusammenhang von psychologischer Verfassung und Hautzustand hin. Zu den allgemein bekannten Äußerungsweisen psychologischer Vorgänge gehört zum Beispiel: die Haut errötet bei großer Freude, Scham oder Wut; sie bildet Gänsehaut, wenn Schauder, Abneigung, innere Kälte und Widerwillen uns beherrschen. Deshalb, so Professor Woeber, könne ein guter Hautarzt einem Psychologen wertvolle

Hinweise geben — vorausgesetzt, er versteht selbst etwas von Psychologie. Das Thema Haut ist so vielschichtig, daß es hier wirklich nur andeutungsweise erörtert werden kann. Und weil das Thema so verwickelt ist, sind die Kenntnisse in der Allgemeinheit nicht gerade umfassend. Wie sollten sie auch. Tut sich doch selbst die Wissenschaft im Hinblick auf die Haut auch heute noch recht schwer. Jeder, der einmal mit Hautkrankheiten zu tun hatte, wird das bestätigen können.

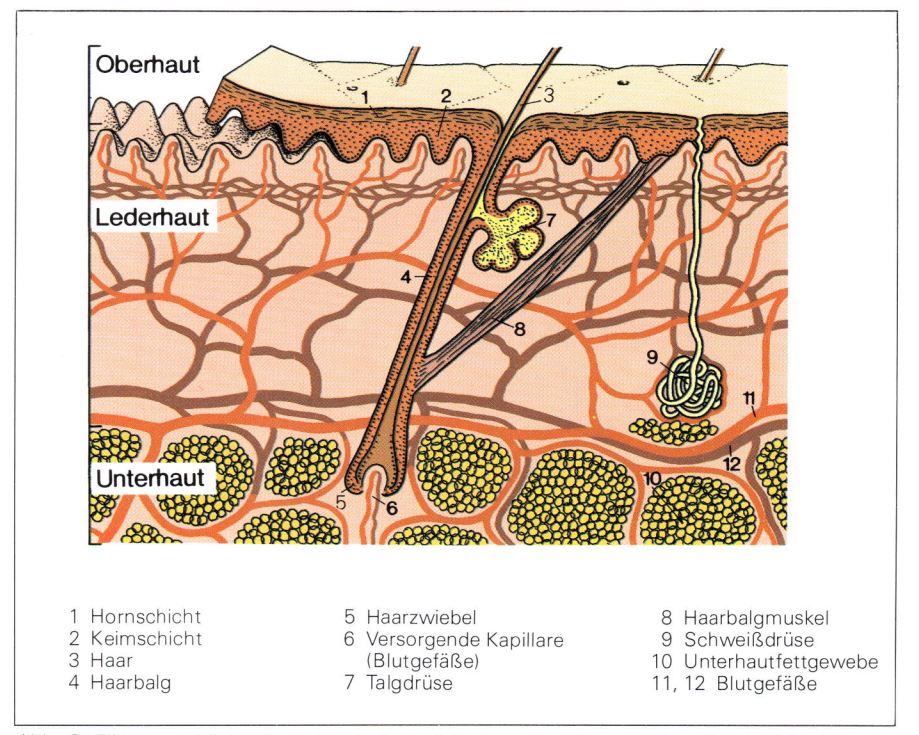

1 Hornschicht	5 Haarzwiebel	8 Haarbalgmuskel
2 Keimschicht	6 Versorgende Kapillare	9 Schweißdrüse
3 Haar	(Blutgefäße)	10 Unterhautfettgewebe
4 Haarbalg	7 Talgdrüse	11, 12 Blutgefäße

Abb. 2: Die menschliche Haut ist ein kompliziertes, aber überaus sinnreich funktionierendes Gebilde.

Kann man Haut „ernähren"?

Die geringen Kenntnisse über die Besonderheiten der Haut nutzt die kosmetische Industrie oft aus. Kaum eine andere Branche bringt so viele Präparate auf den Markt, setzt so konzentriert die Werbung ein, versucht die Konsumenten derart suggestiv zu beeinflussen. Diese Industrie versucht dem Verbraucher weiszumachen, daß die Haut von außen ernährt werden müßte, mit Nährstoffen wie Vitaminen, Proteinen und sonstigen Wundermittelchen in tausenderlei Nährcremes. Und sie kommt offensichtlich gut damit an. Dabei kann man die Haut von außen gar nicht „ernähren", sondern allenfalls *pflegen*. Die Haut wird nämlich von innen ernährt; und das schafft der Körper bei einem gesunden, richtig ernährten Menschen geradezu optimal. Die Zufuhr von Nährstoffen von außen ist also im Prinzip völlig sinnlos. Das gilt vor allem für Vitamine, die die Haut — von außen aufgetragen — gar nicht verarbeiten kann. Dazu Professor Orfanos von der Universitäts-Hautklinik in Köln: „Einen Vitaminmangel der Haut allein gibt es nicht. Genausowenig gibt es ein Hautvitamin. Ein Mangel trifft meist alle Organe zugleich. Das fehlende Vitamin muß ausschließlich in Tabletten- oder in Injektionsform zugeführt werden."

Ergebnis: Die Haut von außen ernähren zu wollen, ist absoluter Unsinn. Wenn in der Haut ein Ernährungsmangel ausgeglichen werden muß, dann ist die Zufuhr der wichtigen Aufbaustoffe nur von innen her möglich; und zwar durch richtige Ernährung. Deshalb sollten Sie bei allen kosmetischen Präparaten mißtrauisch werden, die eine *Hauternährung* von außen versprechen.

Pflege der Haut

Das soll nun nicht heißen, daß die Haut überhaupt keine Pflege braucht. Im Gegenteil: sie muß regelmäßig gereinigt werden, weil sie sonst zwar nicht durch Ernährungsmangel leidet, wohl aber schlichtweg durch Dreck. Aber auch das Reinigen kann man übertreiben; vor allem durch zu häufigen und starken Gebrauch von Seife. Seife kann nämlich den Fetthaushalt der Haut durcheinanderbringen. Deshalb reicht zum Waschen oft reines Leitungswasser. Das gilt vor allem für die Gesichtshaut, der es gut tut, wenn man möglichst nur eine milde Baby- oder Kinderseife verwendet.

Die Reinigung ist um so wichtiger, je mehr die Haut strapaziert wird. Und das wird sie nicht nur bei Schornsteinfegern oder Leuten, die schmutzige Arbeiten zu erledigen haben, sondern

Abb. 3: Viele Millionen werden jährlich ausgegeben, um für Kosmetika zu werben, die außer schöner Haut auch noch ewige Jugend garantieren sollen.

auch bei denen, die sogenannte dekorative Kosmetika verwenden, die sich also schminken. Sie sollten nicht vergessen, abends diese Kosmetik gut zu entfernen. Übrigens — wir haben darauf auch in der Sendung hingewiesen: Wir haben durchaus nichts gegen dekorative Kosmetik, die einen Menschen vorteilhafter und schöner erscheinen lassen kann. Nur wird es problematisch, wenn das Make-up übertrieben wird. Es schadet nämlich der Haut. (Mehr zu Make-ups kann man in der Zeitschrift *test* der Stiftung Warentest nachlesen, und zwar im Heft 2, Jahrgang 1978.)

Durch Waschen mit Seife wird nicht nur Schmutz und Schminke beseitigt, sondern auch das Hautfett. Dieses Hautfett oder — genauer gesagt — der Hauttalg wird von der Haut selbst produziert und dient als Schutzfilm. Seife hat nun die Eigenschaft, das Fett zu emulgieren (vgl. S. 113), und das ist auch ein Grund, weshalb man mit Seife ölige Hände waschen kann. Für die Pflege der Haut ist es aber ein gar nicht angenehmer Nebeneffekt, daß mit dem fettigen Schmutz auch das wichtige Hautfett weggespült wird.

Normalerweise bildet die Haut innerhalb weniger Stunden ihren schützenden Fettfilm neu. Deshalb ist es in der Regel auch nicht nötig, zum Beispiel nach dem Baden den ganzen Körper einzucremen. Wichtig ist es aber, wenn die Haut starken Belastungen ausgesetzt ist, wie sie zum Beispiel beim Sonnenbaden vorkommen. Auch Menschen, die sich aus beruflichen Gründen oft stark reinigen müssen, beanspruchen ihre Haut stärker. Die Gesichtshaut schließlich braucht fast immer eine Nachfettung, da sie ja der freien Luft ausgesetzt ist, die — vor allem in den Städten — heute mit vielen schädlichen Stoffen durchsetzt ist.

Die verschiedenen Hauttypen

Wir sagten schon, daß sich die Menschen in den Eigenschaften ihrer Haut besonders stark unterscheiden. Die folgende Einteilung ist deshalb auch nur eine ganz grobe Klassifizierung. Man unterteilt die Hauttypen in *fette*, *normale* und *trockene* Haut. Dabei ist bemerkenswert, daß die sogenannte normale Haut nach Bestätigung von Kosmetikfachleuten und Ärzten nur äußerst selten vorkommt. Schon das zeigt, daß diese Einteilungsart ausgesprochen schwierig ist.

Bleibt also im wesentlichen die Einteilung in fette oder trockene Haut. Sie selbst werden am besten wissen, welcher Hauttyp auf Sie zutrifft.

Nun bedeutet diese Einteilung allerdings nicht, daß sie für das ganze Leben gilt. In der Regel wird die Haut mit zunehmendem Alter trockener; und zwar bezieht sich das nicht nur auf den Fettgehalt, sondern auch auf den Wassergehalt der Haut. Der Wasseranteil der Haut sinkt im Durchschnitt von 13 Prozent bei einem Kind auf weniger als 7 Prozent bei einem alten Menschen.

Diese Verringerung des Wassergehalts ist gekoppelt mit einer immer geringer werdenden Hautfettproduktion mit zunehmendem Alter. Eine relativ glatte Haut haben deshalb auch vor allem diejenigen alten Menschen, die in der Jugend eine zu fette Haut hatten. All die Leiden, die sie als Kinder und Jugendliche vielleicht wegen zu fetter Haut und den dadurch oft verursachten Pickeln hatten, erweisen sich im Alter als ein Vorteil.

Gegen den natürlichen *Alterungsprozeß* der Haut läßt sich im Grunde nur wenig ausrichten, auch wenn die Kosmetik-Industrie den Verbrauchern weismachen will, man könne mit Hilfe ihrer Präparate ewig jung bleiben. Übrigens verstoßen solche Behauptungen seit einigen Jahren gegen ein Gesetz, das Versprechen verbietet, denen der wissenschaftliche Nachweis fehlt. Allerdings hat sich die Werbung auf dieses Gesetz geschickt eingestellt. Es gibt tausend Umschreibungen, mit denen man zwar nicht direkt verspricht: mit unserer XY-Creme sehen Sie auch als Achtzigjährige wie ein Backfisch aus; die aber doch durch geschickte Formulierungen und Fremdwörter wie zum Beispiel Regenerationscreme oder Collagencreme suggerieren, hier sei der Jungbrunnen im Cremetopf versteckt. Die Wirksamkeit solcher Werbung hat auch damit zu tun, daß das Jungsein heute geradezu zum Fetisch erhoben worden ist. Und das Erstaunlichste unter den verschiedenen Formen des Konsumverhaltens ist, daß an die Wirksamkeit eines Stoffes um so stärker geglaubt wird, je teurer er ist. Möglicherweise können solche Kosmetika tatsächlich helfen, denn — wie wir schon sagten — drücken sich auf der Haut auch psychologische Verfassungen aus. Wer also glaubt, daß ihm geholfen werde, kann das möglicherweise durch eine psychologisch wirkende Haltung auch seiner Haut mitteilen, die dann besser aussieht.

Wir haben uns nun gefragt, warum sollte nicht auch eine wesentlich billigere, selbstgemachte Creme oder Maske, deren einzelne Bestandteile man kennt und die vor allem keinerlei Konservierungsstoffe enthält, nicht ebenso positiv auf die Gemütsverfassung wirken und dazu noch günstige oder vielleicht sogar bessere biologische Wirkungen zeigen, als teure industriell gefertigte Kosmetika. Denn zur *Pflege* — das sollte nicht vergessen werden — sind Cremes auf jeden Fall nützlich, weil sie der Haut das nötige Fett und Wasser zuführen können. Nichts anderes wollen unsere verschiedenen Vorschläge bei Ihnen erreichen.

Gesichtsmasken können eine Wohltat für die Haut sein

Es gibt nur wenige Dinge in der Kosmetik, die so häufig der Gegenstand von Witzen sind, wie die Gesichtsmaske. Tatsächlich kann man damit eine Menge Hokuspokus treiben und übrigens damit auch einiges falsch machen. Wir haben uns deshalb von einem Kosmetologen, wie man die wissenschaftlich geschulten Experten dieses Faches nennt, beraten lassen. Antoine de Nobel aus Delft in Holland hat uns die beiden folgenden Rezepte empfohlen.

Eine Maske für trockene Haut
Diese Zutaten brauchen Sie:

10 bis 15 g geschlagene Sahne
1 halbes Eigelb
10 g Leinsamen (ganz fein gemahlen)

Den Leinsamen kann man in Apotheken oder Drogerien kaufen; zum Teil ist

er dann bereits grob gemahlen. Für unsere Zwecke muß er aber zu feinem Leinsamenmehl gemahlen werden, und das geht am besten mit einer Kaffeemühle mit rotierendem Messer.
Dieses Leinsamenmehl lassen Sie in etwas warmem Wasser kurz aufquellen. Dann rühren Sie das Eigelb und die Schlagsahne zusammen und vermischen beides anschließend zu einem Leinsamenbrei.
Zur Verbesserung des Rezeptes können Sie diesen Brei mit einem gehäuften

Teelöffel feingeriebenem grünem Apfel vermischen. Apfel enthält Pektin, das die Fähigkeit der Haut erhöht, Feuchtigkeit aufzunehmen. Und dies vor allem ist ja bei trockener Haut wichtig.
Die Sahne und der Leinsamen führen der Haut zugleich die beiden wichtigen Bestandteile Fett und Feuchtigkeit zu. Die Milchfett-Wasser-Mischung der Sahne sowie das Leinöl des Leinsamens nimmt die Haut besonders leicht auf.
Da der Grundstoff unserer Gesichtsmaske nur diese natürlichen Stoffe

Abb. 4: Bei der Herstellung der Substanz für eine Maske kommt es darauf an, daß alle Zutaten gut vermischt werden.

enthält und zum Beispiel keinerlei Konservierungsmittel, die schon einfach aus Lagerungsgründen in Industrieprodukten immer enthalten sind, ist diese Maske zur Gesichtspflege besonders gut geeignet. Sie hat überdies den Vorteil, daß beim Selbermachen möglich ist, was Sie bei gekauften Dingen niemals haben können: alle Bestandteile sind immer ganz frisch zusammengerührt.

Beim Auflegen der Maske sollten Sie sich helfen lassen. Wenn man es selber macht, gibt es doch eine ziemliche Kleckerei.

Schützen Sie zunächst die Haare mit einem Tuch, das Sie wie ein Stirnband binden. Vergessen Sie nicht, daß eine Maske nicht nur dem Gesicht guttut, sondern auch der für Alterungsprozesse besonders anfälligen Haut des Halses und bei Frauen auch des Dekolleté.

Die Gesichtsmaske wird von unten nach oben aufgetragen, wobei mit den Fingern eine ganz leichte Druckmassage ausgeführt wird.

Die Wirkung der Maske läßt sich noch verstärken, indem man über sie eine warme Kompresse auflegt. Ist alles aufgetragen, so sollten Sie sich wirklich entspannen und auch ein wenig Zeit lassen. 15 bis 25 Minuten ist die richtige Zeit. Danach wird die Maske mit warmem Wasser abgespült und anschließend eine Tagescreme einmassiert (ein Rezept dafür verraten wir später).

Das richtige Maß ist in der Kosmetik einer der wichtigsten Grundsätze. Er lautet hier: Man sollte eine Maske nicht zu oft auflegen; höchstens alle 8 Tage, besser aber noch alle 14 Tage genügt vollkommen. Den richtigen Zeitpunkt werden Sie selbst am besten herausbe-

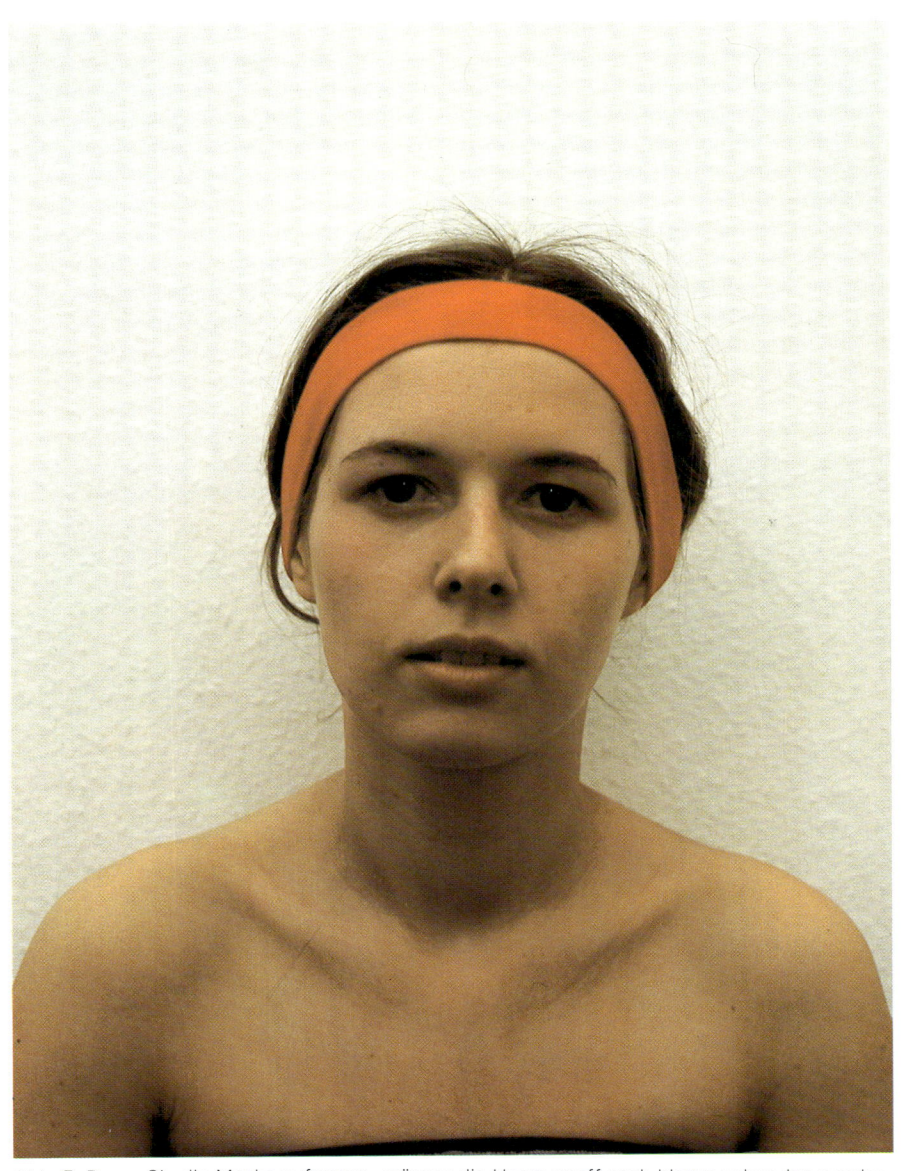

Abb. 5: Bevor Sie die Maske auftragen, müssen die Haare straff nach hinten gebunden werden.

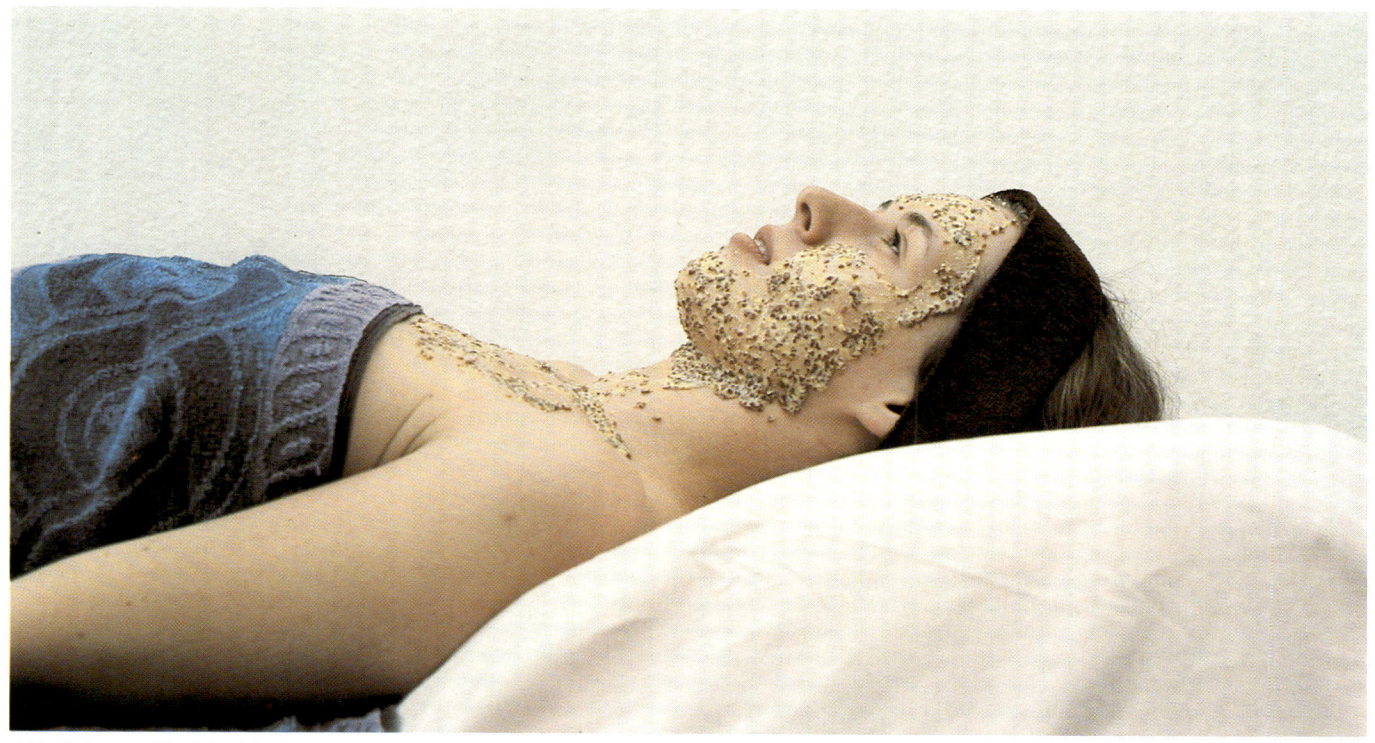

Abb. 6: Lassen Sie sich nicht dadurch schrecken, daß eine Maske nicht gerade der Gipfel der Schönheit ist. Schön sehen Sie erst hinterher aus.

kommen, er ist vor allem dann gegeben, wenn man sich einmal so richtig „daneben'' fühlt oder auch einmal besonders frisch aussehen möchte. Übrigens: Männer genieren sich in der Regel, Cremes und andere Kosmetika zu benutzen. Und eine Maske wird für die meisten ohnehin „das Letzte'' sein. Wir meinen, daß das falsche Vorstellungen sind, denn Körperpflege hat nicht nur mit Eitelkeit zu tun, sondern dient schlichtweg der Gesunderhaltung des Körpers. Wer es also richtig findet, seinen Kreislauf durch Waldläufe fit zu halten, sollte nichts dabei finden, auch seine Haut als eines der wichtigsten Organe des Körpers gesund und frisch zu halten, solange es nur irgend geht. Diese Regel gilt für Frauen ebenso wie für Männer.

Eine Maske für fette Haut

Dazu brauchen Sie:

1 halbes Eiweiß (zu Eischnee geschlagen)
10 g Kaolin oder Heilerde
1 Messerspitze Schwefelpulver
10 Tropfen Zitronensaft

Eiweiß wirkt — wie der Fachmann sagt — *adstringierend*, das heißt, es zieht die Haut zusammen und verkleinert dabei die Poren. Kaolin oder Heilerde ziehen das überschüssige Fett aus den Hautporen. Und das Schwefelpulver schließlich wirkt desinfizierend; es hilft also, die durch überschüssiges Fett in der Haut oft geförderte Entzündungsneigung zu verringern. Der Zitronensaft wirkt wie das Eiweiß ebenfalls adstringierend, und er beeinflußt zusätzlich den Säurefilm der Haut günstig.

Es könnte sein, daß Sie Schwierigkeiten haben, Kaolin zu bekommen. Kaolin ist reinste Tonerde, die man zum Beispiel auch bei der Porzellanherstellung verwendet. Bekommen Sie Kaolin nicht, dann tut es auch Heilerde.

Alle genannten Zutaten werden zu einem Brei verrührt und dann wie oben beschrieben als Maske aufgelegt.

Masken für normale Haut

Wir sagten schon, daß es sogenannte normale Haut kaum gibt. Unsere folgenden Rezepte eignen sich aber auch für Mischhaut, die recht verbreitet ist.

Für normale Haut, die dazu neigt, leicht *trocken* zu werden, oder für Haut, die durch Umwelteinflüsse stark ausgetrocknet ist, gilt folgendes Rezept:

3	bis 4 Eßlöffel Hafermehl (man erhält es normalerweise in Reformhäusern; sollten Sie es dort nicht bekommen, dann müssen Sie versuchen, Haferflocken in der Kaffeemühle zu Mehl zu vermahlen, wie wir es beim Leinsamen beschrieben haben)
1	bis 2 Eßlöffel frische Sahne

Hafermehl und Sahne werden zu einem streichfähigen Brei verrührt. Aufgetragen wird die Maske wie oben beschrie-

ben. Sie wirkt erfrischend und reinigend. Sie ist übrigens auch für trockene Haut geeignet.

Für normale Haut, die dazu neigt, *fettig* zu werden, oder für Mischhaut dieses Rezept:

3	bis 4 Eßlöffel Hafermehl (siehe oben)
2	Eßlöffel heiße Milch
1	paar Tropfen Zitronensaft

Auch hier alle Bestandteile wieder gut zusammenrühren. Die Maske soll möglichst heiß aufgetragen werden. Sie wirkt reinigend und fördert die Durchblutung. Sie ist für unreine Haut besonders gut geeignet, wenn man noch eine Messerspitze Schwefelpulver hinzufügt.

Wie stellt man Cremes her?

Zuvor ein wenig Chemie

Die Freunde der Hobbythek wissen es: Bei uns wird nicht nur gerührt, genagelt, gelötet, geflogen und was sonst noch alles gemacht, sondern es wird auch erklärt, was dabei alles passiert. So auch hier. Wir wollen ja gerade nicht, daß Sie gläubig vor Ihrem Cremetöpfchen stehen und auf das große Wunder hoffen, sondern daß Sie wissen, was zum Beispiel eine Creme zu leisten vermag und was nicht; und nicht zuletzt, warum sie es leistet.

Eine *Creme* besteht in der Regel aus Fett und Wasser. Ist kein Wasser enthalten, dann spricht man von einer *Salbe*.

Das Problem mit der Mischung von Fett und Wasser

Es ist eine bekannte Tatsache, daß *Wasser* und *Fett* sich ohne Tricks nicht mischen lassen. Und das ist auch das Problem der Cremeherstellung. Es müssen zwei Eigenarten der Natur überlistet werden, die zum Beispiel bewirken, daß Öl auf Wasser schwimmt, weil sein spezifisches Gewicht etwa 30 Prozent geringer ist als das des Wassers. Rührt man beide Substanzen kräftig durcheinander, dann erreicht man zwar, daß das Öl sich in kleinen Bläschen eine Zeitlang im Wasser hält; es dauert aber nicht lange, und beide Stoffe sind wieder fein säuberlich voneinander getrennt. Man erlebt das ja immer wieder zum Beispiel bei einer Salatsoße aus Öl und Essig.

Eine besondere innige Mischung von Wasser und Öl nennt man eine *Emulsion*. Wohlgemerkt, dabei handelt es sich nicht um eine Lösung zum Beispiel des Fettes im Wasser, sondern um eine besonders stabile Mischung.

Solche Emulsionen gibt es auch in der Natur. Die Milch gehört zum Beispiel dazu. In Form von Sahne enthält sie sogar besonders viel Fett. Milch oder Sahne sind geradezu ideale Emulsionen, die in dieser Perfektion kaum nachzuahmen sind. Sie entstehen durch einen in der Milch enthaltenen Stoff, der die Ölteilchen zugleich bindet und sie den Wasserteilchen anlagert. Er bildet gewissermaßen eine Brücke zwischen Öl und Wasserteilchen. Diesen Stoff nennt man einen *Emulgator*.

Die Wirkung dieser in der Natur vorkommenden Emulgatoren nutzt man auch bei der industriellen Herstellung von Emulsionen. Seifen und Waschmittel sind zum Beispiel solche Emulgatoren. Die reinigende Wirkung der Seife beruht im wesentlichen darauf, daß sie die Fettpartikel umhüllt und so zwar nicht wasserlöslich macht, aber doch von Wasser leicht wegschwemmen läßt. Auf diese Weise löst Seife oder Waschmittel zum Beispiel fetthaltigen Schmutz beim Waschen ab. Selbst wenn es gelingen würde, fetthaltigen Schmutz mit reinem Wasser vollständig abzuspülen, würde das Fett immer noch lästig sein, weil es in Form von Fettaugen auf dem Spülwasser schwimmen würde.

Sie können diese Wirkung mit einem kleinen Versuch selbst nachprüfen. Schütten Sie in ein Glas Wasser einige Tropfen Öl. Sie werden sehen, daß das Öl auf der Oberfläche schwimmt und sich auch nach kräftigem Rühren dort immer wieder sammelt. Geben Sie jetzt zum Beispiel ein Spülmittel zu und rühren um, dann wird sich das Wasser leicht trüben, was ein Zeichen dafür ist, daß sich das Öl in feinsten Tröpfchen im Wasser verteilt hat. Auch das Spülmittel ist ein Emulgator.

Nun wäre es bei der Herstellung einer Creme alles andere als gut für die Haut, wenn man als Emulgator Seife oder ein Spülmittel zugeben würde. Wenn Sie nämlich längere Zeit auf die Haut einwirken, dann greifen sie die Hautzellen an. Diese Emulgatoren auf alkalischer Basis, die der Fachmann Ionogen-Emulgatoren nennt, wirken aggressiv. Das merken alle, die häufig spülen oder waschen müssen. Ihre Haut leidet, weil der wichtige Säure- und Fettmantel der Haut durch die alkalischen Substanzen angegriffen wird.

Bei Kosmetika verwendet man deshalb *neutrale Emulgatoren,* und das haben wir bei unseren Rezepten berücksichtigt.

Kommt nun das Öl ins Wasser oder das Wasser ins Öl?

Es gibt verschiedene Arten von Emulsionen. Die Milch zum Beispiel ist eine *Öl-in-Wasser-Emulsion.* Genauer gesagt ist das Öl hier Fett, und noch genauer ist es Butter. Sie ist im Wasser in feinsten Teilchen verteilt. Wasser ist also die tragende Substanz oder, wie Fachleute sagen, die „innere Phase".

Die andere Emulsionsart ist die *Wasser-in-Öl-Emulsion.* Auch hier kann man für Öl Fett setzen. Bei dieser Emulsionsart schwimmen feinst verteilte Wassertröpfchen im Öl.

Bei kosmetischen Cremes kann man beide Emulsionsarten finden. Wenn Sie wissen wollen, aus welcher Emulsionsart Ihre Creme besteht, dann brauchen Sie nur ein wenig Creme auf den Finger zu streichen und Wasser darüber laufen zu lassen. Wäscht sich die Creme

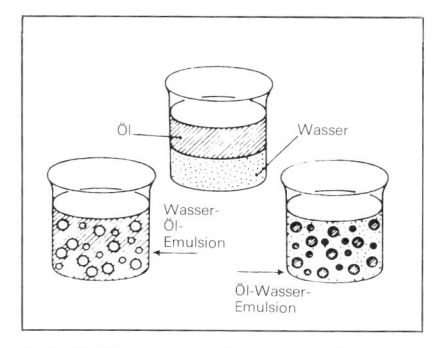

Abb. 7: Die verschiedenen Emulsionsarten.

dabei von selbst ab, dann haben Sie den Emulsionstyp Öl-in-Wasser. Wird sie nicht vom Wasser abgewaschen, dann den Typ Wasser-in-Öl. Welcher Typ sich für welchen Zweck am besten eignet, ist schwer zu sagen. Fetthaltigere Cremes sind meistens vom Wasser-in-Öl-Typ, fettärmere, stärker wasserhaltige Cremes oft vom Typ Öl-in-Wasser.

Eine Reinigungscreme oder -milch sollte allerdings immer vom Typ Öl-in-Wasser sein; denn wie sollte eine solche Creme reinigen, wenn man sie nicht mit Wasser abwaschen kann?

Die Rezepte der Alten kommen wieder zu Ehren

Als wir uns mit den theoretischen Grundlagen der Kosmetik beschäftigten, stießen wir in der „Kosmetologie" von J. Stephan Jellinek (vgl. hinten das Literaturverzeichnis) auf einen interessanten Hinweis. Dort werden auf Seite 211 zwei Rezepte angegeben, deren Formeln aus dem Mittelalter stammen sollen und die aus einer Vorschrift abgeleitet seien, die zumindest aus dem 2. Jahrhundert stammt oder sogar noch älter ist. Es heißt da: „Immer wieder findet man in der kosmetischen — und vor allem auch in der medizinischen — Literatur die Bemerkung, daß die klassischen Coldcremes (darauf gehen wir gleich noch ein) eigentlich die idealen Hautcremes sind, die auch den kompliziertesten modernen Cremes vorzuziehen sind."

Dieser Satz wurde uns von Medizinern bestätigt. Bestätigt wurde uns auch der Hinweis des Buches: „Leider sind diese

Rezepte für die moderne kosmetische Industrie unbrauchbar, da die Beständigkeit viel zu gering ist."

Damit war unsere Neugier geweckt, diese Rezepte doch einmal auszuprobieren. Wichtiger Bestandteil der Rezepte sind zunächst *feste Fette*; und zwar *Bienenwachs* und *Walrat*.

Walrat ist ein besonders hautfreundliches Fett, das man aus der Stirnhöhle des Wals gewinnt.

Weitere Bestandteile dieser alten Rezepte sind *Mandelöl* als ein flüssiges Fett und als Parfüm *Rosenöl*. Natürlich spielt auch *Wasser* eine Rolle.

Wir rührten nun die Stoffe nach Vorschrift zusammen und stellten fest, daß es tatsächlich außerordentlich schwierig ist, Fett und Wasser zu einer einigermaßen haltbaren Emulsion zu mischen. Daß es überhaupt ohne zusätzliche Emulgatoren leidlich klappte, lag vor allem daran, daß sowohl Bienenwachs wie Walrat von Natur aus gewisse emulgierende Eigenschaften haben.

Als wir einmal soweit waren, wollten wir es nun ganz genau wissen. Wir versuchten, auf der Basis dieser natürlichen und im übrigen recht wohlriechenden Stoffe das Rezept weiterzuentwickeln. Wir fügten eine Substanz hinzu, die im Prinzip bereits in kleinen Mengen in Walrat enthalten ist. Sie verbesserte die Beständigkeit der Creme erheblich, denn sie hat recht günstige emulgierende Eigenschaften. Es handelt sich um *Cetyl-Alkohol*, der allerdings mit dem klassischen Alkohol nur wenig zu tun hat. Cetyl-Alkohol ist nicht flüssig, sondern fest; und auch betrunken kann man davon nicht werden. Man nennt diesen Stoff Alkohol,

Abb. 8: Das sind die Zutaten für eine Creme ohne „Chemie".

weil er chemisch mit dem trinkbaren Äthyl-Alkohol verwandt ist.

Wir haben schließlich über 100 Variationen dieses Grundrezepts ausprobiert. Über einen Zeitraum von mehr als 3 Monaten überprüften wir die Stabilität der entstandenen Creme, ihre kosmetische Wirkung, ihr bakteriologisches Verhalten und so weiter. Dabei dienten uns freundliche WDR-Mitarbeiter als Versuchskaninchen.

Bei allen Versuchen wurde besonders darauf geachtet, daß Hautallergien weder gefördert wurden noch entstehen konnten. Auf diese Weise haben wir zum Beispiel das in der Werbung oft hochgelobte *Lanolin* ausgeschieden, weil es aus Schafwolle gewonnen wird und Wollfettalkohole enthält, auf die manche Menschen allergisch reagieren. Wir glauben, daß schließlich Rezepte gefunden wurden, die sich vor den industriell hergestellten Cremes nicht zu verstecken brauchen.

Sicher ist die Beständigkeit unserer Cremes vor allem unter Extrembedingungen nicht so groß wie die von gekauften Kosmetika. Aber das ist hier auch nicht nötig, denn unsere Cremes lassen sich ja immer wieder neu herstellen und brauchen in der Regel nicht länger als 3 bis 4 Wochen zu halten.

Unsere Cremes enthalten keine Konservierungsstoffe

Die uns unterstützenden Wissenschaftler haben immer wieder betont, daß versucht werden sollte, ohne *Konservierungsstoffe* auszukommen. Die Industrie kann auf sie nicht verzichten, weil unkonservierte Cremes auch bei besten Zutaten und sorgfältigster Herstellung kaum länger als 3 bis 4 Wochen haltbar bleiben. Im Kühlschrank schafft man vielleicht sogar 6 Wochen. In dieser Zeit haben Cremes oft noch nicht einmal den Verkaufsladen erreicht. Deshalb hat der Gesetzgeber strenge Vorschriften über die Haltbarkeit von Kosmetika erlassen. Die Hersteller können ihnen nur nachkommen, wenn sie hohe Dosen von Konservierungsstoffen zusetzen. Das sind in der

Regel *Benzoesäure* oder *Formaldehyd*. Diese Stoffe finden Sie auch in leicht verderblichen Nahrungsmitteln.

Hobby-Kosmetika können auf solche Stoffe verzichten; und wenn Sie ein paar hygienische Regeln beachten, erreichen Sie für Ihre Zwecke ausreichend lange Haltbarkeitszeiten.

Wer auf Konservierungsmittel verzichten kann, ist schon allein deshalb fein dran, weil diese Mittel häufig Allergien auslösen oder zumindest fördern. Außerdem wird das biologische Gleichgewicht der Haut durch sie leicht gestört. Die unbehandelte Haut nämlich wird mit Krankheitserregern in der Regel schon deshalb fertig, weil sie im steten Kampf mit ihnen genügend Abwehrstoffe entwickelt hat. Diese Abwehrkraft verliert die Haut, wenn sie diesen Kampf nicht mehr auf sich nehmen muß. Und das muß sie zum Beispiel nicht, wenn Cremes mit Konservierungsstoffen verwendet werden, die ihrer Aufgabe entsprechend Fäulnisbakterien und damit auch Krankheitserreger abtöten.

Mit einem Wort: Konservierungsstoffe sind gut für die Creme, aber schlecht für die Haut; oder umgekehrt: was gut ist für die Haut, ist meistens schlecht für die Creme.

Aus diesem Dilemma versuchten in letzter Zeit einige Spezialfirmen auszubrechen, indem sie versuchten, sterilisierte Cremes ohne chemische Konservierungsstoffe herzustellen. Diese Cremes verhalten sich praktisch wie Eingemachtes. Sobald man die Dose öffnet, muß der Inhalt schnell verbraucht werden.

Geräte, die Sie zur Cremeherstellung brauchen

Einen großen Topf, der für ein Wasserbad geeignet ist.
Mehrere Löffel, möglichst aus Edelstahl und langstielig (sogenannte Joghurtlöffel)
Marmeladengläser mit Deckel
Mehrere leichte Plastikbecher (zum Beispiel Joghurtbecher)
Papierküchentücher zur Reinigung

1 bis 2 leere kleine Cremetöpfchen, in die etwa 50 g hineinpassen (sie müssen vorher absolut sauber gewaschen sein und mit kochendem Wasser gespült werden)
1 Einmachthermometer (sofern Sie kein einigermaßen sicheres Temperaturgefühl haben)
1 Briefwaage

Abb. 9: Mehr als hier gezeigt brauchen Sie nicht zur Creme-Herstellung.

Vorweg eine wichtige Regel: Bei der Cremeherstellung muß es absolut sauber zugehen. Aber auch bei der späteren Benutzung sollten Sie zum Beispiel nicht mit schmutzigen Händen in den Cremetopf fassen, weil sonst die ganze Sauberkeit am Anfang wenig nützt.

An Geräten braucht man eigentlich kaum mehr als das, was in einer Küche ohnehin vorhanden ist.

Der Trick der Hobbythek: wie man mit den kleinen Mengen zurechtkommt

Wir wollen ja Cremes ohne Konservierungsstoffe herstellen; und das heißt: was wir da anrühren, sollte die Menge für 2 bis 4 Wochen sein, denn das ist etwa der Haltbarkeitszeitraum von unkonservierten Cremes. In dieser Zeit braucht man 30 bis 50 g. Eine so geringe Gesamtmenge an Creme würde zum Beispiel bei unserem ersten Rezept einer Coldcreme folgende Mengen der einzelnen Zutaten bedeuten:

3,5 g Wachs
3,5 g Walrat
0,5 g Cetylalkohol
30 g Mandelöl
12,5 g Wasser

Da braucht man sich nur die Zahlen anzugucken, um zu sehen, daß es hier mit dem Abwiegen mit Sicherheit Probleme gibt.

Versuchen Sie einmal, beispielsweise 0,5 g Cetylalkohol abzuwiegen. Bei unseren Cremes kommt es vielleicht auf ein Zehntelgramm nicht an; aber ungefähr müssen die Mengen schon stimmen.

Wir stellen die Grundbestandteile auf Vorrat her

Wie hilft man sich nun aus dieser Klemme, da es für den Laien praktisch unmöglich ist, derartig geringe Mengen einigermaßen genau abzuwiegen? Da haben wir in der Hobbythek einen Ausweg gefunden, auf den wir ein bißchen stolz sind und der kurz in folgendem besteht.

Wir haben uns überlegt, daß Fett oder Öl recht haltbar gegen Verderben sind und daß destilliertes Wasser — luftdicht abgeschlossen — überhaupt nicht bakterienverseucht und damit faulig werden kann. Das Problem besteht nur darin, daß Fett und Wasser erst zusammengerührt anfällig für Fäulnisprozesse werden. Der Schluß liegt nahe, die fettigen und wäßrigen Bestandteile jeweils *getrennt* in größeren Mengen herzustellen und aufzubewahren.

Die sogenannte *Fettphase* — die im Beispielfall aus Wachs, Walrat, Cetyl-

Abb. 10: Die fertige und festgewordene Fettphase.

alkohol und Mandelöl besteht — können wir nun ruhig in 10- bis 20facher Menge herstellen; denn etwa 1 Jahr kann man diese fertig zubereitete Fettphase im Kühlschrank problemlos aufheben.

Rühren Sie also die Fettphase für etwa einen Jahresbedarf zusammen, füllen Sie sie in ein dicht verschließbares Marmeladenglas und stellen Sie das Ganze in den Kühlschrank. Sie wird dort etwa die Konsistenz von Butter oder Margarine erhalten. Wenn Sie nun alle 2 bis 4 Wochen frische Creme zubereiten wollen, dann brauchen Sie nur die entsprechende Menge Fettphase dem Glas zu entnehmen, auf etwa 80 Grad zu erhitzen und mit warmem destillierten Wasser in vorgeschriebener Menge zu mischen.

Das Schlimmste, was Ihnen passieren kann, ist, daß die Fettphase leicht ranzig wird. Das würde aber immer noch nicht bedeuten, daß die Haut Gefahr läuft, infiziert zu werden. Etwa in das Fett gelangte Bakterien würden — da es auf 80 Grad erhitzt werden muß — auf jeden Fall abgetötet.

Aber nun geht es endlich an die Herstellung der ersten Creme.

Cremes à la Hobbythek

Beginnen wir mit einer sogenannten Nachtcreme: der Coldcreme à la Hobbythek.

Coldcreme

Weiter vorne haben wir schon gesagt, daß wir auf ein Rezept aus dem zweiten Jahrhundert gestoßen sind. Es liegt dieser Coldcreme zugrunde. Sie eignet sich besonders gut als *Nachtcreme*, da

sie einen relativ hohen Fettanteil besitzt. Zu ihrem seltsamen Namen Coldcreme (cold = kühl) ist sie deshalb gekommen, weil sie auf der Haut angenehm kühl wirkt.

Die Beständigkeit dieser Creme ist nicht allzu groß; sie reicht für etwa 2 bis 4 Wochen. Dafür hat diese Creme aber auch einen Vorteil: Sie können alle Zutaten dafür in Apotheken oder Drogerien bekommen.

Beginnen Sie zunächst mit der Zubereitung der *Fettphase*. Die hier angegebenen Mengen ergeben das Fett für etwa 6 Töpfchen mit jeweils 50 g fertiger Creme; also ausreichend für den Zeitraum der Haltbarkeit. Wenn Sie am Anfang noch etwas unsicher sind, können Sie natürlich die Mengen auch halbieren; sie lassen sich dann immer noch einigermaßen genau abwiegen.

Zutaten für die Fettphase

20 g	Bienenwachs (wenn Sie weiße Creme haben wollen, dann müssen Sie gebleichtes weißes Wachs nehmen; mit dem gelben Naturbienenwachs erzielen Sie eine gelbliche Creme)
20 g	Walrat
3 g	Cetylalkohol
180 g	Mandelöl (wenn Sie etwas ganz Besonderes haben wollen, dann können Sie auch die gleiche Menge des etwas teureren Avocadoöls nehmen).

Zum Abwiegen benutzen Sie am besten einen Plastikbecher (Joghurtbecher). Dann haben Sie keine Probleme

mit einer Briefwaage, die nur ein paar 100 g abwiegen kann; ein schwereres Gefäß würde den ganzen Wiegebereich schon allein ausnutzen.

Geben Sie nun alle Zutaten in ein Marmeladenglas, das in ein heißes Wasserbad gestellt ist. Bei einer Temperatur von etwa 80 Grad ist alles geschmolzen und läßt sich leicht zusammenrühren. Sobald eine glatte Masse entstanden ist, können Sie alles abkühlen und erstarren lassen.

Wenn Sie das Abkühlen beschleunigen wollen, dann können Sie das Glas mit den heißen Zutaten auch in kaltes Wasser stellen. Allerdings müssen Sie dann eifrig weiterrühren, damit die Bestandteile gut gemischt bleiben. Sobald alles in einen zähflüssigen Zustand übergeht, können Sie mit dem Rühren aufhören; zu einer Trennung der Teile kommt es dann nicht mehr.

Zum Schluß das Glas gut verschließen, und wenn es völlig abgekühlt ist, in den Kühlschrank stellen.

Sie haben jetzt die fertige Fettphase, und das ist eine durchaus appetitlich riechende Substanz, mit der Sie nun etwa ein halbes Jahr auskommen.

Abb. 11: Beim Rühren dürfen Sie nicht die Geduld verlieren.

Bevor Sie jetzt die einzelnen Substanzen abwiegen, sollten Sie ein geeignetes kleineres Gefäß in ein Wasserbad stellen und auf etwa 80 bis 85 Grad erhitzen. In diesem Gefäß werden die beiden Hauptbestandteile der Coldcreme zusammengerührt. Wiegen Sie nun 30 g der Fettmischung ab und tun Sie sie in das angewärmte Gefäß.

Dann wiegen Sie — am besten in einem Plastikbecher — 12,5 bis 20 g destilliertes Wasser ab, das zunächst separat auf etwa 80 Grad erhitzt wird. Übrigens noch ein Wort zum *destillierten Wasser*: Das sollten Sie auf jeden Fall — da ja nicht riesige Mengen gebraucht werden — in der Apotheke oder Drogerie kaufen. Destilliertes Wasser, das man zum Beispiel zum Nachfüllen der Autobatterie an der Tankstelle bekommt, erfüllt in der Regel nicht die Anforderungen, die an das Wasser für eine Creme zu stellen sind.

Rühren Sie jetzt die Fettphase in dem warmen Topf glatt und lassen Sie das Ganze auf etwa 75 Grad abkühlen. Unter eifrigem Rühren wird nun das Wasser in das flüssig gewordene Fett gemischt; und das erreichen Sie nur, indem Sie rühren, rühren und wieder rühren. Dabei sollten Sie sich durch nichts stören lassen. Hören Sie erst auf, wenn die Creme erkaltet ist, was bei der Coldcreme ruhig etwas beschleunigt werden kann, indem man zum Beispiel das Gefäß in kühleres Wasser stellt. Sollte die Creme dabei gerinnen, dann ist das nicht weiter tragisch. Sie müssen sie dann nur wieder anwärmen und von vorn beginnen.

Kurz bevor die Creme völlig erkaltet ist, können Sie einen Tropfen Parfüm einrühren. Bei der Wahl des Parfüms sollten Sie ganz von Ihrem eigenen Geschmack ausgehen. Wenn Sie da noch nicht festgelegt sind, empfehlen wir Ihnen zum Beispiel echtes Rosenöl, wobei freilich gesagt werden muß, daß es nicht ganz billig ist.

Das geduldige Rühren bei der Cremeherstellung ist deshalb so wichtig, weil wir keine Emulgatoren oder ähnliches benutzen; die Creme soll ja nur aus natürlichen Bestandteilen bestehen. Andererseits muß auch hier das Wasser in möglichst mikroskopisch kleinen Tröpfchen mit dem Fett vermischt werden, und das geht eben nur, indem man rührt.

Zum Schluß wird die fertige Creme in ein Töpfchen abgefüllt, das möglichst nicht viel größer sein soll als die angerührte Menge. Wenn Sie das Töpfchen leicht auf einer Unterlage aufklopfen, dann wird die Oberfläche der Creme schön und glatt, und die größeren

Abb. 12: Auch bei einer selbstgemachten Creme darf die Verpackung ruhig etwas „hermachen". Sie wissen ja, daß das schöne Drum und Dran hier nicht etwas Wertloses wertvoll machen soll, sondern zu einem Produkt gehört, dessen Qualität Sie selbst bestimmt haben.

Luftblasen, die sich durch das Rühren gebildet haben, entweichen. Und zum Schluß nicht vergessen: Das Töpfchen gut verschließen. Tun Sie das auch immer, wenn Sie Creme aus dem Topf genommen haben, damit keine Bakterien in die Creme kommen können. Sie wissen ja, wir haben sie ohne Konservierungsmittel hergestellt.

Die Tagescreme Hobbytique

Während die Coldcreme nur etwa 25 bis 40 % Wasser aufnehmen kann, soll unsere Tagescreme einen wesentlich höheren Feuchtigkeitsgehalt bekommen. Denn die Haut braucht — wie wir oben schon gesagt haben — mindestens ebenso dringend Feuchtigkeit wie Fett.

Beim Experimentieren sind wir immer noch von dem mittelalterlichen Rezept ausgegangen, auf dem auch die Coldcreme aufbaut. Allerdings haben wir hier mit einigen Hilfen der modernen Chemie experimentiert, wobei darauf geachtet wurde, daß keine problematischen Stoffe in die Creme kommen. Die Mischung, die wir gefunden haben, ist geradezu ideal für Leute, die ihre Creme selber machen wollen. Die Creme wird glatt, ohne daß zum Beispiel ein aufwendiges Gerät (wie etwa der Homogenisator) benutzt werden muß, wie es in der Industrie üblich ist. Mit Hilfe solcher Maschinen gelingt es, Öl bzw. Fett und Wassertröpfchen innig miteinander zu verbinden (Homogenisator kommt von homogen = gleichmäßig).

Bei dieser Creme muß allerdings ein *Emulgator* benutzt werden, was die Qualität der Creme aber keineswegs einschränkt. Die von uns benutzten Emulgatoren sind völlig ungiftig; sie werden zum Beispiel in Zahnpasten und in Amerika sogar in Lebensmitteln wie zum Beispiel in Kaugummi verwendet. Es handelt sich um einen Stoff, der dem Zucker sehr verwandt ist: ein sogenanntes *Sorbitan*.

Dieser Stoff wird auch von Apothekern zum Anrühren von Arzneicremes oder Salben verwendet. Im Handel ist er unter dem Namen *Tween* und *Span* bekannt. Es gibt davon verschiedene Sorten, zum Beispiel Tween 20, 40, 60, 80 usw. oder Span 20, 40, 60, 80, 85 usw.

Wir haben mit den verschiedensten Sorten experimentiert und kamen schließlich zu dem Ergebnis. daß unser Rezept nur mit einer Kombination von *Tween 60* und *Span 60* zu guten Ergebnissen führt.

Alle anderen Substanzen kennen Sie bereits aus der Coldcreme; also Bie-

Abb. 13: Zwei Emulgatoren, die die Qualität Ihrer Creme nicht beeinträchtigen.

nenwachs, Walrat, Cetylalkohol und Mandel- bzw. Avocadoöl. Der Wasseranteil kann bei dieser Creme von 50% — dann bekommt man eine relativ feste Creme — bis 75 oder 80% gesteigert werden. Bei so hohem Wasseranteil erhält man eine sehr flüssige Creme, die in ihrer Konsistenz an Niveamilch oder vergleichbare Kosmetika erinnert. Man kann sie deshalb auch sehr gut als Reinigungsmilch verwenden, weil in dieser Milch der Emulgator wie eine extrem milde Seife wirkt.

Zunächst wird wieder die Fettphase zubereitet.
Dazu brauchen wir:

10 g	weißes Bienenwachs
5 g	Walrat
10 g	Cetylalkohol
150 g	Mandelöl oder
	Avocadoöl
	und als Emulgatoren:
15 g	Span 60
10 g	Tween 60

Es kann sein, daß Sie Tween 60 und Span 60 nicht in jeder Apotheke bekommen. Gute Apotheken können Ihnen allerdings beide Stoffe besorgen. Wenn Sie gar kein Glück haben sollten, dann können Sie sich an eine Firma wenden, die auf Seite 177 genannt ist und die zugleich einen Set mit sämtlichen nötigen Bestandteilen und sogar einigen Gerätschaften anbietet.
Aus der Fettphase können Sie — je nach Wasseranteil — entweder 400 g Creme oder 800 g Reinigungsmilch herstellen.
Die Fette und das Öl sowie die Emul-

gatoren erhitzen Sie wie bei der Coldcreme auf etwa 80 bis 85 Grad; dann schmelzen die fettigen Bestandteile. Wenn alles gut vermischt ist, können Sie das Gefäß in kaltes Wasser stellen und die Masse unter ständigem Rühren abkühlen lassen. Die fertige Fettphase wird dann in einem Glas verschlossen und als Vorrat für Ihre Tagescreme in den Kühlschrank gestellt.

Die eigentliche Tagescreme Hobbytique wird angerührt
Ganz gleich, ob Sie nun eine *Creme* oder eine *Reinigungsmilch* herstellen wollen: Sie brauchen auf jeden Fall 20 g von der Fettphase. Soll es eine Creme werden, dann kommen dazu 20 bis 30 g Wasser. Das Ergebnis ist dann eine Creme mit 50 bis 60% Wasseranteil. Soll es hingegen eine Reinigungsmilch werden, dann müssen Sie 40 bis 60 g Wasser abwiegen, was eine Milch mit 66 oder 75% Wasser ergäbe. Fettphase und Wasser werden zunächst wieder getrennt auf 80 bis 85 Grad erhitzt. Dann können Sie sicher

sein, daß sämtliche möglicherweise vorhandenen Bakterien abgetötet sind. Dann lassen Sie beides wieder auf rund 70 Grad abkühlen und gießen unter ständigem Rühren das Wasser tropfenweise in das Fett. Sie können den Rührprozeß auch hier wieder vorsichtig beschleunigen, indem Sie das Rührgefäß von Zeit zu Zeit kurz einmal in kühles Wasser halten. Aufhören mit dem Rühren können Sie aber erst, wenn die Creme völlig kalt ist. Es macht nichts, wenn sie zunächst noch relativ dünnflüssig ist, denn sie festigt sich erst nach 1 bis 2 Tagen.
Auch hier können Sie wieder nach Geschmack parfümieren.
Unsere Creme hält sich im Kühlschrank bis zu vier Wochen frisch, und sie ist — abgesehen von der geringen Haltbarkeit — mit industriell hergestellten Produkten in jeder Hinsicht vergleichbar. Sie hat den Vorteil, daß sie mit einem Minimum von chemischen Zusätzen und ohne jede Konservierungsmittel hergestellt ist.

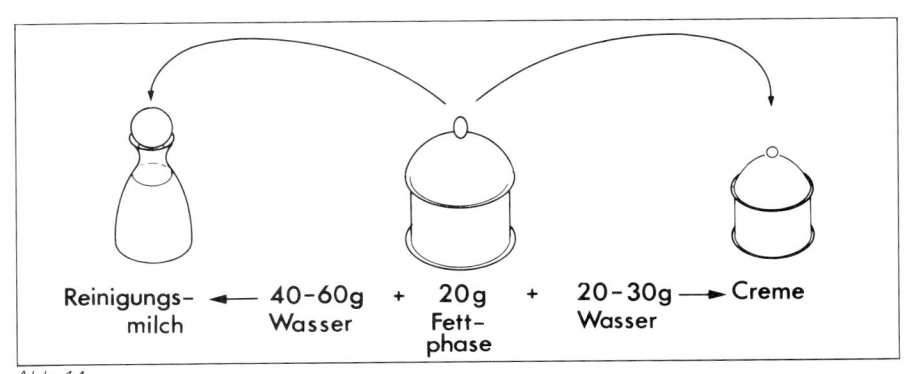

Abb. 14

Die Creme Hobbytique spezial

Diese Creme haben wir in unserer Sendung nicht vorgeführt; sie läßt sich aber leicht herstellen, und sie hat den Vorteil, daß sie auch für diejenigen seltenen Menschen geeignet ist, die gegen Bienenwachs allergisch sind. Die Creme besteht in der Hauptsache aus Öl und Wasser und einem Emulgator. Dies sind die Zutaten:

7,5 g	Cetylalkohol
150 g	Mandel- oder Avocadoöl
15 g	Span 60
10 g	Tween 60

Die Fettphase wird bei dieser Mischung — weil das Bienenwachs fehlt — relativ weich. Fett und Öl können sich deshalb auch nach dem Zusammenrühren der Fettphase leicht trennen. Deshalb sollten Sie die Fettphase vor dem Rühren der Creme noch einmal für sich gut durchrühren.

Das Herstellen der Fettphase wie die Mischung der eigentlichen Creme geht ebenso wie oben bei den anderen Cremes bereits beschrieben. Als Mengen brauchen Sie 20 g Fettphase, die mit 30 g destilliertem Wasser zu mischen ist.

Wenn Sie Ihre Creme konservieren wollen . . .

Wer aus irgendwelchen Gründen nicht alle 4 Wochen eine Creme rühren kann, für den gibt es auch ein Konservierungsmittel. An Stelle des destillierten Wassers nimmt man die gleiche Menge einer Flüssigkeit mit dem komplizierten Namen *Aqua conservans Stada*. Das ist ein Konservierungswasser, das man in der Apotheke bekommt und das auch nicht teuer ist. In ihm sind relativ harmlose Konservierungsstoffe (Nepagen und Nipasol) in der richtigen Dosierung enthalten.

Duftende Wässer

Kosmetik besteht nicht nur aus Cremes, sondern aus noch verschiedenen anderen, meist recht gut duftenden Dingen. Auf alles können wir hier nicht eingehen, aber auf einiges doch. Und dazu gehört zum Beispiel ein gutes *Eau de Toilette*. Toilettenwasser heißt das auf deutsch, und es ist verwandt mit dem sogenannten *Eau de Cologne*. Eau de Toilette und Eau de Cologne unterscheiden sich im wesentlichen durch ihre Konzentration. Das konzentrierteste ist das *Parfüm*. Eine noch nicht sehr starke Verdünnung davon nennt man *Eau de Toilette* und eine noch stärkere Verdünnung *Eau de Cologne*. Zur Verdünnung dient im wesentlichen reiner Alkohol und eine geringe Menge destilliertes Wasser.

Der Alkohol in diesen Mischungen wirkt kühlend und erfrischend und er zieht auch die Haut ein wenig zusammen. Außerdem wirkt er keimtötend. Aufpassen müssen aber alle, die Alkohol auf der Haut nicht gut vertragen. Das kommt zwar recht selten vor, aber es sei hier doch darauf hingewiesen.

Wir unterscheiden im folgenden zwischen einem Vorschlag für ein *Eau de Toilette* und verschiedenen *Lotionen*, die einen höheren Wassergehalt haben und meistens durch entsprechende Mischungen von Wirkstoffen aus Heilkräutern zur Hautpflege und sogar zur Beseitigung von Hautproblemen dienen. Der Alkohol entzieht den Kräutern nämlich sogenannte ätherische Öle, die nicht nur duften, sondern auch eine Heilwirkung haben können.

Hier zunächst ein Eau de Toilette.

Lavendel Eau de Toilette

Lavendelblüten haben einen Duft, der nicht süß und besonders frisch ist. Lavendel ist deshalb auch für Männer ausgezeichnet geeignet. Für unser Rezept brauchen Sie, je nach Menge, die Sie erzielen wollen:

100 oder auch 200 ccm reinen Alkohol (90%)
1 Tütchen Lavendelblüten (bekommt man getrocknet in Apotheken, Drogerien und inzwischen auch Kräuterläden)

Das Rezept geht ganz einfach: Gießen Sie auf die Lavendelblüten den Alkohol, und füllen Sie beides in ein dicht verschließbares Gefäß (zum Beispiel ein Marmeladen-Schraubglas) ab. Lassen Sie alles mindestens 6 bis 8 Wochen stehen. Je länger die Mischung lagert, um so besser wird das Eau de Toilette. Der Alkohol entzieht den Blüten jetzt die Duftstoffe.

Schließlich filtern Sie alles durch ein sauberes kleines Läppchen oder einen Kaffeefilter ab. Sie können das Eau de Toilette jetzt pur verwenden oder auch mit etwas destilliertem Wasser vermischen, wobei maximal 25%, also ein Viertel der Alkoholmenge, zugefügt werden dürfen.

Dieses Eau de Toilette können Sie ohne weiteres mit gekauften Wässern vergleichen.

Abb. 15: Die Zutaten für Lavendel-Lotion.

Kräuterlotionen für verschiedene Hauttypen

Die folgenden Lotionen reinigen und erfrischen die Haut. Auch hier gilt, wie schon bei dem Eau de Toilette: Wer Probleme mit Alkohol auf der Haut hat, kann diese Lotionen nicht verwenden.

Kräuterlotion für normale Haut

Die Zutaten:

2	Eßlöffel Huflattich
2	Eßlöffel Scharfgarbe
1	Eßlöffel Salbei
50 g	Alkohol (90%)
20 g	destilliertes Wasser

Auch hier wieder füllen Sie alles in ein verschließbares Glas und lassen die Mischung 7 bis 14 Tage bei Zimmertemperatur stehen. Sollten die getrock-

neten Kräuter so stark aufquellen, daß sie nicht mehr von Flüssigkeit bedeckt sind, dann können Sie noch eine geringe Menge destilliertes Wasser zugießen.

Nach der genannten Zeit wird die Flüssigkeit wieder durch ein Filter gegossen und nun vermischt mit:

20 g	Hamameliswasser
2	Eßlöffel frischen Gurkensaft
10	Tropfen Zitronensaft

Alles wird gut gemischt und dann — weil das Auge ja auch etwas haben will — in eine möglichst hübsche Flasche gefüllt. Sie werden sehen, daß diese Lotion Ihre Haut wirklich erfrischt und belebt.

Kräuterlotion für fette Haut

Dies sind die Zutaten:

2	Eßlöffel gemahlene Birkenrinde
2	Eßlöffel Ackerschachtelhalm
3	Eßlöffel Huflattich
1	Eßlöffel Salbei
60 g	Alkohol (90%)
35 g	destilliertes Wasser
eventuell 5	Tropfen Menthol (das dient zur Erfrischung)

Auch hier wieder das Ganze in ein verschließbares Glas füllen und etwa 7 bis 10 Tage ziehen lassen. Danach wird abgefiltert und in ein hübsches Gefäß umgefüllt.

Kräuterlotion für unreine Haut

Alle wissen, was Akne ist: eine unangenehme Erscheinung einer meist fettigeren Haut, die vor allen Dingen in der Pubertät und in der Zeit kurz danach jüngeren Leuten zu schaffen macht. Es

Abb. 16: Hamamelis-Lotion.

gibt dafür 1000 Mittel und Mittelchen, die sich im wesentlichen durch den Preis, kaum aber in der Wirksamkeit unterscheiden. Eines muß vorweg gesagt sein: Auch mit dem besten Mittel läßt sich Akne nicht völlig zum Verschwinden bringen. Man kann aber durch geeignete Substanzen erreichen, daß die bei dieser Haut zu großen Poren sich zusammenziehen und daß vor allem die Haut durch die desinfizierende Wirkung solcher Stoffe unanfälliger für Entzündungen wird.

Alles wieder in ein Glas füllen und 7 bis 14 Tage ziehen lassen. Nach dem Filtern werden der Lotion noch folgende Substanzen zugefügt:

10 Tropfen Zitronensaft
10 Tropfen Kampfer

Sollte die Lotion für Ihre Haut zu stark sein — was Sie einfach ausprobieren müssen —, dann können Sie sie mit destilliertem Wasser noch weiter verdünnen.

Kräuterlotion für empfindliche Haut

Das sind die Zutaten:

2	Eßlöffel Huflattich
4	Eßlöffel Kamilleblüten
1	Eßlöffel Salbei
1/2	Eßlöffel Thymian
40 g Alkohol (90%)	
30 g destilliertes Wasser	

Die Herstellung geht wie bei den anderen Lotionen; also 7 bis 14 Tage ziehen lassen, danach abfiltern und in ein Gefäß umfüllen, aus dem Sie die Lotion dann benutzen. Auch diese Mischung läßt sich mit destilliertem Wasser weiter verdünnen.

Die Rezepte für die verschiedenen Kräuterlotionen verdanken wie unserem holländischen Kosmetikfachmann *Antoine de Nobel.*

Da inzwischen Kräuter sehr im Kommen sind, werden Sie hoffentlich keine Schwierigkeiten haben, die verschiedenen Bestandteile unserer Rezepte zu bekommen.

Hier also unsere Kräuterlotion und die Zutaten:

2	Eßlöffel Ehrenpreis
2	Eßlöffel Huflattich
2	Eßlöffel Kamilleblüten
3	Eßlöffel gemahlene Roßkastanie
5	Blüten Löwenzahn
60 g Alkohol (90%)	
30 g destilliertes Wasser	

Fotografieren dreidimensional: Stereofotografie

Was heißt eigentlich Stereo?

Sie kennen das Wort „Stereo" aus der Musik. Dort bezeichnet es eine Art der Wiedergabe und des Hörens von Musik, die man auch „räumlich" nennt. Man kann z. B. zwischen links und rechts unterscheiden. Nichts anderes als „räumlich" bedeutet auch das Wort „Stereo", das aus dem Griechischen kommt.

Wir leben in einer dreidimensionalen, räumlichen Welt. Und damit wir sie auch räumlich empfinden, sind unsere wichtigsten Sinnesorgane doppelt und mit einem gewissen Abstand voneinander vorhanden: die *Augen* und die *Ohren* nämlich. Nur weil wir von diesen Organen jeweils zwei haben, können wir *räumlich hören* und *sehen*.

Hier geht es nun um das räumliche Sehen. Wie kommt es zustande?

Die beiden Augen sehen jeweils zwei etwas voneinander unterschiedliche Bilder, die erst im Gehirn zu einem einzigen Raumeindruck zusammengefaßt werden. Diese Fähigkeit haben praktisch alle Menschen.

Abb. 1: Hier haben wir in unserem Studio einmal ein altes Foto-Atelier aufgebaut. So sah es also aus, wenn unsere Großmütter ein Bild fürs Familienalbum machen ließen.

Daß die beiden Augen jeweils leicht unterschiedliche Bilder sehen, können Sie leicht nachprüfen, indem Sie sich z. B. so in eine Landschaft stellen, daß Sie bei einem geschlossenen oder zugehaltenen Auge auf zwei hintereinander stehende Bäume so blicken, daß Sie nur einen Stamm sehen. Wenn Sie das andere Auge öffnen und das erste schließen, werden Sie feststellen, daß hinter dem vorderen Stamm plötzlich ein zweiter erscheint, ohne daß Sie Ihren Standort gewechselt haben.

Bei der Stereofotografie macht man sich dieses Sehen von *zwei leicht unterschiedlichen Bildern* zunutze, indem man zum Beispiel mit einer normalen einäugigen Kamera bei unbewegten Objekten zwei Fotos macht. Die Kamera wird dabei um etwa 7 cm zur Seite verschoben — das entspricht etwa dem durchschnittlichen Abstand der beiden Augen. Diese beiden Fotos ergeben in einem entsprechenden Stereobetrachter wieder ein einziges Bild, das dann aber räumlich wirkt.

Bei bewegten Objekten braucht man natürlich eine Kamera, die entweder durch zwei Objektive oder andere Hilfsmittel im selben Moment zwei Bilder schießt. Doch dazu später mehr.

Kurze Geschichte der Stereofotografie

Daß räumliches Sehen durch unterschiedliche Bilder der beiden Augen zustande kommt, wußten bereits die alten Griechen. Wirklich praktisch um-

Abb. 2: Wir haben hier einmal ein bißchen übetrieben dargestellt, daß das linke und das rechte Auge jeweils leicht verschobene Bilder sehen. Im Bild links schaut die Kamera gewissermaßen durch das linke Auge (es steht auf dem Tisch im Vordergrund) und im rechten Bild durch das rechte Auge, das auch den Baum im Hintergrund sehen kann.

gesetzt hat diese Erkenntnis allerdings erst der technische Tausendsassa *Leonardo da Vinci* (von 1452–1519). Da Vinci hatte natürlich noch keinen Fotoapparat; er behalf sich deshalb mit Stereozeichnungen.

Ebenfalls noch mit Zeichnungen arbeitete der eigentliche Entdecker der Stereoskopie — wie man diese Wissenschaft auch nennt —, und das ist der englische Physiker *Charles Wheatstone,* der eine wissenschaftliche Öffentlichkeit zuerst im Jahre 1833 mit seiner Entdeckung bekanntmachte.

Bald darauf schon machte der französische Fotograf *Daguerre* diese Entdeckung für die Fotografie nutzbar. Allerdings wurden damals noch viele Fehler gemacht, die das Betrachten von Stereobildern zu einer teilweise heftige Kopfschmerzen verursachenden Sache machten.

Nach dem englischen Entdecker der Stereoskopie *Wheatstone* war es wieder ein Engländer, der die Stereofotografie 1849 zur ersten Vollendung führte: der Physiker *David Brewster.* Er baute die erste echte Stereokamera mit

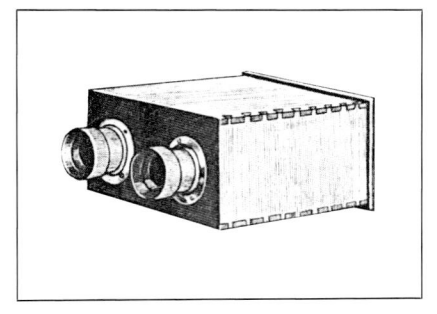

Abb. 3: So sah die erste Stereokamera von David Brewster aus dem Jahr 1849 aus.

zwei Objektiven, die eine wahre Stereowelle auslöste.

Diese Welle ebbte aber vor der Jahrhundertwende bereits wieder ab. Erst 1918 kam sie wieder in Mode und mit ihr auch einige Spezialkameras (u. a. von Franke und Heidecke mit der Marke Rolley und Voigtländer).

Einen großen technischen Sprung nach vorn machte man in den 30er Jahren. Nach Erfindung des sogenannten *Polarisationsfilters* im Jahre 1936 konnte man auch farbige Bilder stereo vermitteln. Dadurch wurde es möglich, auch projizierte Farbdias stereo zu sehen.

Heute sind Stereokameras wieder eine Seltenheit. Mit unseren Basteltips weiter hinten wird es Ihnen aber nicht schwerfallen, diesen Mangel auszugleichen.

Einige Regeln für die Stereofotografie

Wir sagten schon, daß bei der Stereofotografie das menschliche Sehen von zwei leicht unterschiedlichen Bildern ersetzt wird durch zwei aus verschiedenen Blickwinkeln aufgenommene Fotos. Noch einmal zur Verdeutlichung: Mit einem Auge sieht man gewissermaßen mono, also flächenhaft. Das hat z. B. beim Autofahren ganz erhebliche Nachteile, weil man dann Entfernungen nur noch schwer abschätzen kann. Ob ein entgegenkommendes Auto nah oder fern ist, kann man dann eigentlich nur noch aus der Erfahrung schließen, daß ein weit entfernteres Auto eben kleiner ist.

Damit beim Stereosehen die Bilder aber auch wirklich zur Deckung kommen, muß man beim Fotografieren

einige Regeln einhalten. Wir fassen sie hier zusammen.

1. Die Bilder müssen möglichst scharf sein

Unser Auge versucht automatisch, immer von vorn bis hinten scharfe Bilder ans Hirn weiterzugeben. Das gelingt ihm auch bis zu einer Nähe von etwa 25 cm. Bei unscharfen Stereofotos würde der Raumeindruck beeinträchtigt sein. Deshalb muß jedes der beiden Fotos möglichst von ganz nah bis unendlich scharf sein. Das erreicht man, indem man mit möglichst kleiner Blende fotografiert (mindestens Blende 8 oder 11).

2. In den Bildern darf es keine Höhenverschiebung geben

Man erzielt keinen Raumeindruck, wenn beim Fotografieren einer Landschaft in Stereo das eine Bild mit leicht nach unten geneigter und das andere mit leicht nach oben geneigter Kamera aufgenommen wird. Mit anderen Worten: Derselbe Bildpunkt muß in den beiden Halbbildern immer auf derselben Waagerechten liegen. Man bezeichnet das fachmännisch auch so: es darf keine *Höhenparallaxen* geben. Abweichungen der Bilder voneinander gibt es also nur in der Waagerechten nach links oder rechts.

3. Die Kamera darf nicht verkantet werden

Dieser Fehler kann nur eintreten, wenn man mit einer Monokamera nacheinander zwei Aufnahmen macht. Es ist leicht einsehbar, daß in sich verdrehte Bilder schwer deckungsgleich zu bringen sind.

4. Mit einer Monokamera kann man nur Stereoaufnahmen von unbewegten Objekten machen

Auch diese Regel sieht man sofort ein; denn wenn selbst nur bei ziehenden Wolken oder bewegten Blättern im Abstand von nur wenigen Sekunden zwei Aufnahmen gemacht werden, erreicht man natürlich keine Bilder der gleichen Situation.

5. Die beiden Halbbilder dürfen nicht seitenvertauscht werden

Damit ist folgendes gemeint: Wenn Sie ein linkes und ein rechtes Halbbild aufgenommen haben, müssen Sie beim Betrachten das linke Bild auch links lassen, sonst entsteht nämlich ein umgekehrter Raumeindruck.

Ganz wichtig: die Aufnahmebasis

Was versteht man unter der *Aufnahmebasis*?

Für den Abstand der beiden Augen voneinander hat man einen Normwert ermittelt, der bei genau 63,5 mm liegt. Mit anderen Worten, die Augen des Menschen liegen zwischen 6 und 7 cm auseinander. Diese Entfernung ist die *Basis,* die man auch beim Herstellen von Stereoaufnahmen braucht. Der Abstand der beiden Stereoobjektive voneinander — oder bei Monokameras, die verschoben werden, der Schiebeabstand — wird Basis genannt. Er sollte im Idealfall dem Augenabstand entsprechen. Wir haben für unsere Aufnahmen immer eine Basis von rund 7 cm verwendet.

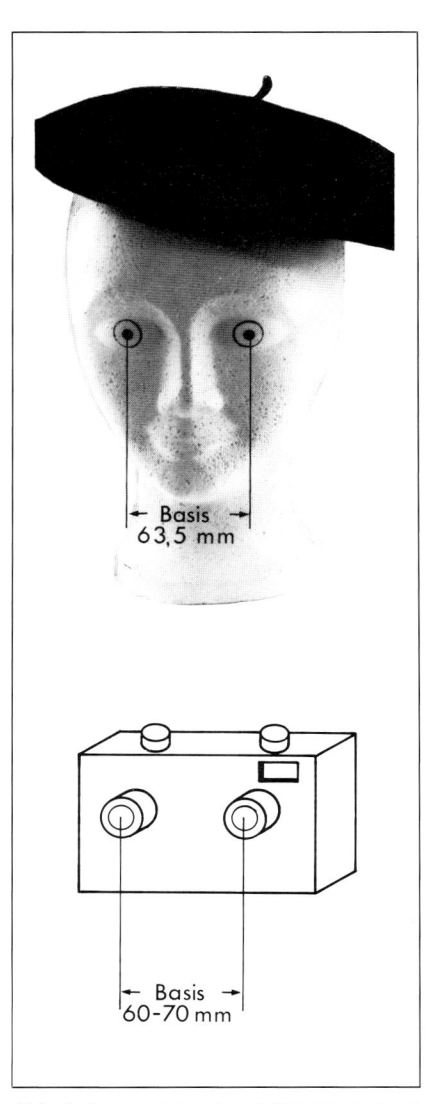

Abb. 4: Augenabstand und Objektivabstand — die sogenannte Basis — sollen ungefähr gleich sein, wenn man nicht bestimmte übertreibende Effekte erzielen möchte.

Erweitert oder verringert man die Basis bei normalen Objektivbrennweiten, dann entstehen unnatürliche Raumeindrücke, die sich in einer scheinbaren Vergrößerung oder Verkleinerung des Raumes ausdrücken. Das kann man natürlich für bestimmte absichtliche Effekte nutzen.

Diese Normalbasis gilt für *Nahpunktsentfernungen* bis etwa 2 m (Nahpunktsentfernung ist der Abstand zwischen Aufnahmeobjektiv und dem im Bild sichtbaren nächsten Gegenstand oder Teil des Gegenstandes). Für kürzere Nahpunktsentfernungen bei Aufnahmen mit Normal-Objektiven gilt, daß die Basis etwa ein Dreißigstel dieser Nahpunktsentfernung sein soll (z. B. 1,50 m : 30 = 5 cm). Das gilt für eine Entfernung von bis zu 30–40 cm. Makro- oder Mikro-Stereoaufnahmen müssen mit noch kleineren Basiswerten gemacht werden. Diese 1/30-Regel gilt nicht für Aufnahmen mit Weitwinkel- oder Tele-Objektiven. Dabei muß die Basis entsprechend vergrößert bzw. verkleinert werden, um einen möglichst natürlichen Raumeindruck zu erzielen. Da müssen Sie einfach experimentieren.

Die folgenden Bastel- und Aufnahmevorschläge lassen sich auf einen Nenner bringen: Sie dienen alle dazu, mit einer oder zwei Monokameras zwei Stereohalbbilder zu erzeugen.

Bevor wir uns mit einfachen Techniken befassen wollen, wie man aus zwei Monokameras eine Stereokamera bauen kann, hier einige Tips, wie Sie mit einer einzigen Kamera Stereobilder hervorragender Qualität machen können. Allerdings gilt das nur für *Aufnahmen von unbewegten Objekten.*

Stereofotos mit einer Monokamera

Die einfachste, allerdings nicht sehr präzise Methode, zwei Stereohalbbilder mit einer Monokamera aufzunehmen, besteht darin, sich einfach hinzustellen, eine Aufnahme zu machen, dann den Oberkörper leicht so zu verschieben, daß die Kamera etwa 7 cm seitlich von der ersten Aufnahme eine zweite machen kann. Dabei kann allerdings leicht gegen fast alle Regeln verstoßen werden, die wir eben genannt haben.
Um die Kamera exakt verschieben zu können, braucht man ein Hilfsgerät. Und das wollen wir jetzt bauen.

Einfache Stereoschieber zum Selbermachen

Mit dem Stereoschieber ist es einfach, die wichtigsten Regeln der Stereofotografie einzuhalten: nämlich *Höhenverschiebung* zu vermeiden, die Kamera nicht zu *verkanten* und eine *Aufnahmebasis* in der Dimension des Augenabstandes exakt einzuhalten.

Schiebebrett

Die allereinfachste, aber auch schon zu exakten Ergebnissen führende Methode zeigen wir Ihnen in *Abbildung 5.* Hier sind auf ein normales Stativ mit einer Schraubzwinge zwei verschieden breite Sperrholzbrettchen angebracht, bei denen das breitere Brett als Boden dient, auf dem die Kamera verschoben werden kann. Das schmalere obere Brett dient gewissermaßen als Lineal, an dem der Kamerarücken entlanggeführt wird. Damit Sie den Abstand der beiden Aufnahmen von-

Abb. 5: Unser einfacher Stereoschieber im Gebrauch.

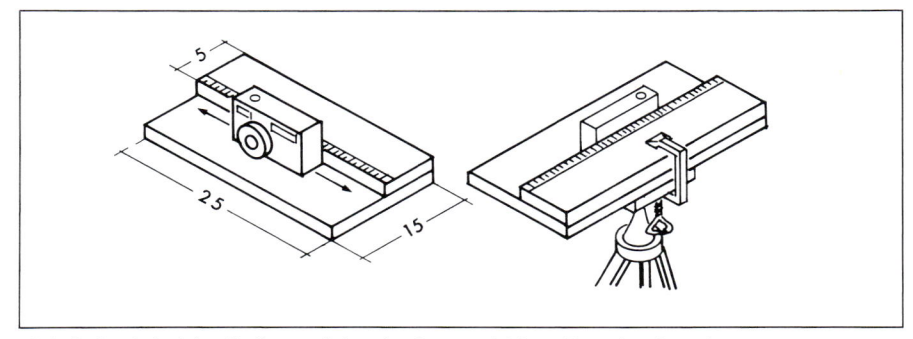

Abb. 6: So einfach ist die Konstruktion des Stereoschiebers (Angaben in cm).

einander genau einhalten können, ist auf dem schmaleren Brett eine Zentimetereinteilung angebracht. Die Länge und Breite der Brettchen richten sich natürlich ein wenig nach den Abmessungen Ihrer Kamera. Die Maße auf *Abbildung 6* sind Durchschnittswerte.

Einfacher Profilschieber

Ein schon etwas professionelleres Gerät zeigen wir Ihnen auf *Abbildung 7*. Dieser Schieber, der aus Profilen zu-

Abb. 7: Der einfache Profilschieber, noch ohne Befestigungsschrauben. Die beiden Teile sollten ohne viel Spiel gegeneinander zu verschieben sein.

sammengesetzt ist, wird aus zwei Sperrholzbrettchen und verschiedenen Leisten angefertigt, deren Maße Sie der Abbildung entnehmen.

Im Prinzip ähnelt der Aufbau dieses Gerätes einem flachen Holzkasten, dessen Boden und Deckel sich durch eine sinnvolle Verzahnung gegeneinander verschieben lassen. Hier müssen Sie allerdings schon recht genau arbeiten, damit die Profile mit möglichst wenig Spiel ineinanderlaufen. Damit das Ganze auch noch ruckfrei und

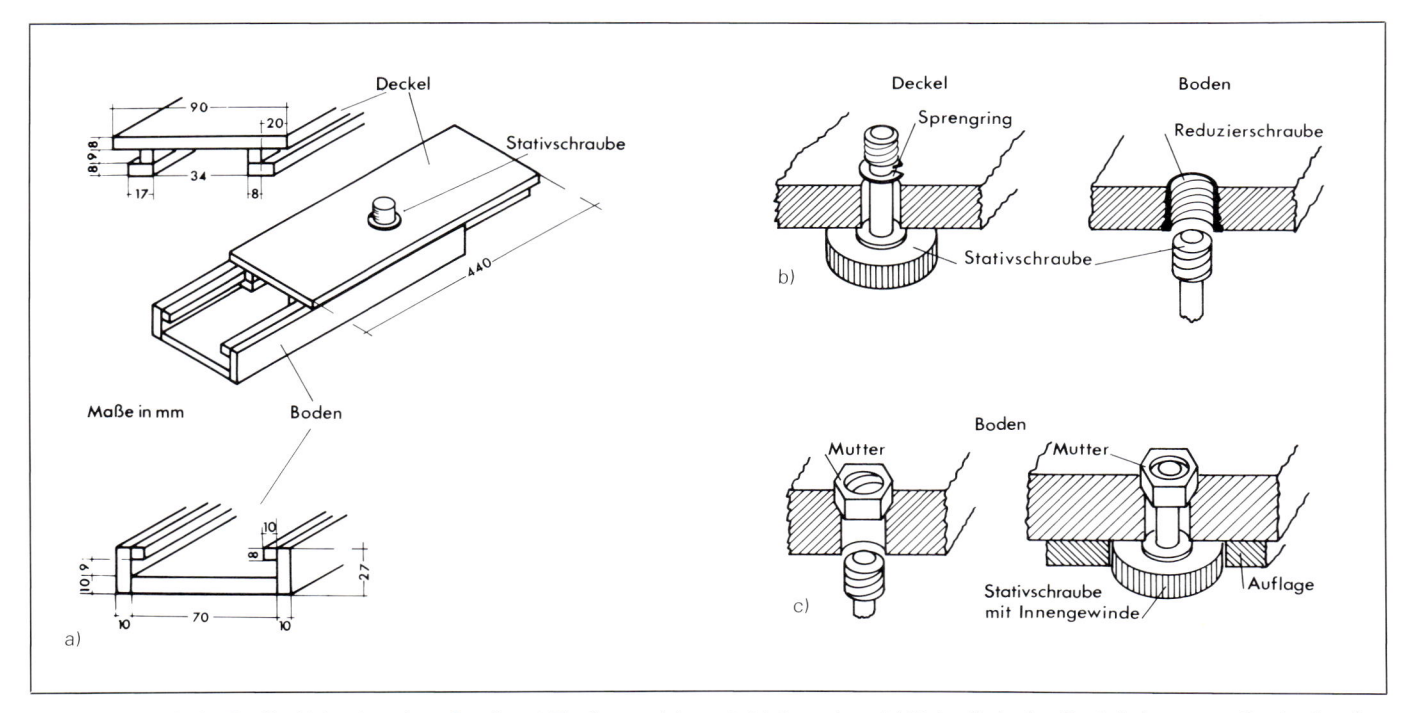

Abb. 8: Der einfache Profilschieber in seinen Details: a) Die Konstruktion mit Maßangaben. b) Links die in den Deckel eingesetzte Stativschraube, die die Kamera hält; rechts der Boden mit eingelassener Reduzierschraube zur Befestigung am Stativ. c) Befestigung einer Stativschraube mit Innengewinde im Boden für eine robustere Verbindung mit dem Stativ.

leicht geht, empfiehlt es sich, die Profile an den Seiten, an denen sie sich berühren, mit Seife einzureiben.

In den Deckel dieses Gerätes wird eine lange *Stativschraube* eingelassen, die mit einem Sprengring gesichert wird (Einzelheiten sehen Sie auf *Abb. 8b*). Sie sollten sich diese Stativschraube vor dem Sperrholz kaufen, damit Sie die richtige Holzstärke wählen können. Sollte das Holz zu dick sein, dann müssen Sie die Stativschraube etwas im Holz versenken, denn sie muß zumindest so weit oben herausschauen, daß sie mit einigen Gewindegängen in das Gewinde der Kamera greift.

Zur Befestigung des Gerätes auf dem Stativ wird in das untere Brettchen, das nicht zu dünn sein sollte (nehmen Sie ruhig mindestens 6 mm), eine sogenannte *Reduzierschraube* eingelassen. Man bekommt sie beim Fotohandel. Diese Reduzierschrauben werden in ein Loch im Holz mit dem Schraubenzieher eingeschraubt. Dieses Loch muß enger sein als der Außendurchmesser der Reduzierschraube, damit sich deren Gewinde in das Holz hineindrehen kann. Wenn Sie einige Tropfen Sekundenkleber oder ähnlichen Leim dazugeben, können Sie sicher sein, daß sich die Schraube beim Lösen des Schiebers vom Stativ nicht von selbst mit aus dem Holz herausdreht.

Die beiden oben genannten Verfahren reichen für leichtere Kameras ohne weiteres aus. Für schwerere oder auch wertvollere Kameras, mit denen Sie nichts riskieren wollen, sollten Sie allerdings eine *stabilere Befestigung* für Ihr Gerät bauen. Für den folgenden Vorschlag brauchen Sie ein Grundbrett, das mindestens 1 cm stark ist.

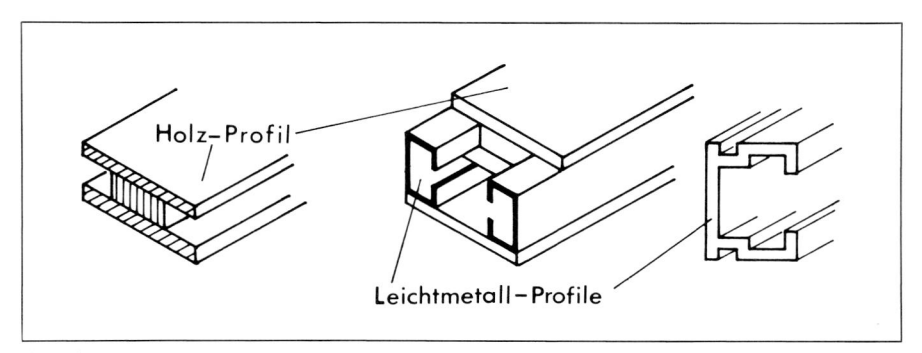

Abb. 9: Ein paar Versionen für einen Profilschieber aus Metall.

Wie auf *Abbildung 8c* gezeigt, wird in das untere Brett in der Mitte ein Loch gebohrt, das einen Durchmesser hat, durch den das Gewinde einer Stativschraube leicht hindurchzustecken ist. Auf der späteren Innenseite des Brettes wird eine *Schraubenmutter* versenkt, in die sich das Gewinde von Reduzierschrauben oder auch den stärkeren Stativschrauben hineindrehen läßt. Solche Schraubenmuttern gibt es im Eisenwarenhandel. Fixieren Sie auch diese eingelassene Schraubenmutter mit einem geeigneten Leim. Dann wird die Stativschraube von unten hindurchgesteckt und festgeschraubt. Um schließlich noch eine breitere *Auflage* für das Stativ zu erhalten — dadurch vermeiden Sie, daß das Schiebebrett später wackelt —, wird von unten noch ein Brettchen in der Stärke des Schraubenkopfes angebracht, das eine Aussparung mit dem Durchmesser des Schraubenkopfes erhält. Es ist dann gewissermaßen ein Holzkranz, der den Schraubenkopf der Stativschraube verbreitert (vgl. dazu noch einmal *Abbildung 8*).

Ein Profilschieber aus Metall

Eine Variante unseres Profilschiebers aus Holz ist der folgende Vorschlag. In Bastelbedarfsgeschäften gibt es heute eine ganze Menge Leichtmetallprofile, von denen wir zwei Varianten in *Abbildung 9* zeigen. In ein solches Leichtmetallprofil kann man nach Maß einen Holzschieber hineinbauen, der eine exakte Führung garantiert. Die Befestigung der Schrauben für die Kamera und für das Stativ bleibt die gleiche wie bei unserem Holzschieber.

Wenn diese Profilschieber nicht ganz exakt gebaut sind, kann es sein, daß sie entweder wackeln oder sich nicht leicht schieben lassen. Das hat den Nachteil, daß beim Versetzen der Kamera das Stativ wackelt und dadurch allein schon der Standort der Kamera leicht verändert ist. Diesen Fehler vermeiden Sie auf jeden Fall mit folgendem Vorschlag der Hobbythek.

Der Hobbythek-Patentschieber

Vielleicht ist Ihnen schon einmal aufgefallen, daß in Büro- und Aktenschränken sich die Schübe kinderleicht

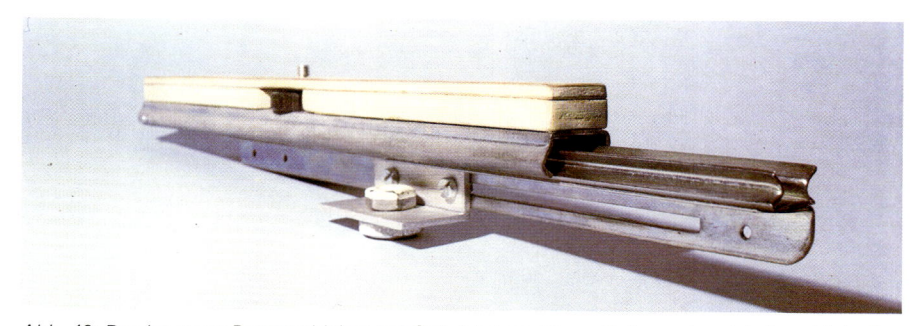

weit hinausziehen und wieder hineinschieben lassen. Oder vielleicht haben Sie auch bemerkt, daß die Sitze in etwas aufwendigeren Autos in ihren Schienen wie mit Butter geschmiert hin- und herlaufen. Dieser Schiebekomfort geht auf einen Trick zurück. Er besteht darin, daß in die Profile der beweglich miteinander verbundenen und verschiebbaren Teile Rillen eingelassen sind, in denen Kugeln laufen. Es gibt diese *Schubladenschienen* in Kunststoff und in Metall; und zwar in

Abb. 10: Das ist unser Patentschieber aus Schubladenschiene. Gut zu sehen ist die seitliche Befestigung für das Stativ.

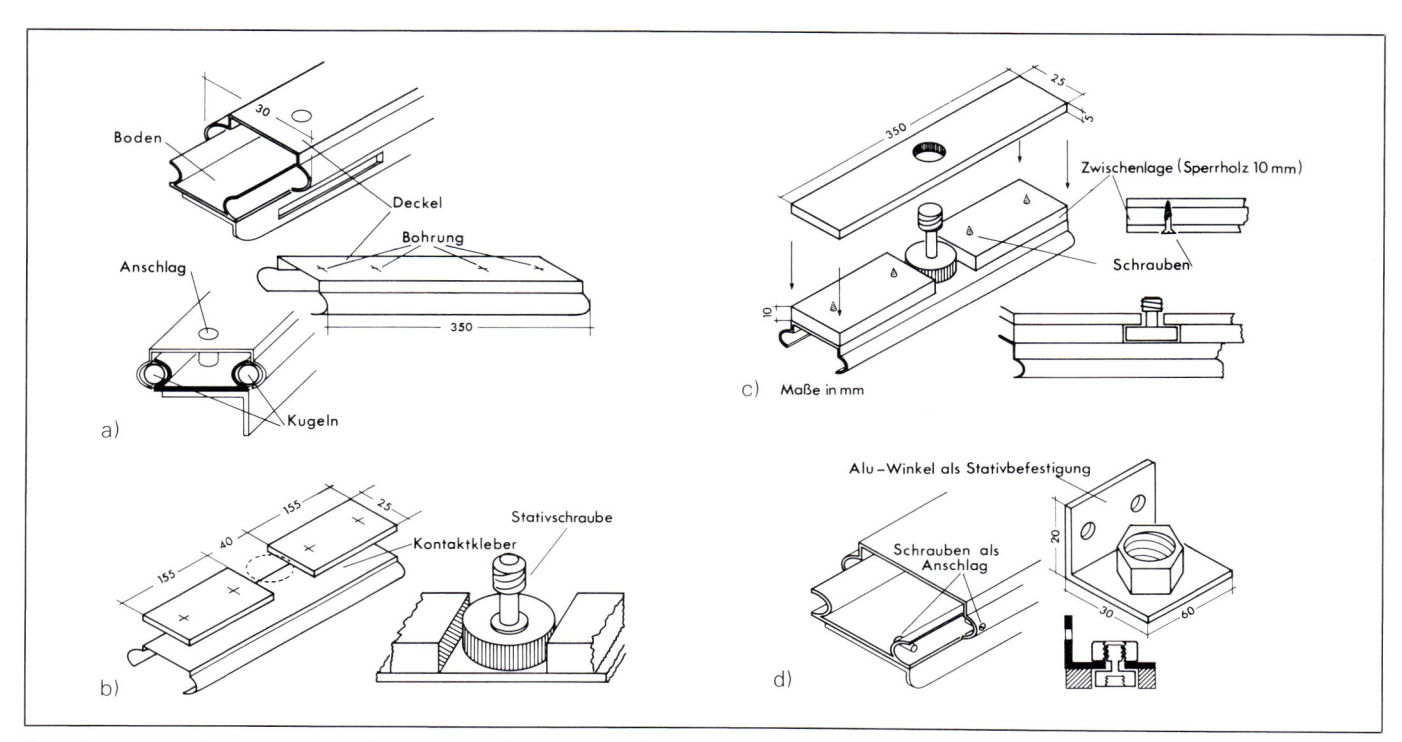

Abb. 11: Konstruktion des Patentschiebers (alle Maße in mm): a) Solche Schienen kann man kaufen. b) Einfügen der Stativschraube zur Befestigung der Kamera. c) Die Stativschraube wird mit einem zweiten Brettchen gesichert. d) Anbringen der Stativschraube zur Befestigung am Stativ.

verschiedenen Abmessungen. Man kann solche Schubladenschienen in Geschäften für Möbelbeschläge und Eisenwaren kaufen; vielleicht auch in Hobby- und Baumärkten. Da wir für unsere Zwecke nur etwa 35 cm von dieser Schiene brauchen, kann es sein, daß Sie eine Schiene teilen müssen. Das ist nicht ganz einfach, weil vier Anschlagstifte an den Enden der Schiene dafür sorgen, daß sie nicht aus dem Gleis springen, d. h., die Kugeln nicht aus den Rinnen hinauslaufen. Wenn Sie also eine längere Schiene auf das benötigte Maß kürzen, dann auf jeden Fall darauf achten, daß beim Durchsägen keine Kugel herausfällt und daß die offene Seite durch Versetzen der Anschlagstifte wieder gesichert wird. Es gibt auch Schienen, die dafür Schrauben am Ende haben, die in einem Gewinde sitzen.

Wie bekommt man nun die Schraube zum Feststellen der Kamera auf diese Schiene? Zunächst einmal entfernt man vorsichtig so viele Anschlagstifte oder -schrauben, daß sich die beiden Schienenhälften auseinanderziehen lassen. Dabei aber bitte darauf achten, daß keine Kugel verlorengeht, weil Sie die hinterher wieder in die Rillen einfüllen müssen. Jetzt können die beiden Schieberhälften ganz einfach bearbeitet werden.

Wie in *Abbildung 11a* angegeben, wird der „Deckel" der Schiene an 4 Stellen mit einer Bohrung von ca. 3 mm Durchmesser versehen. Dann werden zwei schmale *Sperrholzstreifen* ausgesägt, die etwa die Breite der Schiene haben und die so lang sind, daß Sie wie auf *Abbildung 11b* in der Mitte eine Stelle freilassen, die dem Durchmesser

des Kopfes einer Stativschraube entspricht. Diese beiden Sperrholzstreifen werden nun mit Zweikomponentenkleber auf der Schiene befestigt.

Nach *Abbildung 11c* wird nun ein bis zu 5 mm dickes stabiles *Sperrholz* ausgesägt, das die Breite der beiden ersten Streifen hat, nun aber über die gesamte Länge der Schiene geht. Wir versehen es in der Mitte mit einer Bohrung, die den Durchmesser der Stativschraube hat. In diese Bohrung wird die *Stativschraube* eingesetzt. Dann bestreichen wir die beiden Holzflächen mit Leim und kleben sie aufeinander. Durch die vier Löcher, die wir am Anfang in den Metalldeckel gebohrt haben, werden nun vier Holzschrauben mit Flachköpfen gedreht, die die verklebten Holzbrettchen unverrückbar auf der Metallfläche festhalten.

Jetzt geht es an das Befestigen eines *Gewindes für das Stativ.*

Der untere Teil der Schiene hat einen rechtwinklig abstehenden Streifen, der normalerweise für das Festschrauben an Schrankwänden usw. dient. An ihn läßt sich leicht ein Winkel aus Aluminium schrauben, wie wir ihn auf *Abbildung 11d* zeigen. Dieser Winkel erhält zwei Bohrungen, durch die zwei Metallschrauben mit Mutter gesteckt werden, die ihn an der unteren Schiene festhalten. In die Schiene müssen Sie natürlich zwei entsprechende Löcher bohren. Die andere Seite des Winkels wird mit einer Bohrung versehen, durch die das Gewinde des Stativs hindurchpaßt. Auf den Winkel wird mit einem Zweikomponentenkleber, der Metall an Metall klebt, wieder eine passende Metallschraube geklebt.

Zum Schluß müssen die beiden Hälften

des Schiebers wieder miteinander verbunden werden. Das erfordert ein wenig Geduld; denn in die beiden Rillen müssen wieder sämtliche Kugeln — und zwar auf jeder Seite die gleiche Zahl — eingefüllt werden. Zum Schluß werden die herausgenommenen Anschlagstifte oder Schrauben wieder eingesetzt, und der Schieber ist entsprechend gesichert.

Wenn Sie noch ein Letztes tun wollen, dann können Sie in das untere Stativgewinde eine Stativschraube anbringen, wie wir es bei unserem Holzschieber gezeigt haben. Auch sie wird wieder mit einem Holzring umgeben, der die Auflagefläche vergrößert. Dieser Stereoschieber bietet wirklich allen erdenklichen Komfort. Sie können auf ihm wieder eine Zentimetereinteilung anbringen, die es Ihnen gestattet, exakt in der Basis des Augenabstandes zu fotografieren oder auch andere Basismaße zu verwenden, um bestimmte Raumeffekte zu erzielen.

Eine Wippe für Stereofotos

Der folgende Bastelvorschlag ist etwas für Leute, die mit Holz geschickt umgehen können. Dieses Gerät geht übrigens auf uralte Modelle zurück, und es macht sich das Prinzip des beweglichen *Parallelogramms* zunutze.

Wie in *Abbildung 12* zu sehen ist, verschieben zwei Brettchen ihre Ebene zueinander dadurch, daß sie mit zwei hölzernen beweglichen Parallelen miteinander verbunden sind. Dieses Modell ist recht einfach zu bauen; geachtet werden muß allerdings sehr darauf, daß die Maße für die Gelenke exakt eingehalten werden, sonst erzielt man kein

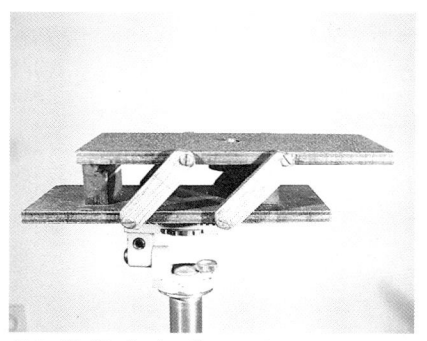

Abb. 12: Die fertige Stereowippe.

Parallelogramm.

Man kann dieses Gerät sowohl aus Holz wie aus Aluminium oder Kunststoffprofilen bauen; am einfachsten geht es aber mit Holz. Dazu brauchen wir folgendes Material:

---

2 Sperrholzbrettchen von 10 mm Dicke und den Abmessungen 20 × 8 cm.

4 Holzriegel aus Leiste 10 × 10 mm mit jeweils 6,5 cm Länge.

8 Holzschrauben von 25 mm Länge.

2 Zwischenstege mit den Maßen 7 cm × 3 cm × 3 cm.

2 Stativschrauben.

1 Mutter mit einem Innengewinde, in das die Stativschraube paßt.

Bohren Sie zunächst in die *Holzriegel* Löcher, die so groß sind, daß sich die Holzschrauben in ihnen leicht drehen. Danach werden die *Stativschrauben* am Boden und im beweglichen Oberteil auf dieselbe Weise eingelassen wie bei unserem Stereoschieber mit Profilen, den wir oben beschrieben haben.

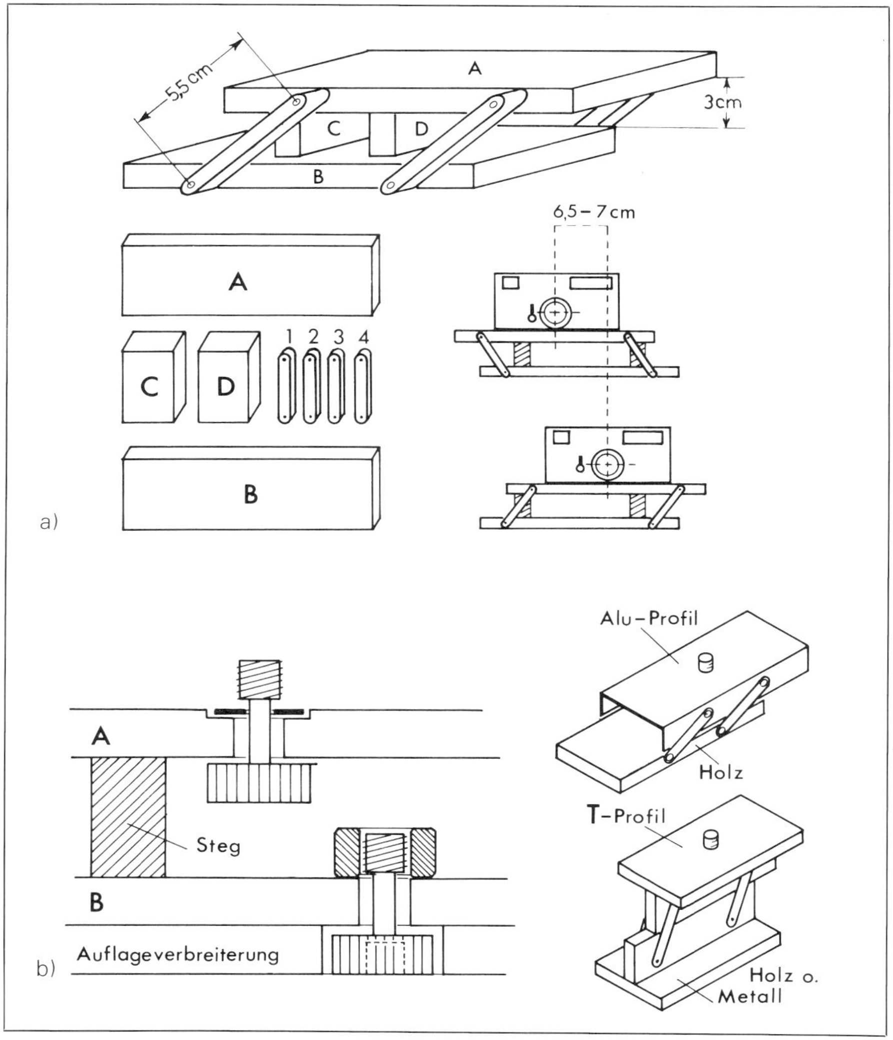

Abb. 13: Unsere Stereowippe in ihrer Konstruktion: a) Die Einzelteile und wie sie zusammengesetzt werden. Damit sie einen Basisabstand von 6,5 bis 7 cm beim Hin- und Herwippen erhalten, brauchen Sie eigentlich nur zwei Maße: den Abstand der Gelenkschrauben an den Holzriegeln und die Stärke der Zwischenstege. Alle übrigen Maße können Sie der Größe Ihrer Kamera anpassen. b) Anbringung der Stativschrauben für Kamera und Stativbefestigung. c) Zwei Varianten unserer Stereowippe.

Auf das untere Brett werden jetzt, wie auf Zeichnung 13 angegeben, die beiden Stege festgeleimt. Danach wird nach den Maßangaben der *Abbildung 13* das Ober- und das Unterteil beweglich mit den 4 Holzriegeln zusammengeschraubt.

Wenn alles exakt gebaut ist, dann wird die Kamera zwar beim Hin- und Herschieben sich nicht auf eine Geraden bewegen, sondern eine Kurve beschreiben. Sie können sich aber darauf verlassen, daß sie letztlich auf der Verlängerung der Ausgangsgeraden beim Umklappen wieder fixiert sein wird.

Diese Wippe hat im Gegensatz zu den beiden Schiebern den Nachteil, daß mit ihr nur der einmal festgelegte Abstand eingehalten werden kann. Wenn Sie also besondere Raumeffekte erzielen wollen, müssen Sie einen der empfohlenen Schieber mit Profilleisten bauen.

Wenn Sie blitzen wollen

Wenn Sie Stereoaufnahmen blitzen wollen, dann darf sich bei den beiden Aufnahmen der Standort des Blitzlichts nicht verändern. Die Fotos würden sonst leicht flach wirken. Wir haben deshalb für die Stereo-Schieber und die Stereo-Wippe eine einfache Konstruktion gefunden, bei der das Blitzlicht die seitliche Verschiebung der Kamera nicht mitmacht. Sie besteht aus einer einfachen Holz- oder auch Blitzlichtschiene, auf die ein Zubehörschuh aufgeschraubt ist. Diese Schiene wird an der unteren Platte des Stereo-Schiebers oder der Stereo-Wippe befestigt. Diese untere Platte sitzt ja auch zugleich auf dem Stativ; macht also die Bewegungen der Kamera nicht mit.

Diese Arten, zwei Halbbilder eines Stereofotos zu machen, haben — wie oben schon gesagt — den Nachteil, daß man damit nur unbewegte Objekte aufnehmen kann. Allerdings haben sie auch den Vorteil, daß Sie nur *eine* ganz normale Monokamera brauchen. Wenn Sie aber bewegte Bilder aufnehmen wollen, dann geht das entweder nur mit einer Stereokamera mit zwei Objektiven oder mit einer Stereokamera, wie wir sie Ihnen im folgenden vorschlagen.

Stereokameras Marke Eigenbau

Um in der Stereofotografie dem räumlichen Sehen der menschlichen Augen möglichst nahe zu kommen, muß man die „Werkzeuge" des menschlichen Sehens möglichst genau nachbauen. Ebenso wie im Kopf zwei Augen mit einem bestimmten Abstand voneinander sitzen, brauchen wir ein Kameragehäuse (es entspricht dem Kopf) mit zwei Objektiven (die den Augen ent-

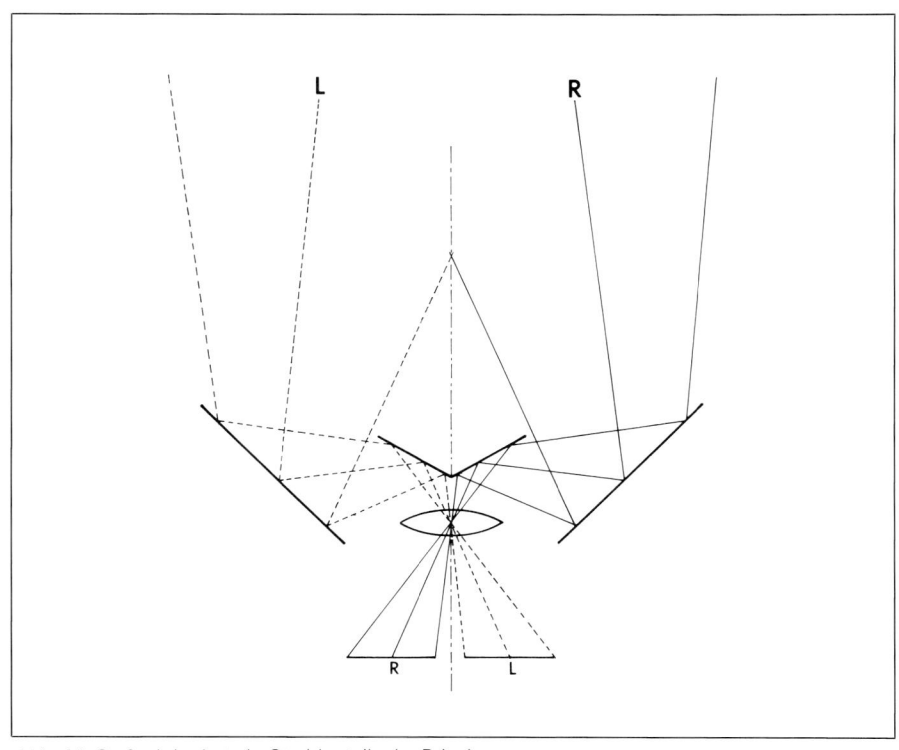

Abb. 14: So funktioniert ein Strahlenteiler im Prinzip.

sprechen). Erst eine solche echte Stereokamera kann auch bewegte Objekte in zwei Halbbildern festhalten, die man über einen entsprechenden Betrachter räumlich sieht.

Im Grunde ist jede Stereokamera mit zwei Objektiven ein Zusammenbau von zwei Monokameras. Echte Stereokameras begnügen sich allerdings mit einem einzigen Gehäuse. Es gibt freilich einen Trick, mit dem man mit einer Kamera und einem Objektiv trotzdem Stereoaufnahmen machen kann. Man braucht dafür einen sogenannten *Strahlenteiler*. Das ist ein System aus Spiegeln oder Prismen oder auch einer Kombination von beiden, das *zwei* Halbbilder durch *ein* Objektiv in die Kamera einspiegelt. Solche Aufsätze sind nicht ganz billig und daher mehr etwas für den Profi oder zumindest Fortgeschrittenen.

2 Monokameras = 1 Stereokamera

Für den Anfang sollten Sie sich überlegen, ob Sie sich nicht zwei identische Billigkameras kaufen, die Sie zusammenmontieren und möglichst mit einem gemeinsamen Auslösemechanismus versehen. Zur Not geht es auch ohne ihn; nur müssen Sie dann die beiden Kameras möglichst im selben Moment auslösen, was das ganze Verfahren doch etwas erschwert. Wichtig ist aber, auf jeden Fall mit identischen Kameras zu arbeiten, da die beiden Halbbilder Objektive gleicher Brennweiten und Qualität usw. voraussetzen.

Natürlich kann ein Foto immer nur so gut sein, wie der technische Standard der Kamera es zuläßt. Aber selbst bei billigen Kameras ist man da heute schon recht weit gekommen.

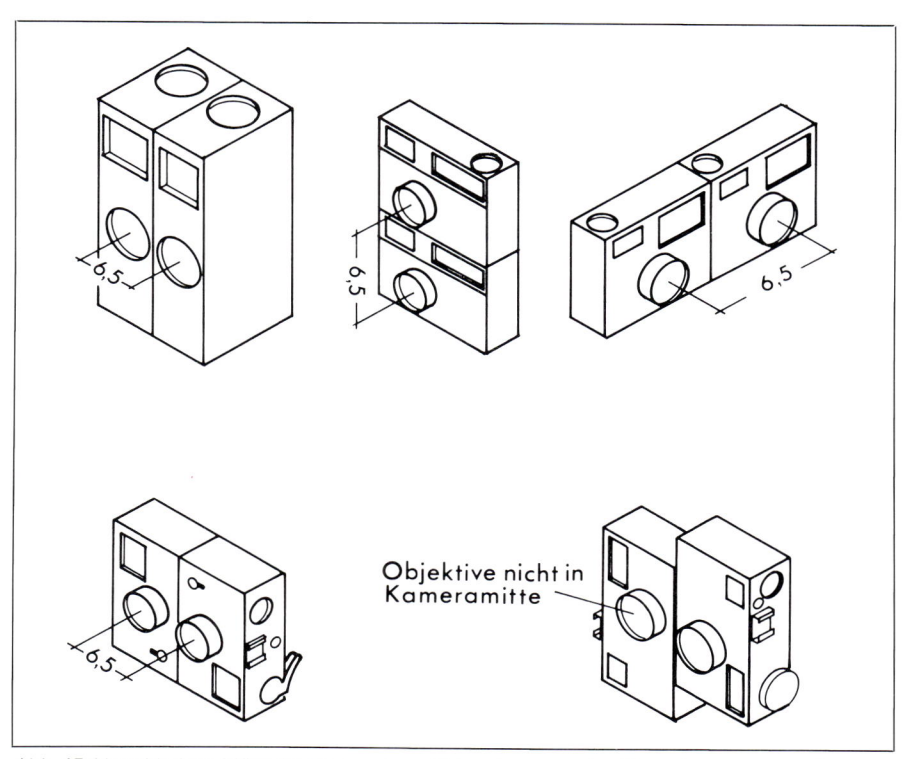

Abb. 15: Verschiedene Möglichkeiten, aus zwei Monokameras eine Stereokamera zu machen.

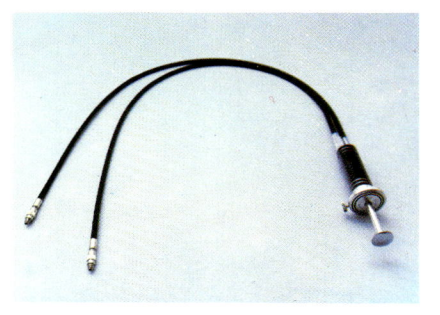

Abb. 16: Ein handelsüblicher Doppeldrahtauslöser.

Wir wollen hier für den angehenden Stereo-Fan ein paar Tips geben, wie man aus zwei Monokameras eine sehr gute Stereokamera bauen kann.

Grundsätzlich gilt, daß Sie die Kameras so koppeln sollten, daß der *Abstand von Objektivmitte zu Objektivmitte nicht größer als der durchschnittliche Augenabstand* von 6 bis 7 cm ist. Einige Möglichkeiten der Kombination zweier Kameras zeigen wir Ihnen auf *Abbildung 15*.

Es empfiehlt sich, einige Grundregeln zu beachten:

1. Die beiden Kameras müssen so miteinander gekoppelt werden, daß man an beide Auslöser herankommt. Will man einen sogenannten *Doppeldrahtauslöser* benutzen, wie er auf *Abbildung 16* zu sehen ist, dann müssen sich die Drähte noch leicht in die dafür vorgesehenen Gewinde einschrauben lassen.

2. Auch bei Kameras, deren Objektiv nicht in der Kameramitte liegt, müssen beide *Objektive in einer Ebene* liegen. Das bedeutet, daß die Kameras versetzt miteinander verbunden werden müssen (vgl. dazu *Abbildung 15*).

3. Die Kameras dürfen auf keinen Fall gegeneinander *verkantet* werden; d. h. in verschiedenen Winkeln auf das Aufnahmeobjekt blicken. Sie müssen also exakt parallel und rechtwinklig zusammengefügt sein.

Das Zusammenfügen der Kameras ist recht einfach. Es gibt heute Kleber, die praktisch alle Materialien bombenfest miteinander verbinden; da lassen Sie sich am besten im Fachhandel einmal beraten.

Wenn Kameras keine glatten Flächen an den Seiten haben, die miteinander verbunden werden können, oder wenn der Abstand der Basis zwischen Objektivmitte und Objektivmitte geringer als 6 cm ist, dann empfiehlt es sich, diesen Abstand durch zwischengesetzte Klötzchen aus Holz herzustellen. Bitte aber immer aufpassen, daß vor allem bei manuell zu bedienenden Kameras nicht irgendwelche lebenswichtigen Hebel so verbaut werden, daß man nicht mehr an sie herankommt. Damit sich die

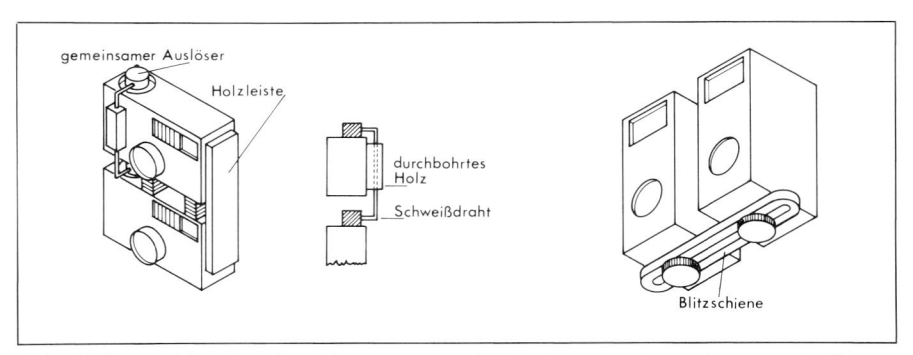

Abb. 17: Konstruktion einer Stereokamera aus zwei Monokameras mit gemeinsamem Auslöser.

Kameras auf jeden Fall und unter allen Bedingungen nicht mehr gegeneinander verschieben können, empfiehlt es sich, sie noch einmal durch eine Leiste zu sichern, die über beide Kameras geht.

Ein einfacher Doppelauslöser

Für das gemeinsame Auslösen nannten wir schon den *Doppeldrahtauslöser*. Ein sehr einfaches anderes mechanisches System, das man sich selbst bauen kann, funktioniert so (bei Sensorauslöser geht es freilich nicht):

Sie brauchen dazu drei Klötzchen aus einer Leiste von 10 × 10 mm und ein Stück Schweißdraht mit einer Stärke von 2 bis 3 mm. Wie in *Abbildung 17* gezeigt, werden zwei kleine Klötze jeweils auf die Auslöser der beiden Kameras geklebt. Diese Klötze müssen vorher so durchbohrt werden, daß darin der Schweißdraht einigermaßen stramm sitzt.

Die Führung für diesen Schweißdrahtbügel bildet ein etwas längeres Klötzchen, das an der Vorderfront einer der beiden Kameras aufgeklebt wird. Es

wird längs so durchbohrt, daß darin der Schweißdraht ohne viel zu wackeln leicht hin- und herzuschieben ist. Stecken Sie vor dem Aufkleben den Schweißdraht in das Führungsklötzchen und biegen Sie ihn so, daß er in die beiden Klötzchen auf den Auslöser gesteckt werden kann.

Wenn alles gut verleimt und festgeworden ist, können Sie durch einen Druck auf das äußere Auslöserklötzchen zugleich den Auslöser der darunterliegenden Kamera betätigen. Dieses System funktioniert allerdings nur, wenn die beiden Kameras unverdreht aufeinanderstehen. Wenn sie z. B. jeweils mit dem Boden aneinandergeklebt sind, funktioniert das System nicht, weil die Auslöser gegeneinandergedrückt werden müssen.

Wie betrachtet man Stereo-Bilder?

Ebenso wie man über einen Kunstkopf aufgenommene Stereo-Musik nur über Kopfhörer richtig hören kann, braucht man für die Betrachtung von Stereo-

Abb. 18: Die fertige Kamera.

Bildern ein Hilfsmittel. Mit einiger Übung kann man zwar die beiden Halbbilder eines Stereo-Fotos auch ohne jede Hilfe räumlich sehen; aber das gelingt nicht jedem. Vielleicht probieren Sie es trotzdem einmal.

Dazu müssen Sie die beiden Halbbilder so nebeneinanderkleben, daß der Abstand von identischen Bildpunkten nicht größer ist als Ihr Augenabstand. Richten Sie nun Ihre Augen ganz entspannt in die Ferne; Sie stellen Sie damit gewissermaßen auf unendlich ein. Schieben Sie jetzt die beiden Bilder in Ihr Blickfeld und versuchen Sie, die Bilder scharf zu sehen. Sie erkennen zunächst drei Bilder: links und rechts Ihre beiden Fotos als Ausgangsprodukt und in der Mitte ein plastisches Bild. Wenn Ihnen das mittlere Bild doppelt erscheint, dann versuchen Sie, durch Heben, Senken oder leichtes Neigen ein Raumbild zu erzeugen. Sollte das Bild unscharf sein, dann können Sie die „Scharfeinstellung" dadurch erreichen, daß Sie die Bilder näher an die Augen heran oder weiter weg führen.

Montage der beiden Halbbilder

Bei der eigentlichen Montage der beiden Halbbilder gibt es ein paar Dinge zu beachten.

Identische Teile auf den Bildern müssen dem Augenabstand entsprechend $6^{1}/2$ cm voneinander entfernt sein. Suchen Sie sich dafür am besten eine charakteristische Gebäudekante oder die Nasenspitze einer Person oder auch eine Blume aus. Suchen Sie diese Punkte auf *beiden* Bildern und verschieben Sie die Bilder nun so nach links oder rechts, daß identische Bildpunkte im Augenabstand voneinander entfernt sind.

Hier ein kleiner Tip, wie Sie sich dabei die Arbeit erleichtern können: Am besten schneidet man sich eine Maske mit den Innenmaßen 6 × 6 cm und legt damit zuerst auf einem Halbbild den richtigen Ausschnitt fest und markiert ihn mit einem weichen Bleistift. Dann kontrolliert man, ob man auf dem zweiten Halbbild *denselben* Ausschnitt bekommt und markiert ihn dann gleichfalls. Die so zurechtgeschnittenen Bilder werden dann sauber justiert und festgeklebt. Die Unterlage sollte nicht größer als 6 × 13 cm sein.

Vergrößern Sie die Bilder nicht zu stark. Die Formate einer Sofortbildkamera bilden schon die obere Grenze; 6 × 6 — das alte Rollfilmformat — ist geradezu ideal, 7 1/2 × 10 im Hochformat geht auch noch. Wenn Sie den Abstand der beiden Bildpunkte ausgemessen haben, kann es sein, daß sich beide Fotos überlappen. Das ist nicht weiter tragisch, denn man kann die Fotos durch Beschneiden auf ein richtiges Format bringen. Achten Sie aber beim Wegschneiden darauf, daß keine bildwichtigen Teile dabei abhandenkommen. Auf *Abbildung 19* zeigen wir noch einmal, wie man vorgeht.

Inzwischen wissen wir ja, daß nur Gegenstände oder Personen usw., die auf beiden Bildern zu sehen sind, auf dem Stereo-Bild auch räumlich erscheinen. Dinge, die auf dem linken Bild am äußersten linken Rand stehen und durch Verschieben nach rechts auf dem rechten Bild nicht mehr erscheinen, wirken auf dem Stereo-Bild flach

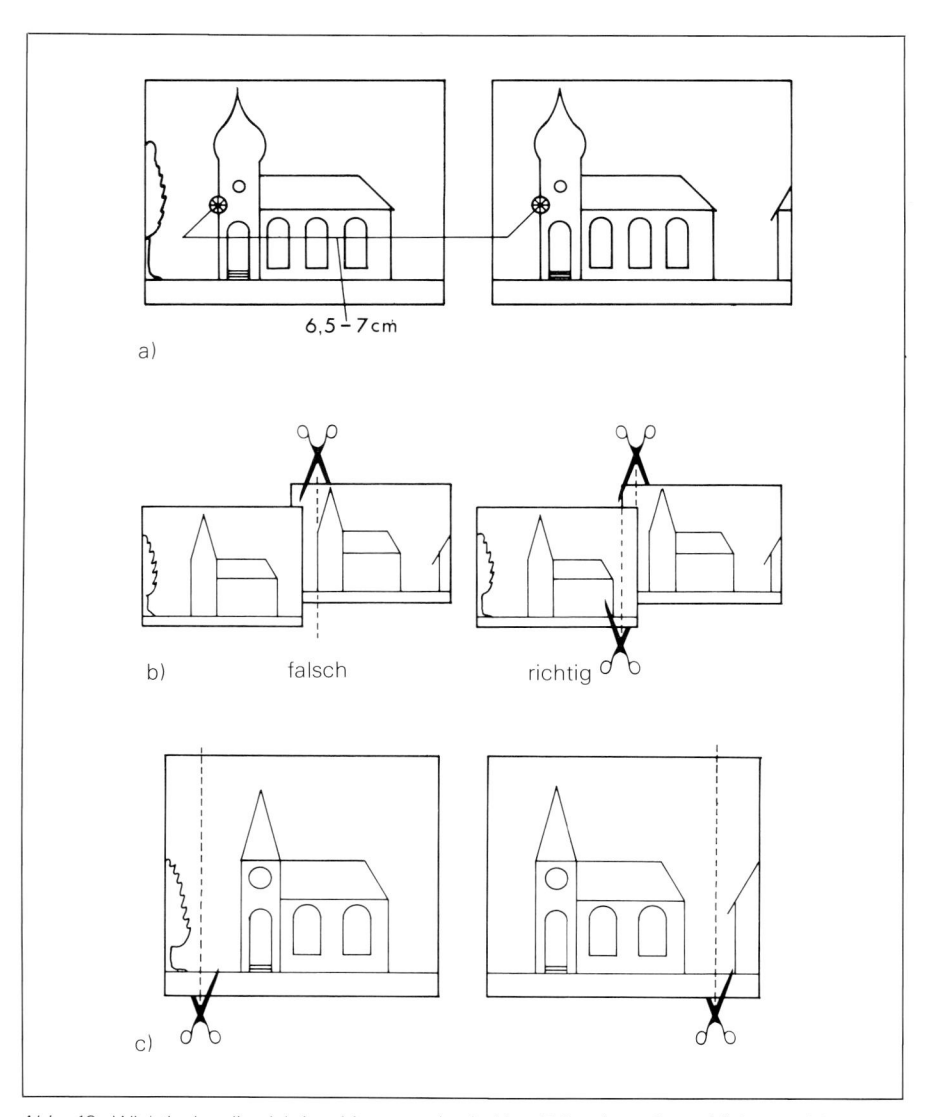

Abb. 19: Wichtig ist die richtige Montage der beiden Teile eines Stereobildes: a) Identische Teile des Bildes sollen etwa 6,5 cm bis 7 cm voneinander entfernt sein. b) Überlappen sich die Bilder, dann muß ein entsprechender Ausschnitt herausgeschnitten werden. Dabei c) darauf achten, daß möglichst nur solche Teile entfallen, die nur auf einem Bild erscheinen.

und flimmernd. Sie müssen also ab-
geschnitten werden.

Für das richtige Montieren der beiden
Halbbilder braucht man gewiß etwas
Geschick. Aber das werden Sie sehr
schnell haben. Das Wichtigste ist auch
hier wie bei der Aufnahme: Die Bilder
dürfen nicht gegeneinander verkantet
sein, identische Bildpunkte müssen auf
einer Waagerechten liegen usw. Vielleicht lesen Sie dazu noch einmal die
Regeln auf Seite 126, die auch für die
fertigen Bilder von Bedeutung sind.

Stereo-Bildbetrachtung von nostalgisch bis supermodern

Ein Stereo-Bildbetrachter aus Großvaters Zeiten

Unseren Hobbythek-Stereo-Betrachter
haben wir einem amerikanischen
Holzmodell nachgebaut, das in der Zeit
um 1860 dort weit verbreitet war. Er
besteht aus sieben einfachen Teilen:

1. dem Linsenhalter (A)
2. dem Laufboden (B)
3. dem Schieber (C)
4. den Drahtklemmen (D)
5. der Trennwand (E)
6. dem Halter (F)
7. den Linsen (G)

Die Maße für die einzelnen Holzteile
finden Sie in *Abbildung 21*.

Zunächst schneiden wir den *Linsenhalter* (A) nach Maß aus einem etwa
10 mm starken Holzbrett aus. Auf
dieses Brett zeichnen wir ebenfalls
genau nach Maß die Mittelpunkte für
die beiden Kreisausschnitte ein, die

Abb. 20: Ein Stereobetrachter aus Großvaters Zeiten (auf Flohmärkten werden sie heute teuer gehandelt).

später die Linsen aufnehmen sollen.
Den Durchmesser dieser Bohrungen
bestimmen die Linsen, die wir verwenden. Am besten eignen sich Bikon-
vex-Linsen (das sind Vergrößerungs-
gläser) von 30 bis 40 mm Durchmesser
und einer Brennweite von etwa 70 mm.
Diese Maße sollten Sie beim Kauf
angeben. Für unsere Zwecke ist es
gleichgültig, ob es sich nun um Glas-
oder Kunststofflinsen handelt. Der
Preis pro Linse liegt etwa zwischen 3, –
und 5,– DM.

Sägen Sie mit einer Laubsäge möglichst genau die *Löcher* für die beiden
Linsen aus. Dabei darauf achten, daß
sie nicht zu groß werden; die Linsen
müssen einigermaßen stramm darin
sitzen. Man kann sie auch auf den
Rand kleben; dann müssen die Löcher
allerdings etwas kleiner sein.

Unter den Linsenhalter kommt nun ein
etwa 5 mm starker Holzstreifen, der
30 mm breit und 200 mm lang ist: der
Laufboden (B).

Leimen Sie ihn unter den Linsenhalter,

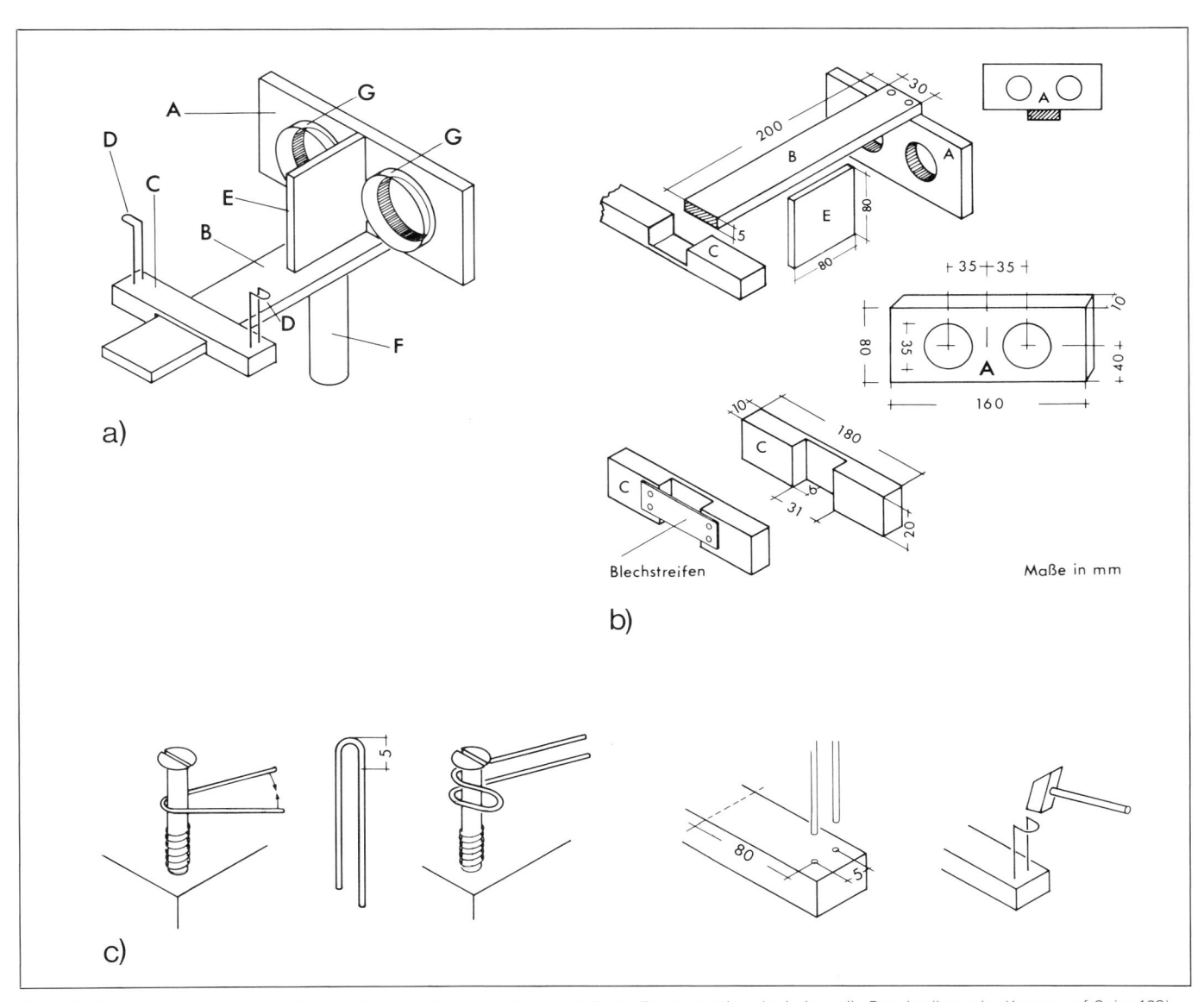

Abb. 21: Die Konstruktion unseres Stereo-Bildbetrachters: a) Die Einzelteile im Zusammenbau (vgl. dazu die Beschreibung im Kasten auf Seite 139). b) Die Maße der Einzelteile. c) Die Konstruktion der Drahtklemmen für das Bild.

und sichern Sie ihn mit zwei kleinen Nägeln. Bitte vorsichtig, daß Sie das Holz nicht spalten. (Dazu ein alter Trick: Wenn man den Nagelspitzen vor dem Einschlagen kurz einen kleinen Hammerschlag versetzt, dann werden sie zwar etwas stumpfer, sie wirken dann aber nicht mehr als Keil.)

Dieses schmale Holz dient als Laufboden für den *Bildschieber* (C), den man am besten aus 10 mm dickem Holz herstellt (genaue Maße siehe *Abbildung 21*). Dieser Schieber bekommt in der Mitte einen Einschnitt, der 1 mm breiter und 1 mm tiefer als Breite und Dicke des Laufbodens (B) sind. Er muß sich nämlich auf diesem Boden leicht bewegen lassen. Dieser Einschnitt wird unten mit einem dünnen *Blechstreifen* verschlossen, den man sich leicht mit einer Schere aus einer Konservendose schneiden kann.

Ein bißchen Geschick brauchen Sie für die beiden *Drahtklemmen* (D), in die später das Stereo-Doppelbild eingeschoben wird. Wie sie konstruiert werden, können Sie auf *Abbildung 21c* sehen.

Wir brauchen dazu *Draht* von etwa 1 mm Dicke und jeweils rund 130 mm Länge. Biegen Sie die beiden Drahtstücke jeweils in der Mitte um einen runden Gegenstand von rund 5 mm Durchmesser. Am einfachsten geht das um eine Schraube, die Sie ein Stück in ein altes Brett drehen.

5 mm von dieser Biegung entfernt werden die beiden Drahtenden um 90° nach unten gebogen, wofür die eben benutzte Schraube gleichfalls gute Dienste leistet.

Die fertigen Drahthalter werden nun in den Bildschieber eingesetzt. Dazu müssen Sie zwei Löcher in den Schieber bohren, die keinen größeren Durchmesser haben als der Draht dick ist. Wahrscheinlich brauchen Sie dazu einen Drillbohrer. Die Maße finden Sie wieder in *Abbildung 21*. Mit vorsichtigen Hammerschlägen läßt sich der Bildhalter leicht einfügen.

Schließlich braucht der Bildbetrachter noch einen *Griff*. Er besteht aus einem etwa 100 mm langen und 15 mm starken Rundholz, und er wird etwa 20 mm vom Linsenhalter entfernt unter den Laufboden geleimt. Zur Sicherung schrauben Sie eine kleine Holzschraube von oben durch den Laufboden.

Jetzt ist die Zeit gekommen, die *Trennwand* (E), die 70 × 80 mm groß und 3 mm stark ist, einzubauen. Hier genügt es, wenn sie angeleimt wird. Sie dient als Sichtblende, die verhindert, daß Sie *drei* Bilder sehen. Wir haben ja oben beschrieben, daß dieser Effekt eintritt, wenn man Stereo-Bilder ohne Hilfsmittel betrachtet. Die Sichtblende bewirkt, daß man die beiden äußeren

Abb. 22: Der fertige Betrachter.

Bilder nicht wahrnimmt, sondern nur das Stereo-Bild. Sie sollte mattschwarz gestrichen werden; das übrige Gerät sieht mit Klarlack am besten aus.

Zum Schluß müssen noch die *Linsen* eingesetzt werden. Dafür brauchen wir etwas Sekunden- oder auch Zwei-komponentenkleber, mit dem die Lin-sen in den vorbereiteten Löchern fest-geklebt werden. Bitte darauf achten, daß sie in einer Ebene liegen und nicht verkantet sind.

Wenn Sie schon vorbereitete Stereo-Bilder haben, dann schneiden Sie zu-nächst einen Karton zurecht, der genau in den Bildhalter hineinpaßt. Darauf kleben Sie die beiden Stereo-Fotos.

Und nun kommt der große Moment: Schieben Sie das Bild in den Bildhalter, blicken Sie durch die beiden Linsen. Durch Hin- und Herschieben des Bild-halters auf dem Laufboden müssen Sie den Punkt ermitteln, an dem das Ste-reo-Bild die größte Schärfe erreicht. Sie werden überrascht sein.

Auch Dias kann man plastisch sehen

Ein einfaches Gerät für den Anfang

Selbstverständlich kann man auch Dias als Stereo-Bilder aufnehmen. Die Technik unterscheidet sich nicht von der Herstellung von Papierbildern. Allerdings muß man hier beim Rahmen besonders sorgfältig vorgehen; davon gleich mehr.

Die einfachste Art der stereoskopi-schen Diabetrachtung besteht darin, daß zwei sogenannte *Guckis* mitein-ander verbunden werden, wie man sie für rund 3,50 DM von Agfa u. a. Firmen im Handel bekommt. Die beiden Guckis

Abb. 23: Zwei Guckis werden — mit Pappe zusammengehalten — zum Stereo-Bildbetrachter.

werden mit einem nicht zu festen Streifen *Karton* verbunden. In diesen Karton werden im Augenabstand zwei Löcher geschnitten, in die die Okulare der Diabetrachter straff hineinpassen. In die Mitte zwischen den beiden Löchern schneiden Sie eine Kerbe, damit Sie sich die Nase nicht platt-drücken. Halten Sie sich dabei an die Vorschläge von *Abbildung 23*. Stecken Sie nun die beiden Diabetrachter in den Kartonstreifen, und fertig ist das Gerät. Eine etwas elegantere Lösung besteht

darin, daß die beiden Guckis mit einem *Blechstreifen* verbunden werden, wie man ihn z. B. in Schnellheftern findet. Biegen Sie ihn wie auf *Abbildung 24* zu einem U, und kleben Sie ihn mit Dop-pelklebeband an den beiden Betrach-tern fest. Zur Sicherung können Sie darüber noch einen Streifen Tesaband kleben.

Mit einem solchen einfachen Blech-streifen können Sie auch Diabetrachter verbinden, die mit Batterien betrieben werden.

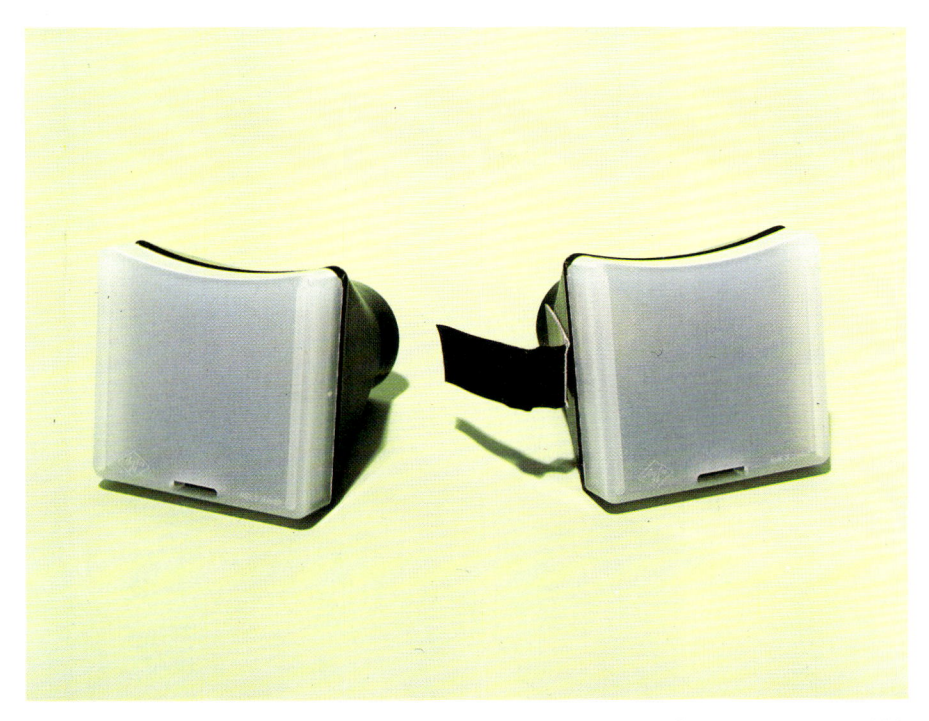

Abb. 24: Etwas komfortabler ist die Verbindung mit einem Blechstreifen (er gestattet zugleich ein leichtes Verschieben der beiden Guckis gegeneinander, wenn die Bildausschnitte nicht ganz genau getroffen sind).

Das fachgerechte Rahmen von Stereo-Dias

Das exakte Einjustieren von Papierfotos ist noch relativ einfach. Bei Dias aber, von denen jeweils ein Halbbild in ein gesondertes Rähmchen kommt, ist das schon ein wenig schwieriger. Bei den Rahmen gibt es doch erhebliche Toleranzen; außerdem verschieben sich in Plastikrahmen die Dias leicht. Wir empfehlen deshalb hier sogenannte Kleberahmen, die es im Handel gibt.

Daß identische Bildpunkte auf beiden Dias immer auf einer Waagerechten liegen, erreicht man am besten, wenn man sich an der Oberkante der Dias orientiert. Sie liegt ja beim Vorführen im Projektor unten auf (die Bilder stehen im Projektor auf dem Kopf). Achten Sie also darauf, daß die Entfernung von der Oberkante der Rahmen bis zu den identischen Bildpunkten an den Dias auf beiden Bildern immer gleich groß ist.

Sie können sich das erleichtern, indem

Sie sich ein kleines *Hilfsgerät* bauen. Es gibt heute zwar schon Dia-Sortiergeräte zu erschwinglichen Preisen (etwa 35,— DM) oder auch kleine sogenannte Lichttische. Vielleicht finden Sie auch noch einen alten Leuchtkasten. Es geht aber auch mit einer schräggestellten *Glasplatte*, einer *weißen Pappfläche* und einer *Bürolampe*, die wie auf *Abbildung 25* montiert werden. Die Glasscheibe hat das Format 30 × 30 cm und eine Neigung von etwa 30°. Damit die Bürolampe nicht blendet, werden oben etwa 10 cm der Glasplatte mit einem schwarzen Papierstreifen beklebt.

Als Anschlag wird auf die Glasplatte noch ein *Holzwinkel* geklebt; das geht ganz einfach mit Zweikomponentenkleber.

Bekleben Sie nun die Glasplatte mit transparentem *Millimeterpapier*. Schwärzen Sie sich auf diesem Millimeterpapier in zwei diagonal gegenüberliegenden Ecken jeweils 4 Kästchen so, daß in der Mitte ein helles Kästchen freibleibt. Mit Hilfe dieser Folie rahmt man nun die Dias so, daß das Motiv zum einen ohne Verkantung im Rahmen sitzt und zum andern identische Bildteile in den beiden freigebliebenen Kästchen zu sehen sind. Stellen Sie bei diesem Vorgang das Bild auf den Kopf; denn die obere Bildkante sollte ja der Bezugspunkt sein.

Achten Sie bitte darauf, daß Sie die linke und die rechte Aufnahme nicht miteinander vertauschen, weil sonst der Stereoeffekt umgekehrt wird (der Vordergrund erscheint hinten und der Hintergrund vorn). Markieren Sie zur Sicherheit das rechte und das linke

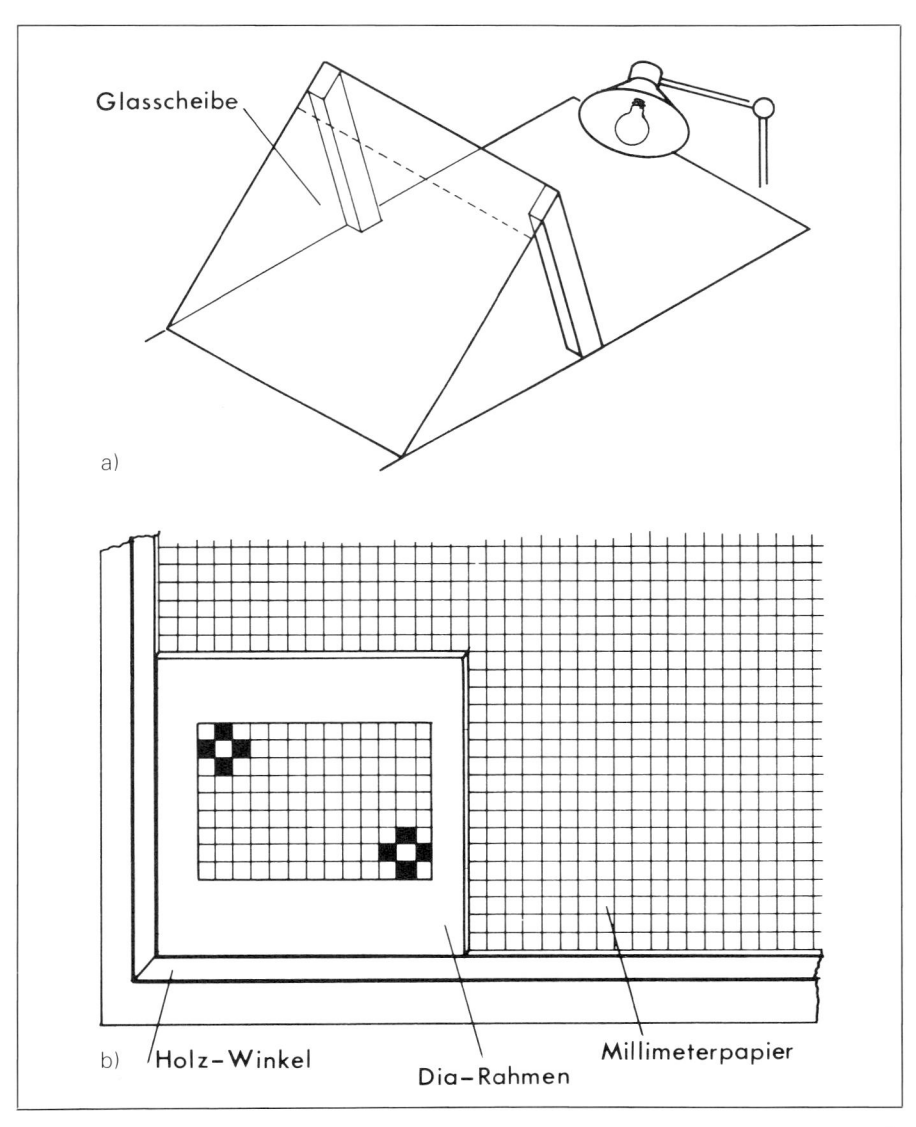

Glasscheibe

a)

b) Holz-Winkel · Dia-Rahmen · Millimeterpapier

Abb. 25: a) So kann man sich einen einfachen Diabetrachter bauen. b) Ein auf diese Weise präpariertes Millimeterpapier und ein Holzwinkel erleichtern die Arbeit beim Justieren der Halbbilder auf dem Diabetrachter.

Halbbild mit grünen und roten Klebepunkten in der unteren linken Ecke des Diarahmens bei aufrecht stehendem Bild. So machen es die Fachleute.

Polarisations-Filter als Betrachtungshilfe

In unserem hölzernen Diabetrachter sorgt die Trennwand dafür, daß jedes der beiden Augen nur eins der beiden Bilder angeboten bekommt. Das plastische Bild wird dann erst im Gehirn zusammengesetzt.

Bei Farbdias, die beide übereinander auf der Leinwand erscheinen, geht das Trennwandverfahren nicht mehr. Man braucht ein anderes Trennverfahren; und da helfen *Polarisationsfilter* weiter. Wie funktioniert ein solcher Filter?

Das natürliche Licht schwingt in alle Richtungen. Schickt man es durch einen Filter, den man sich wie in *Abbildung 26* als ein sehr enges Gitter aus parallelen dünnen Fäden vorstellen kann, dann wird nur der Teil durchgelassen, der in Richtung der Fäden schwingt. Man sagt dazu: das Licht wird polarisiert. Die Filter nennt man abgekürzt auch Pol-Filter.

Legt man zwei solcher Filter übereinander, dann lassen sie, je nach Drehung zueinander, mehr oder weniger Licht durch. Wenn die gedachten Linien in beiden Filtern parallel laufen, kann das Licht *einer* Schwingungsrichtung ungehindert hindurchgehen. Verdreht man aber einen Filter gegen den anderen, so wird auch dieser Schwingungsrichtung allmählich der Durchgang versperrt. Sind die Filter 90° gegeneinander verdreht, dann kann

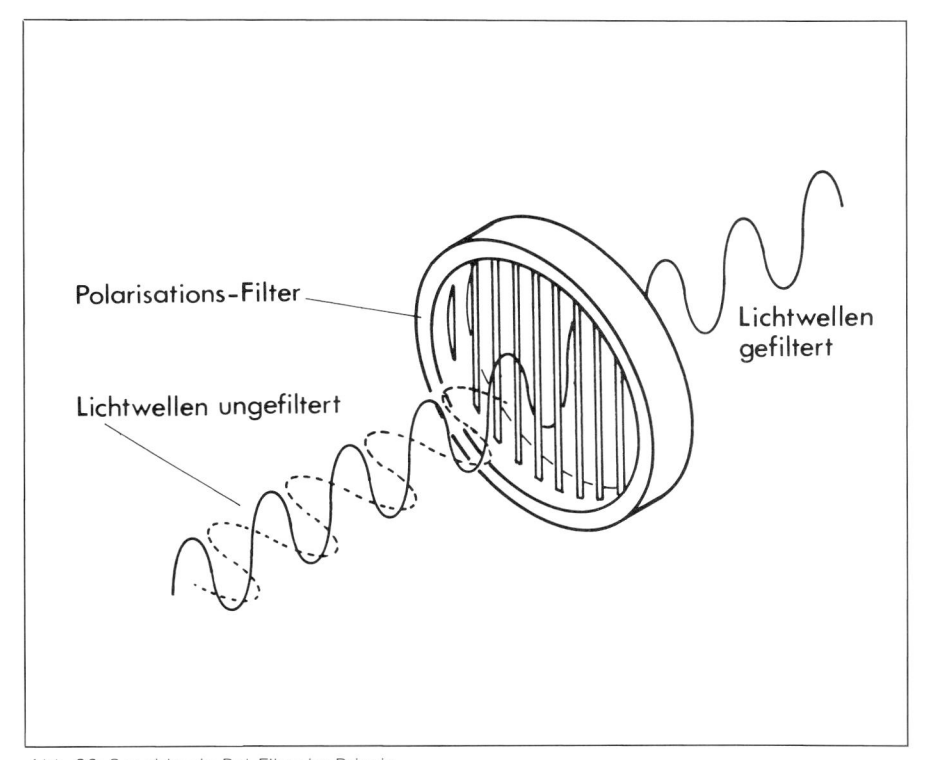

Abb. 26: So wirkt ein Pol-Filter im Prinzip.

praktisch kein Licht mehr hindurchgehen.

Dieses Verfahren macht man sich nun zunutze, um jedem Auge jeweils nur ein Teilbild zugänglich zu machen.

Projiziert werden die beiden Teildias durch *zwei Projektoren gleicher Bauart*. Vor die Objektive dieser Projektoren werden zwei Pol-Filter gestellt, die 90° gegeneinander verdreht sind. Gegenüber der Waagerechten oder Senkrechten im Raum sind sie um 45° verdreht (vgl. dazu *Abbildung 27a*),

weil dadurch Störlichter weitgehend ausgeschaltet werden können. In der Natur kommen nämlich hauptsächlich senkrechte und waagerechte Schwingungsrichtungen vor.

Damit nun das linke Auge nur das Bild des linken Projektors aufnimmt und das rechte das des rechten, brauchen wir eine Brille, in der die Pol-Filter links und rechts jeweils in gleicher Richtung ausgerichtet sind, wie links und rechts die Filter vor den Objektiven der Projektoren (vgl. dazu *Abbildung 27b*).

Pol-Filter kann man sich leicht selbst bauen. Es gibt entsprechende Folie im Fachhandel, oder sie kann dort zumindest bestellt werden. Für unsere Zwecke reicht Folie in der Größe 10 × 10 cm, die rund 18, — DM kostet.

Die Folie für die Objektive kleben wir entweder auf leichte Holzringe mit Ständern wie sie in *Abbildung 28a)* gezeigt werden. Bei übereinander angeordneten Projektoren kann man auf eine Fensterform wählen, die wir in *Abbildung 28b)* zeigen. Die Durchlaßrichtung ist auf den Folien jeweils angegeben.

Die Brille läßt sich am einfachsten bauen, wenn Sie ein altes Brillengestell haben, in das Sie die Folie einfügen. Zur Not hilft aber auch ein Pappgestell nach *Abbildung 27*. Bitte noch einmal darauf achten, daß die Durchlaßrichtung der Filter jeweils links und rechts identisch bei Brille und Objektiv sein muß.

Und noch etwas ist anders bei der Stereo-Wiedergabe von Dias.

Wir brauchen nämlich eine sogenannte *Silber-Leinwand*. Nur sie wirft das Licht genauso wieder zurück, wie es auftritt; mit anderen Worten: sie de-polarisiert das Licht nicht. Eine der üblichen Perl-Leinwände ist also nicht geeignet.

Ganz wichtig ist bei der Stereo-Wiedergabe von Dias das richtige *Einjustieren* der Projektoren. Sie können nebeneinander oder auch übereinander stehen, müssen aber zwei unverkantete und bei jedem Bildwechsel auf der gleichen Stelle wiedererscheinende Bilder projizieren. Am besten eignen sich dafür Projektoren, die Justierschrauben für Höhen- und Seitenverstellung haben. Sie sind allerdings recht teuer.

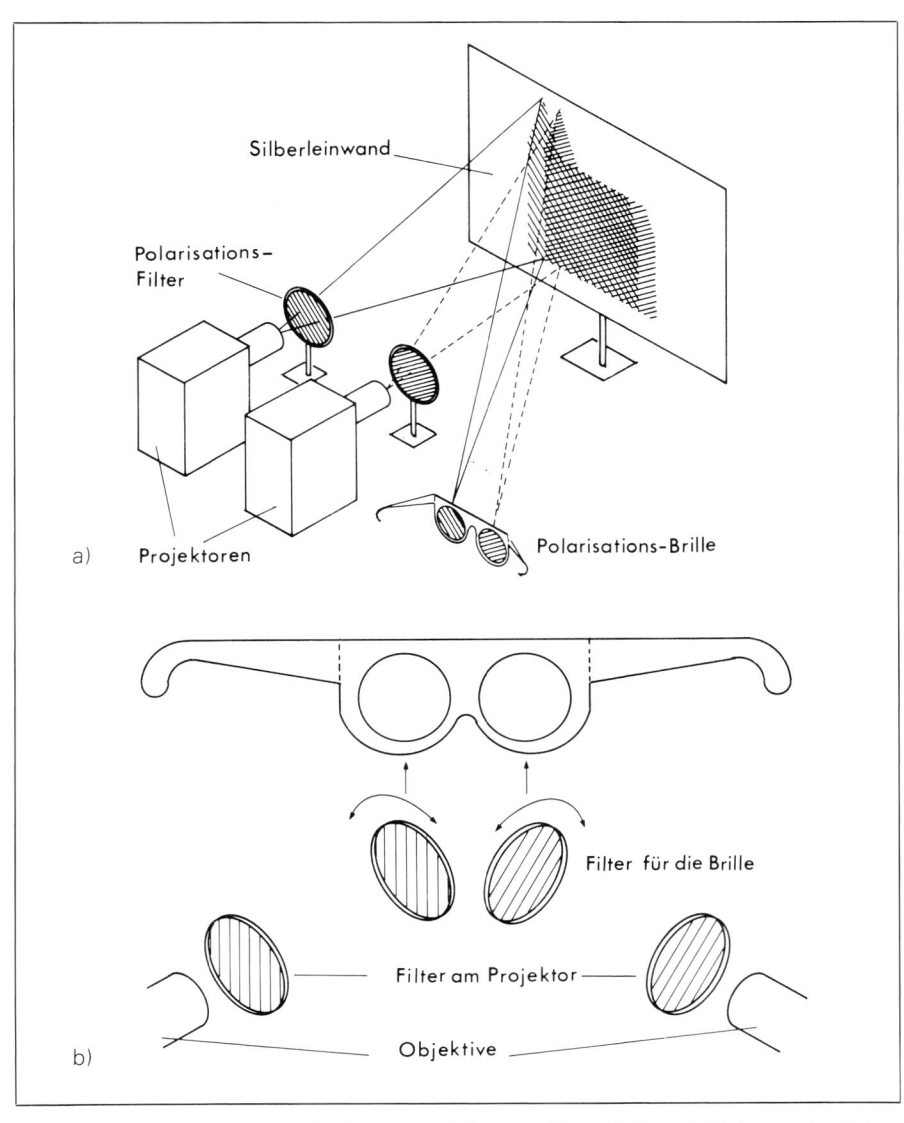

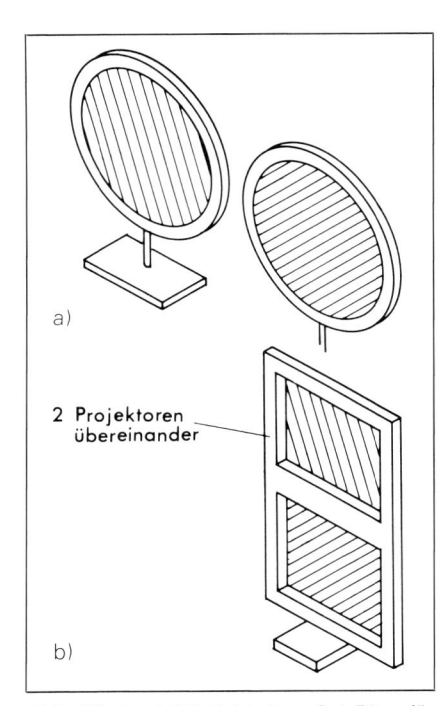

Für das richtige Einstellen der Projektoren braucht man ein wenig Übung. Setzen Sie die beiden Dias ein, und schalten Sie beide Projektoren ein. Sie werden, wenn die Pol-Filter vor den Objektiven stehen, auf der Leinwand zwei einander fast bedeckende unscharfe und verschwommene Bilder sehen (sie stehen also nicht nebeneinander). Soviel läßt sich aber erkennen, daß sich die Bilder übereinander und auf exakt gleicher Höhe stehend einjustieren lassen. Letzte Feinheiten erzie-

Abb. 27: a) Prinzipdarstellung der Stereoprojektion von Dias. b) Durchlaßrichtung des linken und rechten Objektivs der Projektoren müssen mit der Durchlaßrichtung des linken und rechten Brillenfilters übereinstimmen.

Abb. 28: Zwei Möglichkeiten, Pol-Filter für Projektoren herzustellen. a) für nebeneinanderstehende Objektive; b) für übereinanderstehende Objektive.

len Sie erst, wenn Sie auch noch Ihre Stereo-Brille aufgesetzt haben.

Wenn Sie genau gearbeitet haben, werden Sie Bilder sehen, die so plastisch sind, daß man z. B. bei einer vorgereckten Hand glaubt, sie erfassen zu können. Dieser wirklich erstaunliche Bildeindruck läßt alle Mühen, die die Stereo-Fotografie zweifellos bereitet, schnell vergessen.

Abb. 29: Originalstereofoto aus dem Jahre 1899 zum Ausschneiden und Betrachten. So sah es auf der internationalen Weltausstellung in Paris aus (im Hintergrund ist übrigens jemand mit einem Wägelchen durch's Bild gegangen. Sehen Sie's?).

Vom Terrarium zum Gartenteich

Ein Wort zuvor

Hier geht es um ein Hobby, zu dem wir vorweg ein paar grundsätzliche Worte sagen müssen.

Wie schon in der Hobbythek über die Einrichtung eines Aquariums, wollen wir auch hier jedem, der sich mit einem Terrarium beschäftigen möchte, ein paar Fragen stellen, die er für sich selbst entscheiden muß.

Ein Terrarium wird von *Tieren* bevölkert. Und Tiere wiederum sind Lebewesen, die ständige Versorgung brauchen; die man also nicht wie eine elektrische Eisenbahn ruhig eine Zeitlang sich selbst überlassen kann. Wer sich also für die tatsächlich hochinteressante Beschäftigung mit einem Terrarium entschließen will, sollte sich ernsthaft fragen, ob er auch die nötige Geduld aufbringt, sich länger mit diesem Hobby zu befassen. Schließlich ist ein Terrarium nicht nur ein schön oder exotisch aussehendes Glas- und Gittergehäuse, sondern auch etwas, was möglicherweise andere Bewohner einer Wohnung stören kann. Sie müßten

sich also vorher Klarheit darüber verschaffen, daß niemandem, der mit Ihnen die Wohnung teilt, das Terrarium schließlich auf die Nerven geht.

Und noch eins: Das Thema Terrarium und seine Tiere ist auf wenigen Seiten auch nicht annähernd zu bewältigen. Ein außerordentlich gut geeignetes Werk von G. Nietzke, das wir im Anhang noch einmal nennen, umfaßt zwei dicke Bände. Mit diesem Buch wollen wir hier nicht wetteifern. Sinn der Hobbythek ist ja vielmehr, zu einem Hobby die *ersten Grundlagen* zu liefern und den Spaß zu erzeugen, der dann vielleicht einmal zu intensiverer Beschäftigung führt. Sie werden also in den folgenden Abschnitten nicht alles finden, was es über ein Terrarium, die hineingehörenden Tiere und Pflanzen usw. Wissenswertes gibt.

Ob Sie zu einem Freund des Terrariums werden — was wir hoffen —, sollten Sie einfach dann entscheiden, wenn Sie die folgenden Abschnitte durchgelesen haben.

Kriechtiere — die Buhmänner der Tierwelt?

Die Märchen, Legenden und Berichte selbst aus gar nicht einmal so ferner Zeit sind voll von Geschichten über Drachen, urweltliche Wesen und scheußliche Monster, die nichts anderes im Sinn haben, als Unheil über die Menschen zu bringen. Ob es nun die Legende von Sankt Georg ist, der den Drachen besiegt oder ein moderner Monsterfilm, in dem riesige Saurier dröhnend durch die Landschaft stampfen, ob es die jährlichen Berichte und Suchaktionen nach dem Ungeheuer von Loch Ness oder die Angst der Spaziergänger vor giftigen oder vermeintlich giftigen Schlangen ist — immer steht hinter diesen Geschichten eine offenbar aus Urzeiten stammende Furcht vor etwas Undurchschaubarem und Häßlichem.

Dabei hat sicher jeder, der schon einmal eine *Eidechse* beobachten konnte, feststellen können, daß diese flinken kleinen Tiere weder häßlich noch be-

Abb. 1: Jean Pütz im Studio vor einem Prachtexemplar eines in die Wand eingelassenen Terrariums.

drohlich aussehen, sondern daß sie im Gegenteil ausgesprochen hübsch, lebendig und auch klug wirken.

Selbst *Frösche* und *Kröten,* die für viele der Inbegriff des Abscheulichen sind, haben durchaus eine eigentümliche Schönheit. Trotzdem werden gerade Frösche immer wieder gequält, worin sich ausdrückt, daß diese Tiere im Menschen nicht das Mitleid auslösen, das Säugetiere wie Hunde, Katzen, Kaninchen usw. nicht nur dann hervorrufen, wenn sie noch klein sind. Vielleicht hat das auch damit zu tun, daß die Kriechtiere nicht gerade zum Schmusen einladen. Sie haben weder ein weiches Fell, noch sind sie warm. Sie sind wie die Fische eben immer nur so warm wie ihre Umgebung. Und die ist meistens kühl.

Oder hat dieses Verhältnis des Menschen zu den Kriechtieren mit Hochmut zu tun? Immerhin hat es der Mensch vom Neandertaler bis heute in nur rund 70 000 Jahren relativ weit gebracht. Die Geschichte der Kriechtiere ist dagegen wesentlich älter. Sie reicht 220 Millionen Jahre zurück. Die sogenannte *Brückenechse* gab es also schon, als an den Menschen noch viele Millionen Jahre lang noch gar nicht zu denken war.

Kleiner Ausflug in die Urzeit

Lange Zeit bevor der Mensch sich soweit entwickelt hatte, daß es zum richtigen Helden gehörte, mindestens einen Drachen besiegt zu haben, gab es

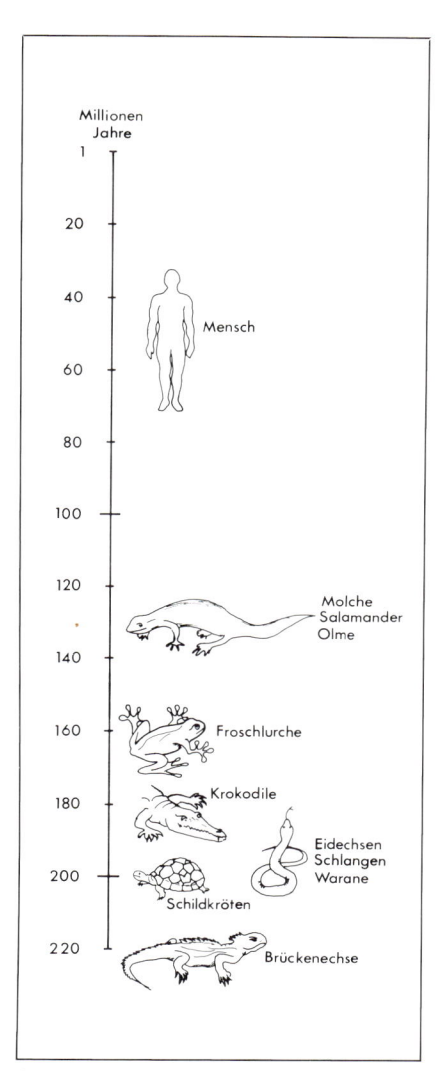

Amphibien und *Reptilien* in einer Vielfalt, die wir uns heute kaum vorstellen können. Während die Geschichte des Menschen vor ungefähr 50 Millionen Jahren begann, ist diejenige der *Schildkröten* schon 200 Millionen Jahre alt (vgl. dazu *Abb. 2*). Das Wort *Amphibien* sagt schon etwas über die Herkunft dieser Tiere aus. In ihm steckt die griechische Vorsilbe *amphi,* die soviel bedeutet wie *doppel* oder *beid* ... Amphi weist also auf ein Leben in zwei Elementen hin, und zwar auf ein Leben sowohl im Wasser wie auf dem Lande. Die Geschichte der Kriechtiere reicht ins Wasser zurück, aus dem sie vor über 300 Millionen Jahren an Land gestiegen und sich dort zu einer Artenvielfalt entwickelten, die heute nur noch zu einem geringen Teil existiert. Immerhin kennt man aber noch rund 9000 verschiedene Amphibien- und Reptilienarten.

Trotz dieser langen Entwicklungszeit und einem Wechsel von Perioden, die diesen Tieren günstig und dann wieder

Abb. 2: Hier sieht man, daß der Mensch die Erde erst recht spät betrat. Die Zeit, in der er sich zu einem Kulturwesen im heutigen Sinne entwickelte, ist so kurz, daß sie sich auf diesem Diagramm gar nicht mehr darstellen läßt.

Abb. 3: Skelett eines Sauriers im Senckenberg-Museum Frankfurt/Main.

ungünstig waren, haben sie sich der heutigen Welt relativ schlecht angepaßt. Das ist auch ein Grund dafür, daß viele von ihnen vom Aussterben bedroht sind. Sogar letzte noch paradiesisch anmutende Rückzugsgebiete wie die Galapagos-Inseln, auf denen noch das älteste dieser Tiere zu finden ist — die *Brückenechse* —, muß jetzt zum Naturschutzgebiet erklärt werden, damit nicht auch dort noch die letzten frei lebenden Zeugen dieser Urzeit ausgerottet werden.

Als sich die Vorfahren unserer Kriechtiere von einem ausschließlichen Leben im Meer zu Amphibien entwickelten, bildeten sie anstelle der Kiemen Lungen. Während die *Kiemen* den im Wasser gelösten Sauerstoff aufnehmen können, sind die *Lungen* in der Lage, den Sauerstoff der Luft unmittelbar aufzunehmen und an den Blutkreislauf abzugeben. Die Amphibien nun sind in der Lage, sowohl im Wasser wie auf dem Land zu leben. Das ist wichtig für die Einrichtung eines Terrariums, in dem solche Tiere leben sollen. In ihm muß sowohl ein Wasser- wie ein Landbereich vorhanden sein.

Eine besondere Art der Entwicklung stellen die *Saurier* dar, die vor ungefähr 250 Millionen Jahren aufzutreten begannen und über 130 Millionen Jahre lang die Erde beherrschten. Die Fachbezeichnungen für diese Erdzeitalter sind *Trias, Jura* und *Kreidezeit*.

Diese Tiere, von denen es verschiedene Arten von zum Teil gewaltiger Größe gab, waren den Ungeheuern, die man später als Drachen bezeichnete, wohl am ähnlichsten. Man hat ihre Skelette gefunden — besonders schöne und große Exemplare davon findet man zum Beispiel im Senckenberg-Museum in Frankfurt. Diese Kolosse gehören zu den Echsen, und die größten von ihnen wurden bis zu 40 Tonnen schwer. Solche Tiere könnte man sich schon als Drachen vorstellen, gegen die ein Mensch nur schwer bestehen kann. Nur hatte der Mensch überhaupt keine Chance, Sauriern jemals zu begegnen; denn bis zum Auftreten des Menschen dauerte es ja — wie gesagt — noch rund 70 Millionen Jahre nach Aussterben der Saurier.

Entscheidend für die Entwicklung der Lebewesen war der Schritt vom Wasser aufs Land. Erst dort konnte es zu Entwicklungen kommen, die schließlich zum vernunftbegabten Menschen führten.

Ein nicht geringer Reiz der Beschäftigung mit einem Terrarium besteht darin, daß man mit den Kriechtieren Bekanntschaft mit fernen Zeiten der Erdgeschichte machen kann. Auch wenn die heute existierenden Arten sehr klein sind, lassen sich an ihnen doch immer noch Verhaltensweisen und auch Erscheinungsformen beobachten, die auf Zeiten zurückverweisen, in denen auf der Erde noch Schachtelhalme und Farne groß wie Bäume waren und Pflanzen wuchsen, die wir heute als Kohle verfeuern.

Daß viele dieser Kriechtiere heute nur noch in *kleinen Entwicklungsformen* existieren, hat für den Terrarienfreund auch Vorteile. Abgesehen von den Sauriern, die bis 15 Meter lang und 6 Meter hoch werden konnten, gab es in früheren Zeiten auch unter den anderen Arten noch wahre Riesen. Zum Beispiel gab es die Schildkröte *Archelon,* deren Rückenschild eine Länge von 4 Metern hatte. Die größten Schildkröten in unserer Zeit bringen es immerhin noch auf Längen von über 1 Meter. Sie gehören zusammen mit den Krokodilen zu den größten noch lebenden Arten. Die älteste Art — die schon mehrfach genannte Brückenechse — ist ausgewachsen etwa einen dreiviertel Meter lang.

Alles in allem: Wenn Sie sich ein Terrarium einrichten und es mit Kriechtieren bevölkern, dann holen Sie sich gewissermaßen ein Stück Urwelt ins Haus.

Tierliebhaberei sollte zugleich Tierschutz sein

Tiere sind kein Spielzeug, das man einfach eine Zeitlang weglegen kann. Wer sich mit Tieren — gleich welcher Art — befassen und sie halten möchte, muß dafür ein bestimmtes Quantum Zeit aufbringen. Für ein Terrarium genügen etwa 10 bis 15 Minuten pro Tag, wenn es erst einmal vollständig eingerichtet ist. Das ist also nicht allzu viel.

Ein Übermaß an Pflege kann allerdings auch in Tierquälerei ausarten. Wenn Kriechtiere sich z. B. hinter Steinen verstecken, dann sollte man sie auch in Ruhe lassen. Tiere brauchen ebenso wie Menschen Ruhepausen. Auch Tiere können nämlich unter Streß leiden, der bei ihnen bis zum Tod führen kann.

Zur Tierquälerei kann es auch führen, wenn man ein Terrarium mit Tieren bevölkert, die nicht zusammenpassen. Da kann mancher Zoo ein Liedchen davon singen, wenn sogenannte Tierliebhaber mit lädierten Krokodilen, Schlangen oder Schildkröten vor der Tür stehen und um Hilfe bitten. Für den Anfang möchten wir überhaupt dazu raten, von bestimmten Tierarten zunächst die Finger zu lassen. Bei den *Krokodilen* können auch kleine Arten recht bissig sein, und bei den *Schlangen* gibt es außer mit dem Gift auch sonst einige Probleme.

Wir haben deshalb für den Anfang großen Wert auf die Auswahl solcher Tiere gelegt, die für den Anfänger keine Probleme bereiten und ihn trotzdem Geschmack an der Sache bekommen lassen.

Empfehlen möchten wir Ihnen auf jeden Fall, daß Sie sich den Rat eines guten *Zoohändlers* holen, bevor Sie mit der Einrichtung eines Terrariums beginnen. Nun ist es ja immer schwierig, als Anfänger auch die richtigen Fragen zu stellen. Deshalb hier eine kleine Liste der Fragen, die Sie dem Zoohändler auf jeden Fall stellen sollten:

● Wie groß wird das ausgewachsene Tier und wie lange dauert sein Wachstum? Denn Sie müssen sich ja auf den späteren Bedarf beim Einrichten eines Terrariums schon einstellen.

● Wo ist der ursprüngliche Lebensraum des Tieres (Wasser, Urwald, Wüste usw.)? Und welchen klimatischen Einflüssen ist es dort ausgesetzt (Einflüssen, die sich aus dem Wechsel der Jahreszeiten und dem Wechsel von Tag und Nacht ergeben)?

● Welches ist die Heimat des Tieres, das Sie kaufen wollen?

● Hier geht es um die wichtige Frage nach dem Futter. Da spielen eine Rolle: Welche Futteransprüche hat das Tier? Kann man das Futter jederzeit kaufen, und wie teuer ist es?

Wenn ein Händler auf solche Fragen nur ungenaue Auskünfte geben kann, dann sollten Sie vorsichtig sein. Im übrigen können Sie darauf vertrauen, daß Tierhändler auf die Einhaltung der Naturschutz-Bestimmungen genauso verpflichtet sind wie jeder andere Mensch auch. Allerdings gibt es leider auch unter den Tierhändlern schwarze Schafe. Da kann es schon einmal vorkommen, daß Anfängern Tiere angedreht werden, die für die Haltung noch viel zu kompliziert sind. Dazu gehören z. B. indische *Dach-Schildkröten,* die sehr viel Wärme brauchen, oder auch *Weich-Schildkröten,* die sich nur in feinem Flußsand wohl fühlen, oder *Geier-* und *Alligator-Schildkröten-Babys,* die ausgewachsen eine Größe von über 50 cm erreichen und überdies nicht ganz ungefährlich sind. Dasselbe gilt für *Krokodile, Schlangen* und *Echsen,* die mehrere Meter lang werden können.

Geht man von den Bestimmungen aus, dann ist Tierschutz in der Welt und besonders in der Bundesrepublik Deutschland bis in kleinste Einzelheiten geregelt. Da gibt es internationale und nationale Artenschutz-Bestimmungen, über die man in der sogenannten ,,*Roten Liste*'' mehr erfahren kann. Sie wird von Mitarbeitern der Bundesforschungsanstalt für Naturschutz und Landesökologie und dem Institut für Ökologie der Technischen Universität Berlin herausgegeben (Bezugsnachweise siehe Anhang). Darin gibt es auch Bestimmungen über Kriechtiere. Danach ist es in Deutschland grundsätzlich verboten, sie in der freien Natur zu fangen. Auch das ist ein Grund, sich von vornherein an einen seriösen Tierhändler zu wenden.

Für den Anfang kein zu kompliziertes Terrarium wählen

Für den Anfänger haben wir uns nach dem Rat vieler Fachleute auf zwei Arten von Terrarien beschränkt; und zwar auf das sogenannte *Aqua-Terrarium* und das *Wüsten-Terrarium.*

Während das normale Terrarium einen größeren trockenen Landteil und einen kleinen Wasserteil hat, hat das Aqua-Terrarium einen größeren Wasserteil und einen kleineren Landteil. Es ist für Sumpf-Schildkröten besonders gut geeignet.

Die hier vorgestellte Art des Wüsten-Terrariums hat den Vorteil, daß es keine besonders intensive Heizung und Bestrahlung mit ultraviolettem Licht braucht. Es ist gut geeignet für Echsenarten, die einigermaßen robust sind.

Aqua-Terrarien für Anfänger und für Fortgeschrittene

Das Mini-Aqua-Terrarium der Hobbythek

Ein Aqua-Terrarium kann man in einem ganz normalen Aquariumbehälter anlegen. Wir sagten ja schon, daß in dieser Art des Terrariums der Wasserteil eine ganz besondere Rolle spielt.

Für den Anfang empfiehlt es sich, es mit *Schildkröten-Babys* zu besetzen, die es überall im Handel gibt und die relativ leicht zu pflegen sind. Dafür genügt es, mit einem Aquarium-Behälter zu beginnen, der etwa folgende Größen hat: 40 bis 50 cm Breite, 18 bis 25 cm Tiefe, 25 bis 35 cm Höhe.

Wir empfehlen Ihnen hierfür ein Becken aus Plastik, weil es das in diesen Größen gibt und weil es relativ unempfindlich ist. Das Wasser muß nämlich — wie wir noch sehen werden — in dieser Art von Terrarium relativ oft und vollständig gewechselt werden. Sie haben bei einem Plastikbehälter mit dem Wasserwechsel und Reinigen kaum große Probleme.

Diese Beckengröße reicht für etwa 3 bis 4 Schildkröten-Babys.

Die kleinen Sumpf-Schildkröten, von denen nachher gleich im einzelnen die Rede sein wird, sind *Lungenatmer*. Sie holen also ihren Sauerstoffbedarf aus der Luft, obwohl sie sich die meiste Zeit im Wasser aufhalten. Dazu müssen sie von Zeit zu Zeit an die Oberfläche oder auch an Land gehen. Trotz ihrer Vorliebe fürs Wasser lieben es diese Schildkröten nämlich, sich hin und wieder in der Sonne zu aalen.

Der Lebensweise dieser Tiere entsprechend muß das Aqua-Terrarium eine Landfläche haben, die etwa ein Drittel der Gesamtfläche ausmacht.

Der übrige Teil ist mit Wasser bedeckt, das für unsere Zwecke 8 bis 15 cm Wassertiefe haben muß, damit sich die Schildkröten auch dann noch gut bewegen können, wenn sie einmal in Rückenlage kommen.

Das Aqua-Terrarium braucht eine Insel

Die Insel erfüllt folgende Zwecke:

● Die Insel muß für die Tiere zweckmäßig sein; d. h. sie müssen leicht auf sie hinaufkriechen und sich auf ihr bewegen können.

● Man muß die Insel herausnehmen können, was den Wasserwechsel erheblich erleichtert.

● Die Insel muß hübsch aussehen.

Einfach wäre es natürlich, eine solche Insel aus Styropor zu bauen; aber dieser Stoff ist zu leicht. Er würde sofort hochschwimmen. Deshalb nehmen wir einen Stein. Das kann ein passender Felsbrocken oder auch ein Ziegelstein sein, den Sie sich Ihren Wünschen entsprechend zurechthauen.

Damit sich die Schildkröten-Babys, deren Panzer noch weich ist, an dem Stein nicht verletzen, wird er mit *Korkrinde* beklebt, die man in Hobby-Läden kaufen kann. Sehen Sie zu, daß die Rinde nicht zu dick ist. Kork, der hier bis unter die Wasserlinie den Stein bedecken muß, hat den Vorteil, wasserbeständig und robust zu sein. Er sieht nicht nur schön aus, sondern gibt den Tieren darüber hinaus genügend Halt beim Hochkriechen. Außerdem läßt sich Kork sogar mit heißem Was-

Abb. 4: Das Mini-Aquarium mit Insel und Babyschildkröten, das wir für die Fernsehsendung gebaut haben. Die Pflanzen sind aus Plastik.

ser reinigen. Das kann wichtig sein, um Krankheitserreger abzutöten.

Kleben Sie den Kork um den Stein entweder mit einem Schnellzement (z. B. Ragufix) oder mit Silikon-Dichtmasse, die man zum Abdichten von Fugen im Badezimmer verwendet. Natürlich ist auch jeder andere wasserbeständige Kleber geeignet.

Die Unterseite des Steins bleibt unbeklebt und — wenn Sie die Insel an eine der Wände rücken wollen — möglicherweise auch die Rückseite.

Achten Sie darauf, daß die Insel an einer Stelle möglichst flach ins Wasser übergeht, damit die Tiere bequem auf ihren Trockenplatz klettern können. Außerdem dürfen sich unter Wasser oder zwischen Insel und Behälterwand keine Nischen bilden, in denen sich die Schildkröten verklemmen können. Sie würden nämlich, wenn sie nicht von Zeit zu Zeit Luft schnappen können, regelrecht ertrinken.

Was man zur Verschönerung des Terrariums tun kann

Das Terrarium sieht auch dann noch recht kahl aus, wenn es mit Wasser gefüllt ist. Wir wollen es deshalb noch ein wenig verschönern; und das geht am besten mit *Pflanzen*. Nun ist es allerdings gar nicht so einfach, in einem Terrarium echte Pflanzen gedeihen zu lassen. Darauf kommen wir später noch zurück. Fürs erste wird es genügen, kleine Kunststoff-Pflanzen zu nehmen, die heute den echten schon

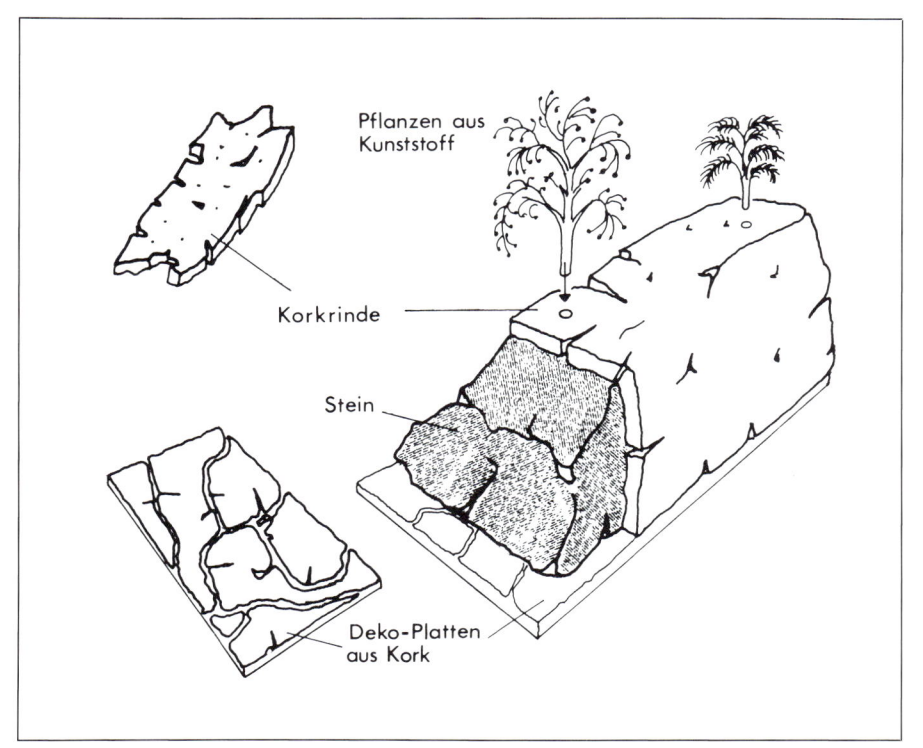

Abb. 5: Die Insel besteht aus einem mit Kork beklebten Stein.

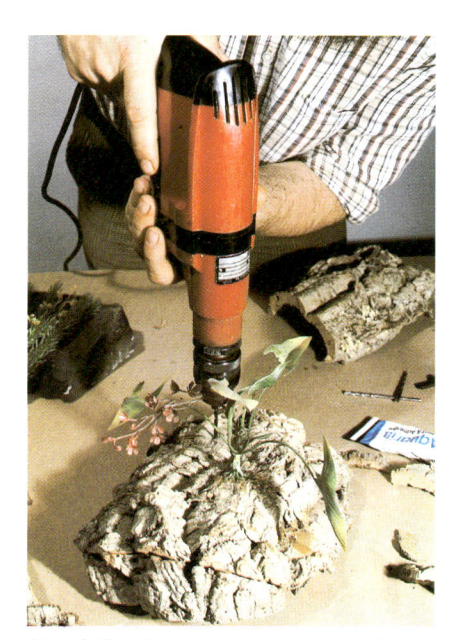

Abb. 6: Damit die emsigen Tiere die künstlichen Pflanzen nicht ausreißen können, müssen sie fest in die Insel eingeklebt werden. Am einfachsten ist es, Löcher mit einem Schlagbohrer in den Stein zu bohren und die Stiele der Pflanzen vor dem Einsetzen mit Plastikkleber zu bestreichen.

täuschend ähnlich sehen. Bei der Auswahl der Pflanzen sollten Sie darauf achten, daß Sie nicht irgendwelche Trockenpflanzen wie z. B. einen Kaktus nehmen. Es empfiehlt sich also — da es ja hier um ein Wasserbecken geht — Pflanzen zu nehmen, die am oder im Wasser gedeihen.

Das „Einpflanzen'' geht ganz einfach. Drücken Sie mit einem spitzen Gegenstand Löcher in den Kork, in die Sie die Pflanzenstiele, mit Plastikkleber bestrichen, einfach hineinstecken. Da die Tiere recht lebendig sein können und dabei auch Pflanzen knicken, können Sie, wenn Sie ganz sicher gehen wollen, auch enge Löcher mit dem Schlagbohrer in den Stein hineintreiben, in die Sie die Pflanzen dann hineinstecken.

Da an der Insel kräftig mit Klebstoff gearbeitet wird, sollten Sie sie, bevor Sie die Insel zusammen mit den Tieren ins Wasser geben, gründlich wässern.

Pflege des Beckens

Die kleinen Schildkröten haben einen ganz regen Stoffwechsel. Das heißt, Sie müssen das Wasser, damit das Terrarium nicht zu stinken beginnt, relativ oft wechseln. Im Sommer sollte das auf jeden Fall alle zwei Tage geschehen. Dazu nehmen Sie Tiere und Insel samt Pflanzen aus dem Becken heraus und tun alles für die Zeit der Reinigung in eine große Plastikschüssel. Dann wird das Wasser vollständig entleert, das Becken gereinigt und neues Wasser eingefüllt. Bitte aber darauf achten, daß nicht irgendwelche Spülmittel im Wasser bleiben.

Bei einem Terrarium läßt sich dieser Wasserwechsel auch durch eine Filteranlage, die man bei Aquarien verwendet, nicht vermeiden. Dazu ist einfach die Verschmutzung zu groß.

Ein Platz an der Sonne

Die Schildkröten sind zwar Tierchen, die sich gern im Wasser aufhalten; aber sie lieben auch die Sonne. Deshalb sollten Sie das Aqua-Terrarium ruhig auf die Fensterbank oder doch zumindest in die Nähe eines Fensters stellen, in das gelegentlich die Sonne fällt.

Da aber bei uns die Sonne nicht allzu häufig scheint, ist eine zusätzliche künstliche Wärme- und Lichtquelle nötig. Bei komplizierteren Terrarien und vor allem bei solchen, in denen Wüstenverhältnisse hergestellt werden sollen, verwendet man besondere *UV-Strahler,* wie man sie von der „Höhensonne'' kennt. Sie werden hin und wieder eingeschaltet, um den Tieren die entsprechende Strahlung zukommen zu lassen. Das ist für unser Aqua-Terrarium noch nicht nötig. Es tut den Tieren jedoch gut, wenn Sie das Fenster bei einfallender Sonne öffnen, da normales Fensterglas den größten Teil der UV-Strahlung zurückhält.

Ein einfacher Terrarium-Deckel mit Lampen

Der folgende Bastelvorschlag für die Beleuchtung des Aqua-Terrariums verbindet gleich mehrere Vorteile. Der Deckel, in den die Lampen eingebaut werden sollen, schützt nämlich die Tiere vor Zugluft und plötzlichem Temperaturwechsel. Und schließlich bewirkt die Lampe auch noch, daß sich die Luft im Aqua-Terrarium ein wenig aufheizt.

Für den Bau eines Lampendeckels brauchen Sie folgendes:

> 1 Sperrholzplatte, 5 mm stark, die in Breite und Tiefe etwa 5 bis 6 mm kleiner ist als die Außenmaße Ihres Beckens am oberen Rand.
>
> 1 Streifen Preßpappe, bereits mit Löchern perforiert; 7 cm breit, Länge etwas mehr als Breite + Tiefe des Beckens × 2.
>
> 30 cm möglichst dünnen Viertelstab.
>
> 1 Lampenfassung, die nicht aus Metall ist, mit entsprechend viel Kabel, einem Kabelschalter und Stecker.
>
> 1 Glühbirne, je nach Größe 40 oder 60 Watt.
>
> Etwas Alufolie.
>
> Wasserfester Kleber.
>
> Kunstharzlack in einer Ihnen zusagenden Farbe.

Der Bau des Deckels geht ganz einfach. Wie auf *Abbildung 7* zu sehen ist, wird um die Sperrholzplatte aus den 7 cm breiten perforierten Preßpappenstreifen ein Rand geklebt. Probieren Sie vorher aus, daß die Größe der Sperrholzplatte so bemessen ist, daß der aufgeklebte Preßpappenrand später auf dem oberen Rand des Aquariumbehälters aufsitzt (also weder außen noch innen über den Rand rutscht).

In die Ecken dieses perforierten Randes kommen zur Versteifung entsprechende Abschnitte des Viertelstabes, wobei darauf geachtet werden muß, daß die Stäbe etwa einen Zentimeter über den

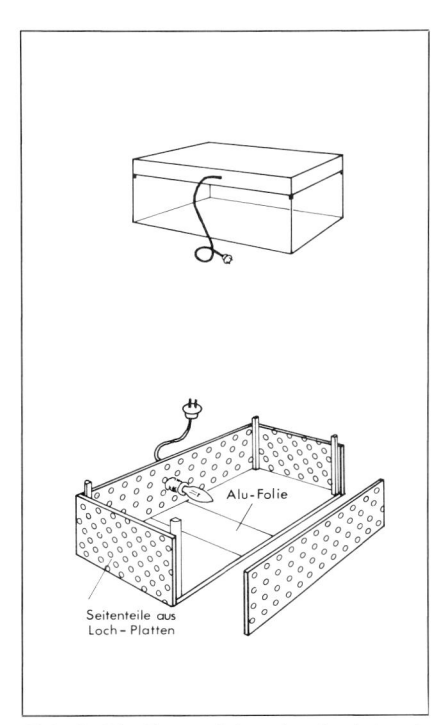

Abb. 7: Die Konstruktion des Deckels mit Lampe und Lüftungslöchern ist ganz einfach.

mit Alufolie beklebt. Die Alufolie dient zugleich als Wärmeschutz für das Holz und als Reflektor des Lichtes und der Wärme.

Zum Schluß sollten Sie den Deckel zumindest innen mehrmals gründlich lackieren. Bei Temperaturen von etwa 25°C, die im Innern des Aqua-Terrariums entstehen, verdampft nämlich eine Menge Wasser. Es würde das Sperrholz unweigerlich zum Quellen bringen und den Deckel zerstören.

Durch die Stärke der Glühbirne können Sie die Temperatur im Aqua-Terrarium leicht beeinflussen. Wenn bei eingeschalteter Lampe die Temperatur wesentlich unter oder über 25°C abweicht, sollten Sie die Birne entweder gegen eine schwächere oder stärkere auswechseln. Benutzt wird die Lampe natürlich nur, wenn es entweder zu kühl oder zu dunkel ist. Vergessen Sie dabei aber nicht, daß auch Schildkröten einen Tag- und Nachtrhythmus haben. Nachts sollte man ihnen also, wie dem Menschen auch, Dunkelheit gönnen.

Schildkröten sind trotz ihres harten Panzers ausgesprochen possierliche Tiere

Schildkröten sind in der letzten Zeit geradezu eine Art Volks-Kriechtier geworden. Das verdanken sie sicher zum Teil ihrer Anspruchslosigkeit; denn sie verlangen nun einmal nicht das gleiche Maß an Zuwendung wie ein Hund oder eine Katze. Trotzdem sind sie weniger spröde, als ihr gepanzerter Körper vermuten läßt; ja sie können sogar — wie

man bei Tieren gern sagt — ausgesprochen niedlich sein.

Obwohl Schildkröten relativ robust sind, sollte man bei Kindern darauf achten, daß sie erst an die Schildkröte herangelassen werden, wenn sie sorgsam mit den Tieren umgehen können. Der Vorteil einer Sumpf-Schildkröte, die wir für den Anfang vorschlagen, besteht darin, daß sie sich viel im Wasser aufhält, so daß sie dadurch vor dem Zugriff allzu tierlieber Mitmenschen wenigstens zeitweise geschützt ist. Diese Tiere brauchen nämlich auch ihre Ruhe.

Im Gegensatz zu den immer noch verbreiteteren Land-Schildkröten, die meist aus Griechenland kommen, sind die Sumpf-Schildkröten weniger tierquälerischen Bedingungen ausgesetzt. Beim Transport nach Deutschland werden nämlich die Tiere oft in Kisten gestapelt transportiert, was für viele den Tod bedeutet.

Für den Anfang haben wir die sogenannte nordamerikanische *Schmuck-Schildkröte* ausgesucht, die es eigentlich in jeder Zoohandlung gibt. Sie kommt in ihrem Heimatland Nordamerika in großen Scharen vor, und sie ist — wie wir finden — besonders hübsch. Achten Sie einmal darauf, wie zierlich ihr Panzer gezeichnet ist. Auf *Abbildung 8* ist die verbreitetste Schmuck-Schildkrötenart abgebildet: die *Rotwangen-Schildkröte* (Pseudemys scripta elegans). Sie hat ihren Namen wegen der hübschen roten Zeichnung, die von der einen Wangenseite zur anderen quer über den Kopf läuft.

In der Haltung ist diese Schildkrötenart sehr unproblematisch, denn sie kommt aus einem Klimabereich, der

Rand hinausragen. Das verhindert nämlich, daß der Deckel sich später auf dem Beckenrand verschiebt. Die Maße müssen so festgelegt sein, daß sich die überstehenden Viertelstab-Abschnitte mühelos in die Ecken des Beckens hineinschieben lassen.

In die Mitte eines der Seitenteile wird — wie in *Abbildung 7* gezeigt — jetzt ein Loch gebohrt, durch das sich die Lampenfassung, nach innen weisend, leicht befestigen läßt. Über der Birne wird die Sperrholzplatte des Deckels

Abb. 8: Die Rotwangen-Schildkröte. In der Nahaufnahme ist deutlich der seitliche rote Fleck am Kopf zu sehen.

dem unseren in Deutschland ziemlich ähnlich ist. Im Sommer kann man deshalb diese Schildkröten auch in einem Außen-Terrarium oder einem Gartenteich halten (für den wir auf *Seite 164* einen Bastelvorschlag haben). In den Geschäften kosten diese Schildkröten als Babys z. Z. etwa 3, — bis 6, — Mark.

Auch Schildkröten brauchen Pflege

In vielen Haushalten gibt es Land-Schildkröten, die man normalerweise mit Salatblättern, vielleicht auch mal mit Apfelstücken oder Tomate füttert. Ganz anders ist es bei unseren Schmuck-Schildkröten, die in erster Linie *Fleischfresser* sind. Zwischendurch nehmen sie zwar auch einmal Salatblätter, Löwenzahn oder etwas Ähnliches; am liebsten mögen sie aber z. B. Gehacktes vom Rind, kleingeschnittene Innereien oder auch Fischstückchen und besonders gern Wasserflöhe, Schnecken und Maden. Es macht Spaß, diese Schildkröten zu füttern und ihnen zuzusehen, wie sie die einzelnen Stücke verdrücken. Wichtig ist aber, daß man sie nicht zu reichlich füttert, da übrigbleibende Nahrung zusammen mit dem Kot sich im Wasser schnell zersetzt und infernalisch zu stinken beginnt. Also bitte nicht mehr füttern, als die Tiere sofort aufnehmen. Lieber noch einmal nachfüttern.

Bei der Ernährung nicht nur dieser Tiere ist es besonders wichtig, daß sie nicht zu einseitig gefüttert werden. Es kommt sonst leicht zu einem Mangel

Abb. 9: Die Rotwangen-Schildkröten fressen einem geradezu aus der Hand. Gut zu sehen ist hier die schöne Zeichnung der Tiere.

an Mineralien und Vitaminen. Wer es sich einfach machen und auch ganz sicher gehen will, der kann sich in einer Zoohandlung fertiges Trockenfutter kaufen, das es für diese Art von Schildkrötenbabys gibt. Es ist nicht übermäßig teuer, nimmt aber auch ein bißchen den Spaß des Selbermachens.

Da diese Schildkröten sehr lebendig sind, müssen Sie beim Füttern darauf achten, daß alle etwas bekommen. Wenn nämlich die stärkeren den schwächeren alles wegschnappen, dann werden die nur noch schwächer.

Die Rotwangen-Schildkröte fühlt sich am wohlsten bei Temperaturen zwischen 20 und 28°C. Dabei ist es günstig, wenn die Lufttemperatur größer ist als die Wassertemperatur. Das ergibt sich aber quasi von selbst bei eingeschalteter Lampe. Nachts dürfen die Temperaturen niedriger sein.

Diese Schildkrötenart ist — obwohl sie im Wasser lebt — sehr sonnenliebend. Gönnen Sie ihnen also, wenn es geht, vormittags oder auch nachmittags ungefilterte Sonne bei offenem Fenster.

Ein wichtiger Bestandteil der Pflege ist,

daß das Wasser im Becken oft gewechselt wird. Bei unseren kleinen Baby-Becken ist das alle ein bis zwei Tage nötig. Bei größeren Becken genügt ein Abstand von 5 bis 8 Tagen. Bitte achten Sie darauf, daß beim Wechseln des Wassers das neue Wasser möglichst die Temperatur des alten hat; nämlich etwa 25°C. Wenn während dieser Prozedur die Schildkröten im Trockenen bleiben, brauchen Sie sich keine Sorgen zu machen. Sie sind ja Lungenatmer. Wenn Sie kein besonderes Ausweichgefäß haben, können Sie die Tiere auch in einen nicht allzu kleinen Leinensack oder in ein Handtuch stecken. Natürlich darf man sie nicht fest einwickeln.

Auch Tiere können einmal krank werden. Wenn Sie das Gefühl haben, daß sich Ihre Schildkröten anders als normal verhalten, dann sollten Sie sie dem Zoohändler zeigen. Auf jeden Fall ist es wichtig, das krank erscheinende Tier von den anderen zu isolieren, da es sie anstecken kann.

Abb. 10: So sah unser Aqua-Terrarium im Studio aus.

Und noch etwas: Im Winter halten diese Tiere in Freiheit einen Winterschlaf. Die Ruhezeit dauert vom Oktober/November bis etwa zum Februar. Wenn man ihnen in einer trockenen Ecke im Terrarium einen Haufen aus Lauberde und Torfmullgemisch anlegt, werden sie sich wahrscheinlich dort hineinverkriechen. Dann können die Temperaturen niedriger sein.

Auch Schildkröten werden einmal erwachsen

Ausgewachsen können die Rotwangen-Schildkröten 25 bis 28 cm groß werden. Das geht Gott sei Dank nicht so rasend schnell wie z. B. bei Katzen. Denn auch nach etwa 1 bis 2 Jahren sind sie kaum größer als 7 bis 10 cm. Immerhin ist auch das schon eine Größe, die es notwendig macht, ihnen einen erweiterten Lebensraum zu verschaffen. Wir sagten ja schon, daß diese Schildkröten recht lebendig sind; also Platz brauchen. Wenn diese Tiere voll ausgewachsen sind, kann es sogar sein, daß Sie sich von ihnen aus Platzgründen trennen müssen. Wir sagen Ihnen jetzt schon, daß Ihnen das gerade bei dieser Schildkrötenart schwerfallen wird. Trotzdem sollte man es vorher wissen.

Wir bauen ein großes Schildkröten-Terrarium

Wenn die Rotwangen-Schildkröten sozusagen in ihr jugendliches Rüpelalter kommen, brauchen sie einfach Platz. Nach wie vor bleibt ihr Lebensraum aber ein Aqua-Terrarium, das also aus 2/3 Wasserfläche und 1/3 Land besteht.

Am besten eignet sich jetzt ein Glasaquarium mit folgenden Maßen: 80 bis 100 cm Länge, 40 bis 60 cm Tiefe und eine entsprechende Höhe. Für unsere Zwecke ist es gleichgültig, ob es sich um ein geklebtes, ausschließlich aus Glas bestehendes Aquarium handelt oder auch um ein älteres, das in einen Stahlrahmen gebaut ist. Da das Aquarium ja nicht wie bei der Haltung von Fischen vollständig mit Wasser gefüllt ist, das bei dieser Größe schon einen erheblichen Druck auf die Wände aus-

übt, ist hier alles nicht so riskant. Sehen Sie zu, daß Sie möglichst ein Sonderangebot erwischen, dann können Sie mit Preisen zwischen 80,— und 130,— Mark zurechtkommen. Vielleicht möchte auch jemand sein altes Aquarium abgeben, weil er sich vergrößern oder modernisieren will.

Da die Schildkröten inzwischen nicht mehr so empfindlich sind, der Panzer hart ist und alles schon ein wenig erwachsener zugeht, können Sie jetzt bei der Gestaltung des Terrariums we-

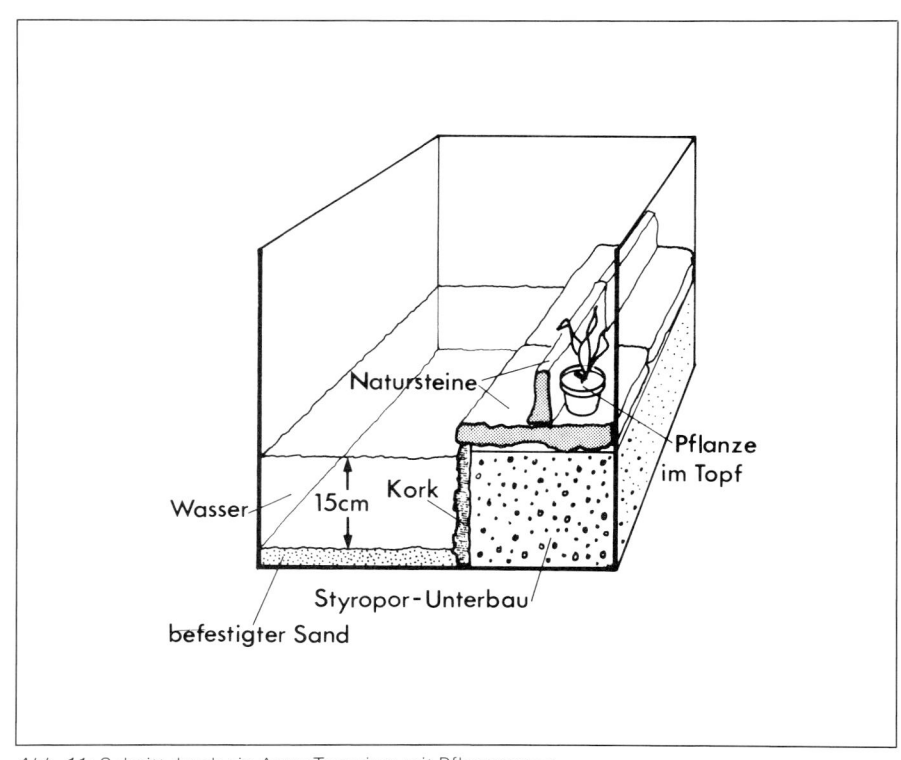

Abb. 11: Schnitt durch ein Aqua-Terrarium mit Pflanzwanne.

sentlich freier vorgehen. Der Landteil, der wieder etwa 1/3 der Fläche bedecken soll, wird jetzt fest eingebaut. Sie brauchen ihn auch nicht mehr rundherum mit Kork zu verkleiden, sondern können unverkleidete Natursteine verwenden, die sehr hübsch aussehen. Einen Gestaltungsvorschlag machen wir Ihnen auf *Abbildung 10.*
Damit alles nicht so kahl aussieht, kommt jetzt auf den Boden des Wasserteils eine dünne Schicht aus Sand. Allerdings muß diese Schicht befestigt

sein, weil die Tiere den Sand sonst stark aufwühlen. Das geht übrigens ganz einfach. Man mischt 1/3 weißen Zement, den Sie z. B. in Kachelgeschäften bekommen, mit 2/3 Aquariumssand, den Sie in der Zoohandlung erhalten. Diese Mischung wird angerührt und auf den Boden gestrichen. Sie sieht aus wie echter loser Sand, wenn man nicht allzu scharfe Rillen mit den Fingern hineindrückt. Vor dem Einfüllen des Wassers muß diese Schicht trocknen.

Beim Bau des *Landteiles* müssen Sie darauf achten, daß bei eingefülltem Wasser eine Tiefe von mindestens 12 bis 15 cm erhalten bleibt. Mit anderen Worten: Der Landteil bekommt schon eine ganze Menge Volumen. Damit das Ganze nicht zu schwer wird, hier ein Tip: Verstecken Sie unter dem aus Steinen gebildeten Landteil einen Unterbau aus Styropor. Dazu kann man Reste aus Verpackungen von Kühlschränken, Radios usw. verwenden. Dieser Werkstoff ist federleicht und wasserbeständig. Auf diesen Unterbau kommt nun eine Landdekoration, die Sie nach eigener Phantasie aufbauen können. Damit die Steine halten, können sie wieder mit Silikonmasse oder auch mit Schnellzement zusammengeklebt werden.
Wenn das Terrarium rundherum einzusehen ist, dann sollte der an die Wand stoßende Styropor mit dünnem Kork beklebt werden, den man heute zum Verkleiden von Wänden benutzt. Natürlich können Sie auch an den sichtbaren Stellen des eigentlichen Landteils Felsen mit Kork und Pflanzenteilen abwechseln. Auch hier wieder raten wir Ihnen zu Plastikpflanzen. Es gibt auch die Möglichkeit, das „Innenleben" der Einbauten durch Dekorplatten oder -folie zu verkleiden, die außen an das Becken geklebt werden (vgl. *Abb. 12*).
Bei der ganzen Konstruktion dürfen Sie freilich nicht vergessen, daß der Landteil nicht aufschwimmen darf. Ein großer Brocken Styropor mit wenigen dünnen Steinchen beklebt, würde unweigerlich zu einer hoch aus dem Wasser ragenden schwimmenden Insel führen. Wenn es da Probleme gibt, können Sie den Landteil zur Not auch

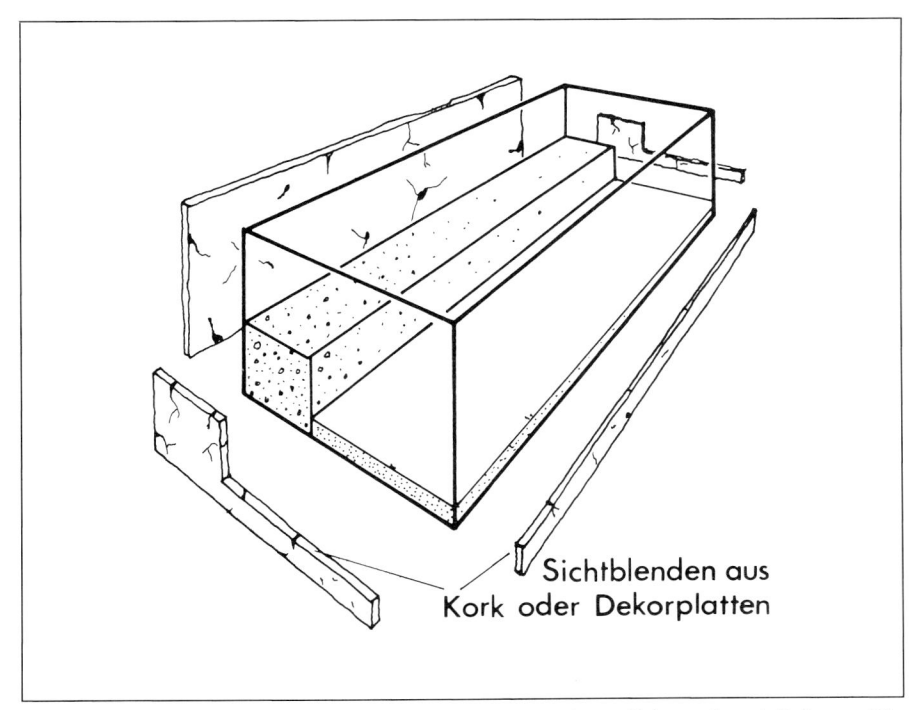

Sichtblenden aus Kork oder Dekorplatten

Abb. 12: Wer das Innenleben seines Terrariums gern verstecken will, kann das mit Folie tun. Für die Rückwand empfiehlt sich eine Folie mit einem Aufdruck, der zum Innern des Terrariums paßt; gewissermaßen ein „Bühnenhintergrund".

am Aquarium festkleben. Herausnehmbar braucht er diesmal nicht zu sein, da das Wasser ja nur alle 5 bis 8 Tage zu wechseln ist.

Bei einem Aquarium dieser Größe läßt sich das Wasser nur noch mit Hilfe eines Schlauchs einfüllen oder ablassen. Das geht nach der bekannten Methode des *Absaugens*. Man füllt dabei einen Schlauch mit Wasser, hält beide Enden mit dem Daumen zu, taucht das eine Ende ins Wasser des Aquariums, das andere tiefer als die Wasseroberfläche, und schon läuft das Wasser von selbst aus. Den Eimer darunterzustellen darf man natürlich dabei nicht vergessen. Die Rückfüllung geht ganz einfach, indem man alles umgekehrt macht; also den Eimer höherstellen als das Niveau des Wassers im Terrarium.

Übrigens ist *Wasser* heutzutage ja nicht mehr in jedem Falle ein ohne Einschränkung lebensspendendes Elixier. Es ist oft sehr hart und enthält auch noch andere nicht gerade gesunde Bestandteile. Vor allem der Gehalt an Phosphaten begünstigt das Wachstum von Algen und Mikro-Organismen, die wiederum das Wasser trüben und einen unangenehmen Geruch verursachen können. Das läßt sich verhindern, indem man dem Wasser ein paar Tropfen eines neuen Mittels untermischt, das für die Tiere völlig ungiftig ist. Es heißt *LV-Exal*, und es wird von der *Firma Lutter & Voß* in Berlin vertrieben. Es setzt sich zusammen aus sogenannten seltenen Erden, und es bindet Phosphate. Man ist z. Z. sogar dabei, mit diesem Mittel Versuche zur Trinkwasseraufbereitung anzustellen. Wenn Sie dieses Mittel verwenden, müssen Sie den Wasserwechsel nicht ganz so oft vornehmen; völlig darauf verzichten läßt sich allerdings auch dann nicht, wenn man teure Filteranlagen verwendet.

Wenn Sie natürliche Pflanzen einsetzen wollen

Sicher haben Sie schon in einem Zoo Terrarien gesehen, die einen Pflanzenwuchs hatten, der an einen Urwald erinnert. Dabei handelt es sich in der Regel um sogenannte Regenwald-Terrarien, die eine sehr hohe Luftfeuchtigkeit und hohe Temperaturen brauchen. Das läßt sich zu Hause nur mit enormem Aufwand realisieren und ist sicher etwas für den Fortgeschrittenen.

Aber auch für unsere Zwecke gibt es bereits Möglichkeiten der Bepflanzung mit echten Pflanzen. Am einfachsten ist es, echte Pflanzen in Ihren Blumentöpfen im Terrarium unterzubringen. Dazu bauen wir auf dem Landbereich über der Wasserlinie eine sogenannte Pflanzwanne, wie es in *Abbildung 11* und *13* gezeigt ist. Durch festzementierte hochstehende Steinplatten oder auch Korkstücke wird ein Bereich geschaffen, der groß genug ist, um darin einen oder auch mehrere Blumentöpfe unterzubringen. Wichtig ist, daß der Grund der Pflanzwanne *über* dem Wasserspiegel des Terrariums liegt, damit die Erde und die in ihr gelösten Nährstoffe sich nicht im Wasser, das für die Tiere bestimmt ist, auflösen. Mit einiger Geschicklichkeit können Sie die Wanne so bauen, daß man die darin stehenden Blumentöpfe gar nicht sieht.

In die Töpfe kommt normale Einheitserde und eine Bepflanzung, die sich den Klimaverhältnissen im Terrarium natürlich anpassen muß. In einem Aqua-Terrarium herrscht relativ hohe *Luftfeuchtigkeit*. Das muß man bei der Auswahl der Pflanzen berücksichtigen. Achten muß man aber auch darauf, daß die Pflanzen in einem vernünftigen *Größenverhältnis* zum Aquarium stehen. Es ist also sinnlos, einen Gummibaum einzupflanzen. Geeignet sind zum Beispiel kleine Arten des *Papyrus*, der auch unter dem Namen Zypergras zu haben ist, dann das sogenannte *Pfeilkraut* oder für einen ganz niedrigen, mehr wie ein Polster wirkenden Bewuchs das *Frauenhaar*. Und wer gerne etwas Blühendes hat, der kann die *Zimmerkalla* verwenden. Am besten lassen Sie sich da in einem guten Blumengeschäft beraten. Echte Wasserpflanzen brauchen Sie aber nicht, da durch unsere Pflanzwanne ja die Pflanzen nicht im Wasser schwimmen.

Natürlich lassen sich auch in den Wasserteil echte Wasserpflanzen einsetzen. Das macht die Sache aber bereits so kompliziert, daß der hier selbst gesteckte Rahmen, Tips für den Anfang zu geben, bereits gesprengt wird.

Der Beleuchtungstip der Hobbythek
Das Aqua-Terrarium muß nicht unbedingt einen Deckel haben, denn die Tiere sind jetzt etwas größer und auch robuster. Trotzdem braucht es in der Regel eine Wärme- und Lichtquelle. Und die läßt sich auf eine ganz einfache Weise folgendermaßen bauen: Kaufen Sie sich eine Kastenkuchenform aus Weißblech, in die eine Lam-

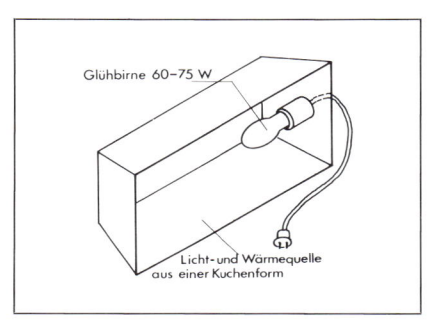

Abb. 14: Unser Leuchtkasten aus einer Kuchenform.

penfassung mit Schnur und Schalter eingebaut wird. Wenn Sie sich nicht ganz sicher sind, daß Sie das nach VDE-Vorschrift zustande bringen, dann lassen Sie sich das bitte von einem Fachmann machen. Wie in *Abbildung 14* gezeigt, wird an einer Schmalseite der Form ein Loch gebohrt, in das die Lampenfassung mit einem entsprechenden Gewindestück festgeschraubt wird. Dann kommt noch eine etwa 60 bis 75 Watt starke Glühbirne hinein, und fertig ist eine gut reflektierende,

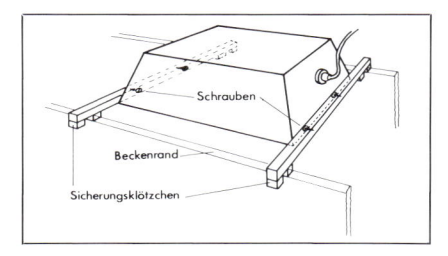

Abb. 15: Ganz wichtig ist, daß der Leuchtkasten fest auf dem Rand des Terrariums sitzt. Hier ist ein Vorschlag, wie er mit zwei Leisten mit Sicherungsklötzen befestigt werden kann.

Abb. 13: Diese Pflanze steht in einem ganz normalen Blumentopf, der mit Kork verkleidet wurde.

Abb. 16: Hier haben wir zwei ganz normale Heizstäbe für Aquarien. Links einen mit eingebautem Temperaturfühler; Mitte und rechts sind Fühler und Heizung getrennt. Wenn Sie keinen kurzen Stab bekommen, dann legen Sie ihn einfach quer ins Wasser. Die Stäbe sind wasserdicht.

das ganze Terrarium ausleuchtende Lichtquelle. Wenn der Behälter nicht einen Glassteg oder eine andere Auflagefläche hat, dann müssen Sie die durch zwei Holzstäbe herstellen, die nach *Abbildung 15* seitlich an die Kuchenform angeschraubt werden. Wichtig ist, daß die beiden Stege durch Klötzchen so sicher auf den Rand gesetzt werden können, daß diese Lampe nicht aus Versehen in das Terrarium stürzt. Das würde sonst das Wasser unter Strom setzen und nicht nur die Tiere töten, sondern auch jeden in Gefahr bringen, der ins Wasser faßt.

Ist eine Zusatzheizung nötig?

Wasserschildkröten brauchen eine Durchschnittstemperatur von 25°C. Wenn diese Temperatur sich aufgrund der Raumverhältnisse auch mit der Lampe nicht halten läßt, dann brauchen Sie für das Wasser doch eine Zusatzheizung. Dazu eignet sich ein ganz normaler *Heizstab,* wie man ihn für Aquarien kaufen kann. Allerdings müssen Sie darauf achten, daß Sie ein Gerät bekommen, das für eine Wassertiefe von nur 12 bis 15 cm geeignet ist. Das müßten Sie beim Kauf einfach sagen.

Der besondere Tip der Hobbythek: Wir bauen einen Gartenteich für Schildkröten

In den warmen Monaten ist für Schildkröten ein Gartenteich ein wahres Paradies. Darüber hinaus kann ein solcher Gartenteich mit entsprechender Bepflanzung in seiner Umgebung ein besonders attraktiver Mittelpunkt des Gartens sein. Der Teich, den wir Ihnen gleich vorschlagen wollen, nimmt etwa 2 Quadratmeter ein; er läßt sich also auch in einem kleinen Garten unterbringen.

Da auch dieser Gartenteich wieder eine Art Aqua-Terrarium ist, gilt auch hier, daß ein Wasserteil mit einem Landteil zusammenkommen muß. Da aber Land im Garten genügend vorhanden ist, können wir das gesamte eigentliche Teichstück, das aus einer selbstgemachten Kunststoffschale bestehen wird, zur Wasserfläche machen. Unser eigentlicher Bastelvorschlag bezieht sich also auf den Bau des Teiches.

Natürlich würde es dafür genügen, eine Grube von etwa 40 bis 50 cm Tiefe in der Größe 1 m × 1,50 m auszuheben, sie mit Kunststoffolie von 0,5 bis 0,8 mm auszulegen und mit Wasser zu füllen. Eine Auslegung mit Kunststoff ist unumgänglich, weil sonst das Wasser sehr schnell im Boden versickern würde.

Aber Sie werden sich schon selbst vorstellen können, daß das keine besonders schöne Lösung ist. Deshalb haben wir hier einen anderen Vorschlag; nämlich den Bau eines Teiches aus glasfaserverstärktem Kunststoff. Dieser Kunststoff ist wasser- und wetterfest, wird direkt in den Boden hineingebaut, braucht keinerlei Pflege, außer, daß auch hier hin und wieder das Wasser gewechselt werden muß.

Für den Bau der Kunststoffschale gibt es einen fertigen Bausatz mit allen nötigen Zutaten außer Gips und einem Lösungsmittel zum Reinigen der Werkzeuge, das nicht durch Post verschickt werden darf (einen Bezugsnachweis finden Sie im Anhang).

Natürlich können Sie sich die einzelnen Bestandteile auch so zusammenkaufen; nur wird das kaum günstiger kommen. Vielleicht haben Sie aber schon den einen oder anderen Rohstoff und müssen nur Ergänzungskäufe machen. Folgende Materialien und Werkzeuge, die bis auf Gips und Lösungsmittel zugleich Bestandteil des Bausatzes sind, werden benötigt:

4 qm	Matte mit einem Gewicht von 300 g/qm
5 kg	VISCOVOSS-Azur
1 kg	LT 30 B-Lack
0,2 kg	Farbpaste (im Bausatz kupferbraun)
0,2 kg	MEKP-Härter
2 qm	Jutegewebe
5 kg	Gips
1	kleiner Fellroller
1	Scheibenroller Pinselreiniger (Aceton oder Nitroverdünner)

Die Menge dieser Materialien reicht für einen Teich von etwa 2 Quadratmeter Größe mit einem Fassungsvermögen von 400 bis 600 Litern. Von der Form des Teiches hängt es ab, wieviel Wasser Sie darin unterbringen.

Hinsichtlich der Form wollen wir Ihnen gar keine Vorschriften machen; eine Möglichkeit ist auf *Abbildung 17* dargestellt. Allerdings würden wir von einem langweiligen Viereck abraten. Gut geeignet ist ein Oval oder auch eine Nierenform oder jede andere unregelmäßige Form. Auch bei der Tiefe können Sie Unterschiede machen; vor allem dann, wenn Sie z. B. an einer Stelle des Teiches eine bepflanzte Schale aufstellen wollen.

Der Bau der Kunststoffschale für den Teich

Wir beschreiben Ihnen jetzt der Reihe nach die verschiedenen Vorgänge.

1.

Markieren Sie auf dem Boden die Form, die der Teich einmal erhalten soll. Größer als 1 × 2 m sollte die Grube nicht sein; sie erhält ja noch einen kleinen Rand. Die Grube soll 40 bis 50 cm tief sein und einen Böschungswinkel von etwa 45° haben (der Böschungswinkel ist die Neigung der Seitenränder).

2.

Die Oberflächen der Grube müssen möglichst glatt sein. Das können Sie durch Klopfen mit einem Brett erreichen, bei dem das Erdreich zugleich verdichtet wird. Lose Erde sollte sich in der Grube nicht befinden.

3.

Schneiden Sie die Jute in handliche Stücke, und legen Sie damit die Grube zunächst provisorisch aus. Das ist nötig, um feststellen zu können, wo die Jute eventuell noch eingeschnitten werden muß, damit sie sämtliche Rundungen des ausgehobenen Teiches auch wirklich mitmacht. Sie müssen darauf achten, daß sich die einzelnen Jutestücke etwa 5 cm überlappen. Wenn alles paßt, nehmen Sie die einzelnen Teile aus der Grube wieder heraus, und ordnen Sie sie, damit es später kein Durcheinander gibt, neben der Grube in der gleichen Reihenfolge an.

Abb. 17: Zuerst wird die Grube in der von Ihnen gewünschten Form ausgehoben und sorgfältig geglättet.

165

Abb. 18: Bau der Kunststoffschale. *Oben:* Auslegen der Grube mit Jute. Hier zunächst zur Probe; denn vor dem endgültigen Auslegen werden die einzelnen Jutestücke mit Gips getränkt. *Mitte:* Auf die gipsgetränkte Juteschicht kommt eine Lage Glasfasermatte. *Unten:* Das Ausrollen der Blasen mit dem Metallscheibenroller ist besonders wichtig.

4.
Aus dem Gips und Wasser wird eine Mischung angesetzt, die nicht zu dick sein darf. Richtig ist es, wenn Sie etwa die Konsistenz von Pfannkuchenteig hat. Beim Anrühren des Gipses sollten Sie allerdings nicht allzu eifrig vorgehen, weil Gips, je heftiger man ihn rührt, um so schneller fest wird. Die alten Handwerker sagen dazu: Der Gips wird faul, und meinen damit, daß er träge, also fest wird.

5.
In diesen dünnen Gipsbrei werden jetzt die einzelnen Jutezuschnitte eingetaucht und vollkommen durchtränkt. Dann werden sie in die Grube gelegt und glattgestrichen. Die einzelnen Bahnen müssen sich dabei etwa 5 cm überlappen. Für diese Arbeit vom Gipsanrühren bis zum Auslegen der Grube haben Sie etwa 1 Stunde Zeit. Danach beginnt der Gips festzuwerden.

6.
Lassen Sie dem Gips nun Zeit, mit der Jute eine feste Schicht zu bilden.

7.
Wahrscheinlich ist die Oberfläche dieser Schicht jetzt noch recht rauh. Rühren Sie also noch einmal einen schlanken Gipsbrei an, den Sie mit einer alten Deckenbürste auf der Oberfläche möglichst gleichmäßig verteilen. Wenn nötig, können Sie unmittelbar vor dem Festwerden des Gipses noch einmal mit der nassen ausgewaschenen Deckenbürste über alles leicht hinüberstreichen. (Anschließend Auswaschen der Bürste nicht vergessen.)

8.
Lassen Sie alles über Nacht trocknen. Allerdings sollte das eine Nacht ohne ein starkes Gewitter oder Regen sein.

Abb. 19: So schön kann ein Gartenteich sein. In diesem hier führt eine Kette von der Dachrinne hinein (sie verhindert, daß das Wasser „hineinpladdert". Aufpassen müssen Sie aber, daß bei langem Regnen der Teich nicht überläuft, wenn er keinen Abfluß hat).

9.
Schneiden Sie am nächsten Tag aus der Glasfasermatte auf die gleiche Weise wie am Tag vorher aus der Jute passende Stücke zur Auskleidung des Teiches.

10.
Vermischen Sie 1 kg Polyesterharz mit 3 Prozent MEKP-Härter.

11.
Rollen Sie mit dem Fellroller etwa einen halben Quadratmeter der Gipsschale mit dem Harzansatz ein. Würden wir nämlich gleich die ganze Schale einrollen, dann kämen Sie bei dem schnell abbindenden Harz mit der Arbeit nicht hinterher.

12.
Legen Sie das passend zugeschnittene Mattenstück in die vorgerollte Fläche ein, und tränken Sie es mit dem Fellroller mit Harz von oben nach.

13.
Sollten sich Falten gebildet haben, dann müßten Sie die aufreißen und fest wieder anrollen. Falten dürfen auf jeden Fall nicht übrigbleiben.

14.
Rollen Sie jetzt die Gipsfläche neben dem bereits belegten Stück ein. Legen Sie die Matte auf, die etwa 4 cm die bereits verlegte überlappen soll. Auch hier wieder mit Härtermischung nachtränken. Allerdings soll kein Harz über der Matte stehen.

15.
Spätestens von jetzt an brauchen Sie einen Helfer. Er muß nämlich, während Sie die restliche Fläche wie oben beschrieben beschichten, mit dem Metallscheibenroller die bereits fertige Fläche von allen Luftblasen befreien. Das geht ganz einfach, indem man mit diesem Roller über der beschichteten Fläche hin und her rollt. Lufteinschlüsse müssen auf jeden Fall völlig zur Seite hinausgewalzt sein.

16.
Wenn alles ausgekleidet ist, muß über diese Mattenschicht eine zweite gelegt werden. Dabei kann man naß in naß arbeiten; oder mit anderen Worten: die erste Lage muß noch nicht ausgehärtet sein. Damit die Fläche schön glatt wird, ist es wichtig, daß die Überlappungsstellen bei der zweiten Lage gegenüber der ersten Lage versetzt angeordnet sind. Um besonders glatte und fließende Übergänge zu erhalten, empfiehlt es sich, die Schnittkanten der Matten auszurupfen.

17.
Wenn die gesamte Fläche beschichtet und durchgehärtet ist, kann man die Oberfläche mit einem nicht zu feinen Schleifpapier leicht überschleifen. Das muß allerdings nicht unbedingt sein.

18.
Zum Schluß kommt die Verschöne-

rung. Dazu mischen wir 0,5 kg Polyesterharz mit 100 g Farbpaste und 18 g MEKP-Härter. Hier ist es besonders wichtig, daß alles sehr gut miteinander vermischt ist. Diese Farbversiegelung wird nun mit dem Fellroller gleichmäßig auf die Beckenoberfläche aufgetragen. Lassen Sie danach alles gut aushärten.

19.

Für die letzte Schicht stellen wir eine Mischung aus dem Polyester-LT-Lack, 5% Farbpaste und, auf die Gesamtmenge dieser beiden Komponenten berechnet, 3% MEKP-Härter her. Diese Mischung kann nur aufgetragen werden, wenn die Beckenoberfläche eine Temperatur von mindestens 18° C, aber höchstens 25°C hat. Das ist der Fall bei einem normal warmen Sommertag, wenn die Sonne nicht gerade prall auf das Becken scheint. Die Mischung wird nun mit einem breiten weichen Pinsel oder mit dem Fellroller gleichmäßig aufgetragen. Vom Anrühren der Mischung bis zum Ende des Auftragens hat man etwa 15 Minuten Zeit; dann beginnt die Mischung zu härten. Das hört sich sehr kurz an, reicht aber für ein Becken dieser Größe völlig aus.

20.

Zum Schluß müssen Sie das Becken etwa 1 Woche nachhärten lassen, wobei es durch Folie gegen Regenwasser geschützt werden muß. Allerdings sollte diese Folie die Luftzirkulation nicht behindern. Wer es schneller haben will, kann das Becken auch mit einer Folie zeltartig abdecken, darin einen Heißlüfter aufstellen und ihn etwa 2 Tage laufenlassen. Nach dieser Prozedur kann es bereits nach 2 Tagen mit Wasser gefüllt werden. Allerdings ist

das nicht ganz unproblematisch, denn mit 220 Volt im Garten ist nicht zu spaßen. Wir raten deshalb davon ab.

Hier noch ein wichtiger Tip für die Werkzeuge: Sie lassen sich innerhalb der Verarbeitungszeit der verschiedenen Kunstharze — ihrer sogenannten Topfzeit — mit Aceton oder Nitroverdünnung reinigen. Beide Substanzen sind übrigens leicht brennbar. Ist jedoch der Polyesterharz bereits ausgehärtet, dann läßt er sich mit keinerlei Mittel mehr auflösen. Deshalb bitte

rechtzeitiges Reinigen auch zwischen den einzelnen Arbeitsgängen nicht vergessen.

Die Umgebung des Teiches

Wenn Sie in dem Teich Schildkröten halten wollen und nicht Goldfische, was ohne Einschränkung auch ginge, dann müssen Sie diese beweglichen Tiere daran hindern, sich auf eine Weltreise zu begeben. Dagegen hilft nur eine Umzäunung. Sie kann aus Acrylglas bestehen oder auch aus

Abb. 20: Für die Fernsehsendung haben wir einen Schnitt durch unseren Gartenteich angefertigt, an dem gut zu sehen ist, wie man ihn über- und unterirdisch dagegen sichern kann, daß einem die Tiere davonlaufen. Links haben wir grüne gewellte Plastikbahn eingelassen, die besonders robust ist; rechts wurde farbloses Plexiglas verwendet.

Wellplastik, das aber doch recht künstlich aussieht. Am natürlichsten und schönsten ist eine Ummauerung mit Naturstein oder Ziegel. Sie muß über dem Boden etwa 30 cm hoch sein und mindestens 40 bis 50 cm tief in die Erde eingelassen werden, weil die Tiere ganz erstaunliche Wühler sind. Damit sie nicht über die Sperre hinüberklettern können, wird auf dem oberen Rand oder in etwa 2 Drittel Höhe eine *Sperre* angebracht.

Damit die Schildkröten etwas zum Verkriechen haben, sollte man ihnen aus flachen Steinen sowohl im Wasser wie am Uferrand und auch am Land selbst kleine *Unterschlupfmöglichkeiten* bauen. Die Steine müssen, damit nicht alles gleich zusammenfällt, mit Zement verbunden werden. Die Tiere brauchen einen solchen Unterschlupf in der Nacht, aber auch, wenn andere Tiere wie Katzen oder Hunde sich allzusehr für sie interessieren. Wir sagten ja schon, daß auch Tiere hin und wieder ihre Ruhe brauchen.

Natürlich kann man einen Außenteich wunderbar *bepflanzen.* An das Land kommen entsprechende Landpflanzen, in den Teich entsprechende Wasserpflanzen. Sie können sie in Blumentöpfen ins Wasser setzen oder bereits beim Bau entsprechende *Pflanzenwannen* vorsehen. Es empfiehlt sich, die Töpfe mit Maschendraht oben zu schließen und zugleich am Boden zu befestigen, damit sie von den Tieren nicht ständig umgeworfen oder zerwühlt werden.

Es empfehlen sich Pflanzen, die ein bißchen robust sind. Also z. B. *Schilf* oder *Papyrus* oder *gelbe Schwertlilien* für den Platz im oder unmittelbar am Wasser; dann z. B. *Pampasgras* und *Pfeilkraut* am Ufer und weiter vom Wasser entfernt irgendwelche nicht allzu hoch wachsende Sträucher. Da fragen Sie am besten einmal einen Gärtner.

Und wenn Sie noch ein Letztes zur Verschönerung tun wollen, dann hier ein Tip: Schildkröten vertragen sich ausgezeichnet mit *Goldfischen;* und sollten sie einmal einen Fisch angreifen, dann ist er mit Sicherheit krank. Schildkröten spielen in dieser Hinsicht in der freien Natur eine Art Gesundheitspolizei. Die beiden Tierarten vertragen sich sogar bei der Ernährung; sie fressen sich nicht gegenseitig die besten Happen weg.

Pflege des Gartenteiches

Da im Vergleich zum Aqua-Terrarium im Zimmer hier eine ganze Menge Wasser vorhanden ist, genügt es, alle 2 bis 4 Wochen das Wasser auszutauschen. Ausgießen oder Absaugen mit einem Schlauch geht hier natürlich nicht. Deshalb brauchen Sie eine kleine *Pumpe,* die man auf eine Bohrmaschine aufsetzen kann und die es für wenig Geld im Fachhandel gibt.

Damit das Wasser nicht allzu schnell verdirbt, empfiehlt sich auch hier das bereits genannte Antiphosphatmittel *LV-Exal* (vgl. dazu Seite 162).

Schließlich kann man bei einem solchen Gartenteich auch einen permanenten Wasserzu- und -ablauf am Boden des Teiches vorsehen. Das macht allerdings erhebliche Rohrverlegungsarbeiten nötig, die wir Ihnen nicht empfehlen wollen. Auch die Installation einer Umwälzpumpe mit Filter bedeutet eine Investition, die über das weit hinausgeht, wozu wir in der Hobbythek raten wollen.

Was machen wir mit den Tieren im Winter?

Die Zeit für den Aufenthalt im Gartenteich reicht etwa von April bis November; sie ist allerdings ganz abhängig davon, wie lange der Winter dauert bzw. wie früh er einsetzt. Für ein Leben im Freien sollten die Schildkröten allerdings mindestens 1 Jahr alt sein.

Im Winter kann man sie nun entweder in ein Aqua-Terrarium im Haus nehmen, das allerdings bei den immer größer werdenden Tieren schon einige Ausmaße haben müßte. Oder man kann sie in *Winterschlaf* versetzen, was ihrer natürlichen Lebensweise entspräche. Und das geht folgendermaßen.

Heben Sie im Garten an einer geschützten Stelle eine Grube von etwa 50 cm Tiefe aus. Sie wird zum Schutz gegen Ratten und Wühlmäuse mit einem nicht zu weiten Maschendraht

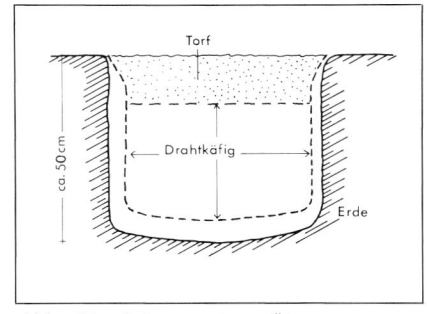

Abb. 21: Schema einer Überwinterungsgrube.

an den Innenwänden und am Boden ausgekleidet. In diese Maschendrahtauskleidung kommt nun eine Mischung aus Torfmull, Lauberde und verrottetem Laub. Dies kann man alles z. B. in den inzwischen sehr verbreiteten Gartencenters bekommen.

Wenn es draußen kühl wird und die Tiere beginnen, träge zu werden, läßt man sie sich in dieses Torfmull-Gemisch einwühlen. Ist das geschehen, wird die Grube von oben mit einem umgestülpten Holzkasten oder Brettern geschützt, damit andere Tiere sie nicht wieder ausgraben können.

Besser ist es freilich, den Tieren eine Gelegenheit zum Winterschlaf in einem kühlen, aber frostfreien *Keller* zu schaffen. Hier wird eine nicht zu kleine Kiste mit derselben Torfmischung gefüllt und die Tiere hineingetan.

Sie brauchen keine Angst zu haben, daß sie verhungern, denn sie reduzieren im Winterschlaf ihren Stoffwechsel derart, daß ihr Nahrungsvorrat bis zum Frühjahr reicht. Überhaupt sind im Hinblick auf das Fasten Schildkröten außerordentlich robust. Wenn sie erst einmal aus dem Babyalter heraus sind, können sie bis zu 14 Tagen ohne Nahrung bleiben, d. h. also auch alleingelassen werden. Bei einem kurzen Urlaub haben Sie deshalb gar keine Probleme. Allerdings sollten sie dann vorher reichlich zu fressen bekommen und vor allem sichergestellt sein, daß ihnen das Wasser nicht ausgeht.

Wenn die Tiere aus dem Winterschlaf erwachen, haben sie zunächst einen sehr hohen Wasserbedarf. Nahrung sollte man ihnen hingegen nicht gleich geben; denn ließe man die Tiere gleich normal fressen, würden die inneren Organe die Nahrung noch gar nicht richtig verarbeiten können; es käme zur Fäulnis im Darm, und die Tiere würden daran eingehen.

Baden Sie also die Schildkröten ausgiebig, und warten Sie ruhig 1 bis 2 Tage, bevor Sie die erste Nahrung geben.

Ebenso wichtig ist es vor Beginn der Überwinterung, daß die Tiere bis zu einer Woche lang keine Nahrung mehr erhalten, damit sich ihr Darm leeren kann und es nicht während des Winterschlafs zur Fäulnis kommt.

Wir bauen ein Wüsten-Terrarium

Im Gegensatz zum überwiegend nassen Aqua-Terrarium ist das Wüsten-Terrarium — wie der Name schon sagt — ausgesprochen trocken. Man braucht also bei einem solchen Terrarium nicht darauf zu achten, daß es wasserdicht ist und dem Druck von Wasser standhält. Man kann ein solches Terrarium also aus einem kräftigen Holzrahmen bauen und in ihn an einer Seite

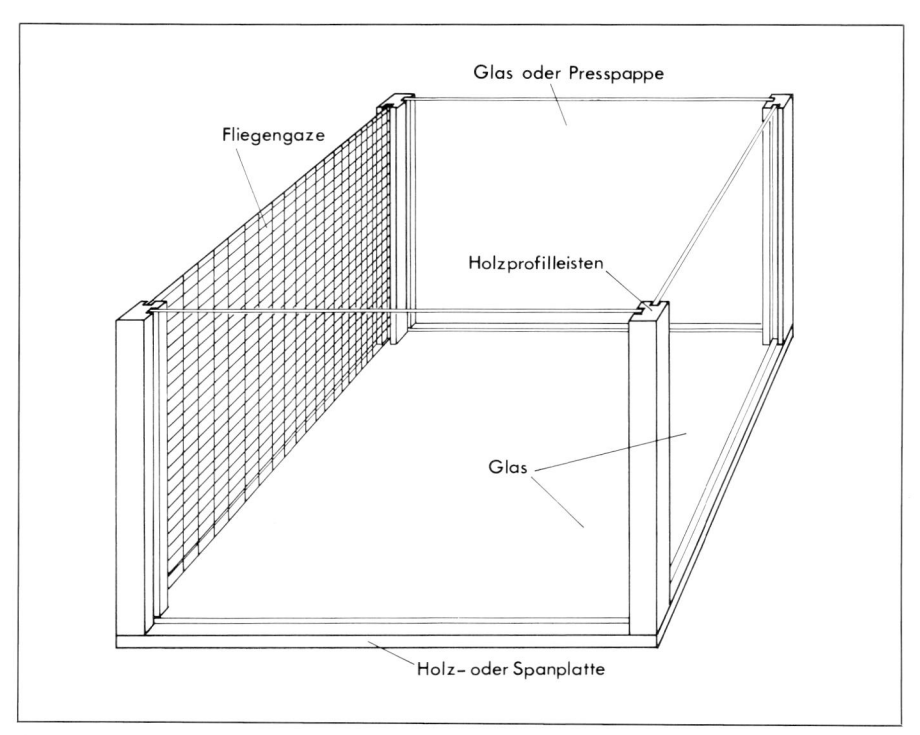

Abb. 22: Für das „trockene" Wüsten-Terrarium eignet sich diese einfache und billige Konstruktion.

Fliegengaze eingesetzt wird und an den anderen Seiten Glas- oder Plexiglasscheiben eingefügt werden. Der Boden kann aus Holz bestehen. Beim Deckel kann man den Vorschlag verwenden, den wir nachher machen werden. Wie ein solches Terrarium im einzelnen zu bauen ist, zeigen wir in *Abbildung 22.*

Für den Anfang genügt es aber, wieder mit einem *Aquarium-Behälter* zu beginnen, der eine Länge von etwa 80 bis 100 cm haben sollte. Bei diesem Wüsten-Terrarium, in das wir Tiere setzen wollen, die auf Ästen emporklettern, ist es wichtig, daß das Terrarium möglichst *hoch* ist.

Wenn Sie mit einem Aquarium-Behälter beginnen, brauchen Sie sich nur noch um die Einrichtung zu kümmern. Und die ist ganz einfach.

Auf den Boden kommt eine 2 bis 5 cm dicke Schicht aus feinem, gewaschenem weißen *Sand,* den man im Zoogeschäft bekommt. Dekorieren Sie mit einigen hübschen *Steinen,* die zugleich Nischen oder Höhlen bilden sollen, in denen sich die Tiere verstecken können. Wichtig ist, daß in diesem Terrarium Äste oder bizarre Wurzeln vorhanden sind, an denen die Tiere emporklettern können.

Entweder in Blumentöpfen oder wieder in einer extra angelegten Pflanzwanne können Sie natürliche *Pflanzen* unterbringen, die höhere Temperaturen und relativ trockene Luft vertragen. Dazu gehören z. B. die anspruchslose *Zwerg-Sansevieria* oder auch einige *Wollkakteenarten* ohne harte Stacheln.

Abb. 23: Unser fertig eingerichtetes Wüsten-Terrarium.

Das ist wichtig, denn sonst könnten sich die Tiere, die zunächst leicht erschrecken und dann geradezu in Panik geraten, leicht verletzen.

Da die Echsen, die in diesem Terrarium leben sollen, hervorragende Kletterkünstler sind, ist es besonders wichtig, daß das Terrarium einen Deckel erhält.

Ein Deckel für das Wüsten-Terrarium

Der Deckel wird im Prinzip genauso gebaut wie beim Aqua-Terrarium (vgl. dazu noch einmal *Seite 157*). Allerdings ist hier eine größere Luftzirkulation nötig, und die erreichen wir, indem die perforierten Seitenstreifen verbreitert werden. Wie der Deckel insgesamt konstruiert ist, zeigten wir auf *Abbildung 7*.

Da ein mit Echsen besetztes Terrarium auch nicht für kurze Zeit offen stehenbleiben sollte, weil sonst die flinken Tierchen herausspringen würden, brauchen wir eine Klappe, durch die man füttern und sonstwie in das Terrarium hineingreifen kann. An einer Seite, an der keine Lampen eingebaut sind – dazu gleich mehr –, wird aus der Sperrholzplatte des Deckels einfach ein entsprechend großes Stück herausgesägt und mit Scharnieren oder Klavierband beweglich gemacht. Da in dem dünnen Sperrholz Schrauben schlecht halten, können sie auch mit Zweikomponentenkleber festgeklebt werden.

Damit die Klappe des Deckels nicht nach unten fällt, muß sie an der Seite, die dem Scharnier gegenüberliegt, ein kleines Auflagebrettchen erhalten. Wichtig ist auch hier, daß der Deckel insgesamt sich nicht verschieben kann, daß er also durch überstehende Leisten in den Ecken des Deckels, die in den Behälter hineingreifen, festgehalten wird.

Zum Schluß wird auch hier wieder der Deckel lackiert, damit er unempfindlicher wird und auch hübscher aussieht.

Komfortabler ist ein Deckel, bei dem sich die vordere Hälfte hochklappen läßt. Sein Bau wird in *Abbildung. 24* gezeigt. Wichtig ist, daß die Deckelauflage mit Sicherung, die der hintere Deckelteil hat, auch an den Schmalseiten der hinteren Deckelhälfte herumläuft, da sonst der gesamte Deckel beim Aufklappen nach vorn kippen würde. Im Gegensatz zu unserem anderen Deckelmodell greifen hier die Seitenteile über den Gefäßrand außen hinüber.

Warm und hell wie in der Wüste

Ein Wüsten-Aquarium braucht entsprechende Temperaturen. Die beste Dauertemperatur liegt bei 28 bis 32 °C. Selbst ein kurzfristiger Temperaturanstieg bis auf 40 °C schadet den Tieren nicht, sondern im Gegenteil. Allerdings sollte es in der Nacht merklich kühler sein, wie es auch in der Wüste ist, wo es Temperaturstürze von fast 50 °C bis auf + 3 °C in der Nacht geben kann. Eine Abkühlung in diesen Dimensionen läßt sich in der Wohnung kaum erreichen. Es genügt aber, wenn abends sämtliche Energiequellen des Terrariums einfach abgeschaltet werden.

Zunächst zum Licht:
Hier kann wieder unsere einfache, aber wirkungsvolle Lampe aus einer Kastenkuchenform gute Dienste tun. Da es hier aber heller und wärmer sein muß, benötigen wir 2 Lampen zu mindestens je 40 Watt. Damit die Tiere, die besonders viel Spaß am Klettern haben, nicht in die Lampe hineinklettern, müssen sie mit feinem Maschen- oder besser noch Fliegendraht gesichert werden.

Für die Lampen schneiden Sie 2 Löcher in den Deckel, die etwas kleiner sind als die Maße der Kuchenform. Auf diese Löcher wird zunächst der Fliegendraht befestigt und dann die Lampen. Das geht ganz einfach, wenn Sie,

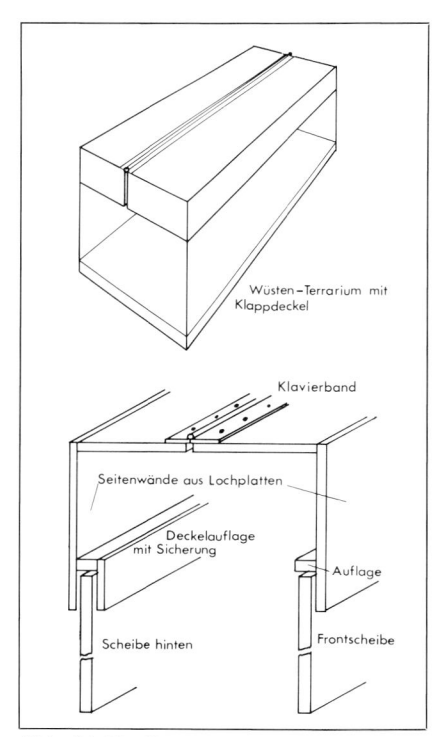

Abb. 24: Die Konstruktion eines klappbaren Deckels.

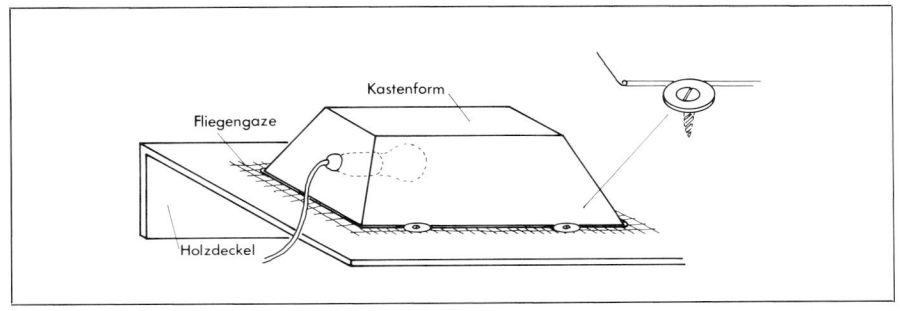

Abb. 25: Einfache Befestigung eines Leuchtkastens aus Kuchenform mit Schrauben und Unterlegscheiben, die über den Randfalz der Form greifen.

wie in *Abbildung 25* gezeigt, an 2 Seiten jeweils 2 Schrauben mit einer Unterlegscheibe so in das Holz einschrauben, daß die Schraube den Randfalz der Kuchenform gegen das Holz drückt.

Außer dem relativ langwelligen Licht einer Glühbirne braucht ein Wüsten-Terrarium eigentlich hin und wieder *ultraviolettes Licht.* Bei größeren Anlagen wird man dafür spezielle Lampen installieren. Für unsere Zwecke reicht es aber zunächst, daß das Terrarium an ein Fenster gestellt wird, das sich möglichst öffnen läßt. Das gestattet es, hin und wieder die Sonne in das Terrarium hineinscheinen zu lassen.

Und nun zur Wärme:
Die Wärme der Lampen reicht aber noch nicht aus. Deshalb muß eine *Bodenheizung* installiert werden, bei der es genügt, wenn sie nur einen Teil des Bodens heizt. Da gibt es natürlich ganz raffinierte Anlagen, die aber auch relativ teuer sind. Wir haben hier einen ganz einfachen und auch erschwinglichen Tip. Nehmen Sie ein ganz norma-

les billiges *Heizkissen,* das Sie zur Sicherheit in eine flache Plastikhülle stecken, damit eventuell auftretende Feuchtigkeit keinen Schaden anrichtet. Legen Sie dieses Heizkissen unter den Boden des Terrariums, das Sie durch Leisten (vgl. *Abbildung 26*) leicht erhöhen. Also nicht in das Terrarium selbst hineinlegen! Stellen Sie den Schalter auf die unterste Stufe, dann verbraucht es etwa 15 bis 20 Watt. Das ist nicht zuviel für Ihre Stromrechnung und zugleich ausreichend für ein schönes

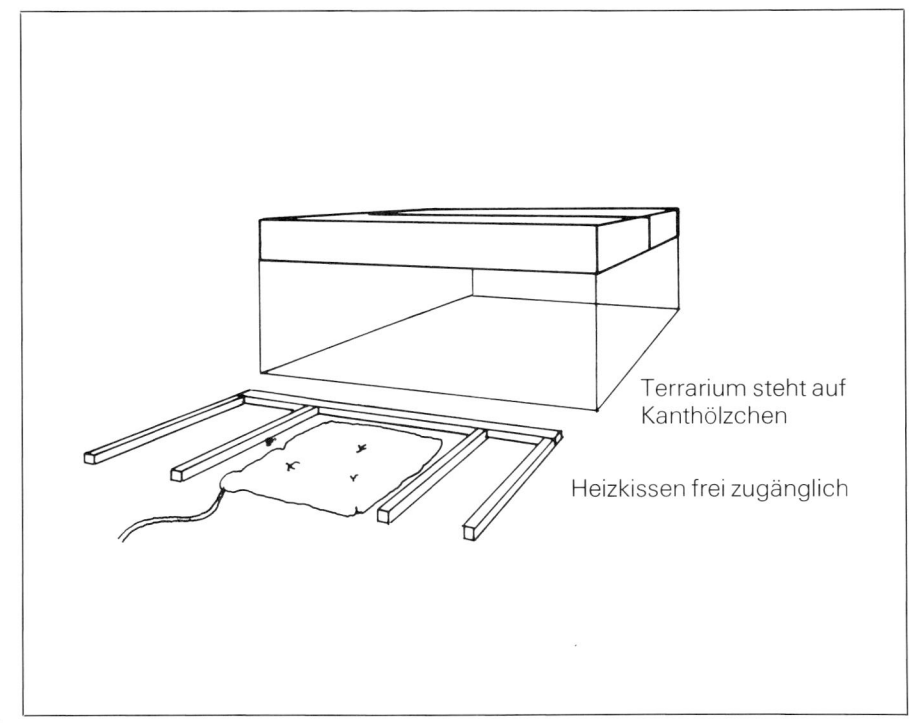

Terrarium steht auf Kanthölzchen

Heizkissen frei zugänglich

Abb. 26: Mit einem ganz normalen Heizkissen können Sie in Ihrem Terrarium Wüstenklima erzeugen.

warmes Eckchen im Terrarium. Die Tiere suchen sich dann schon die Stelle aus, die ihrem Wärmebedürfnis am stärksten entgegenkommt.

Für den Anfang ist es wichtig, die Temperatur im Terrarium zu prüfen. Das geht mit einem ganz normalen *Zimmerthermometer,* das Sie in verschiedenen Höhen des Terrariums für einige Zeit hängen lassen sollten.

Und was ist, wenn Sie einmal in Urlaub fahren wollen? Dann müßten Sie schon eine automatische Zeituhr verwenden, sofern ein netter Nachbar den Wechsel von Tag und Nacht nicht per Hand herstellen kann. Zur Fütterung sagen wir gleich mehr.

Mini-Saurier für das Wüsten-Terrarium

Ein Steppen- und Wüsten-Terrarium ist zwar relativ leicht zu bauen — viel leichter jedenfalls als das sehr komplizierte Terrarium, das einen tropischen Regenwald imitiert —, aber es ist gar nicht so einfach, für dieses Terrarium geeignete Tiere zu finden. Es gibt zu viele Arten. Wir haben uns schließlich für den Anfang für Gürtel-Echsen aus dem südlichen Afrika entschieden, die auch den Namen *Gürtelschweife* haben. Sie sehen wie kleine Drachen aus, und sie gewöhnen sich in der Gefangenschaft leicht an ihren Pfleger.

Von diesen Tieren gibt es 27 Arten, die in 4 Gattungen unterteilt werden. Wer mehr darüber erfahren will, kann das in der im Anhang genannten Literatur tun. Unser Gürtelschweif, der in Zoohandlungen besonders häufig zu finden ist, hat den lateinischen Namen *Cordylus giganteus.*

Dieser Gürtelschweif erreicht, wenn er ausgewachsen ist, immerhin eine Länge von 30 bis 40 cm. Da er ziemlich viel Platz braucht, müssen Sie ihm schon ein relativ großes Terrarium gönnen. Wenn das bei Ihnen auf Platzprobleme stößt, sollten Sie sich den *Zwerggürtelschweif* anschaffen, der den lateinischen Namen *Cordylus cordylus* trägt. Er wird nur etwa 15 cm groß.

Wie auf *Abbildung 27* zu sehen ist, ähnelt er einer sehr schuppigen Eidechse. Besonders am Hinterhaupt stehen die stacheligen Schuppen weit ab und geben ihm ein interessantes Aussehen.

Das Tier hat eine besondere Eigenart, wenn es sich angegriffen fühlt. Während sich viele Echsen zusammenrollen, preßt sich dieser Gürtelschweif flach mit dem Bauch auf den Boden. Auf diese Weise kommen seine stacheligen Schuppen besonders gut zur Geltung. Wenn man versucht, ihn auf den Rücken zu drehen, dann versucht er das mit aller Kraft zu verhindern. Seine schwache Stelle ist nämlich der Bauch, und den möchte er möglichst schützen. Das Wärme- und Sonnenbedürfnis dieses Gürtelschweifs ist recht groß.

Was frißt solch ein „Drache"?

Wie alle seine Artgenossen ist der Gürtelschweif ein Fresser von Lebendfutter. Seine Hauptnahrung besteht aus Insekten. Deshalb sind diese Tiere in ihren Heimatländern auch als Vertilger von Schädlingen besonders nützlich. Das gilt übrigens bei uns auch für die ganz gewöhnlichen Eidechsen.

Der Gürtelschweif frißt *Heuschrecken,* Grillen, Fliegen und *Fliegenlarven,* dann aber auch *Käfer* und die beliebten *Mehlwürmer.* Mehlwürmer sind übrigens gar keine echten Würmer, sondern die Larven des Mehlkäfers. Da sie relativ leicht zu züchten sind, werden sie von einigen Zoohändlern aus Bequemlichkeit als Hauptnahrung dieser Tiere empfohlen. Einseitige Nahrung ist aber auch für Echsen ein Übel, und deshalb sollten Sie sich nicht auf Mehlwürmer beschränken. Wenn Sie also z. B. im Winter Schwierigkeiten haben, an Insekten heranzukommen, dann können Sie auch schon einmal *Hackfleisch* füttern oder Mehlwürmer nach einem Tip der Hobbythek gewissermaßen veredeln. Es gibt nämlich ein *Mineral-* und *Vitaminpulver* (z. B. Osspulvit-Pulver), in dem man die Mehlwürmer wälzen kann. Es empfiehlt sich, auch ein wenig von diesem Pulver zusätzlich in den Freßnapf zu geben. Das Pulver kann man in jeder Apotheke kaufen. Man gibt es übrigens auch Kleinkindern und Säuglingen.

Neben Insekten und Mehlwürmern brauchen die Tiere auch Wasser. Hier genügt in der Regel ein kleiner Wassernapf, dessen Inhalt Sie täglich erneuern.

Was aber ist, wenn Sie einmal mehrere Tage nicht im Hause sind? Mit dem Füttern ist es kein Problem. Wenn Sie gut vorgefüttert haben, kann man die Tiere auch gut einmal 14 Tage ohne Nahrung lassen. Ohne Trinkflüssigkeit geht es freilich nicht. Für dieses Problem haben wir uns aber einen Ausweg ausgedacht, der schon einmal bei der Wasserversorgung von Papyruspflanzen ein Tip der Hobbythek war. Er funktioniert ganz einfach wie folgt:

Abb. 27: Ein Riesengürtelschweif. Sieht man ihm seine Sauriervergangenheit nicht an?

Nehmen Sie einen Napf, der nicht allzu flach ist, und füllen ihn mit Wasser. In diesen Napf stellen Sie eine randvoll mit Wasser gefüllte Flasche mit der Öffnung nach unten. Da die Öffnung im Wasser steht, kann das Wasser aus der Flasche nicht herauslaufen. Wichtig ist freilich, daß die Flasche im Terrarium so festgemacht ist, daß sie nicht umfallen kann. Wenn der Flüssigkeitsspiegel im Napf so weit gesunken ist, daß Luft in die Öffnung der Flasche eindringen kann, läuft aus der Flasche so viel Wasser heraus, bis der Flüssigkeitsspiegel wieder angestiegen ist. Er verschließt damit automatisch die Flasche bis zum nächsten Mal.

Wir sind sicher, daß Sie Spaß an der Einrichtung eines Terrariums bekommen haben. Beginnen Sie nach unseren Vorschlägen mit einfachen Mitteln, die Sie — wenn Sie erst einmal mit den Tieren und ihrer Haltung vertraut geworden sind — durch größere Anlagen ersetzen können. Viel Spaß also.

Bezugsquellen und weiterführende Bücher

Basteln mit Elektronik

Bausätze

Zu allen Bauvorschlägen in diesem Heft gibt es Bausätze, aber auch bereits verlötete Versionen, die nur noch ins Gehäuse eingebaut und mit Strom versorgt werden müssen.

Best.-Nr.

7104-5	Hobby-Song TG 12	DM 49,50
7105-3	Hobby-Song verlötet TG 12 bP	DM 64,50
7106-1	Gehäuse für Hobby-Song	DM 9,90
7107-X	Hobby-Talky GSP 12	DM 59,50
7108-9	Hobby-Talky verlötet GSP 12 bP	DM 74,50
7109-6	Gehäusesatz für Hobby-Talky	DM 18,50
7110-X	Netzteil 5–9 V/700 mA GNT	DM 12,40
7111-8	Netzteil 5–9 V/700 mA verlötet GNT bP	DM 14,50
7112-6	Tochterblitz B 1	DM 17,80
7113-4	Tochterblitz verlötet B 1 bP	DM 21,50
7114-2	Geräuschempfindlicher Sensor AP 1	DM 16,80
7115-0	Geräuschempfindlicher Sensor verlötet AP 1 bP	DM 21,50
7116-9	Feuchtigkeitssensor AP 2	DM 12,80
7117-7	Feuchtigkeitssensor verlötet AP 2 bP	DM 17,80
7118-5	Lichtempfindlicher Sensor AP 3	DM 15,20
7119-3	Lichtempfindlicher Sensor verlötet AP 3 bP	DM 19,80

Die Bausätze werden von der Firma Thomsen hergestellt und auch im Fachhandel angeboten. Sie können bei der vgs, Postfach 18 02 69, 5 Köln 1, Tel. 21 96 41, bestellt werden.

Diese Bücher und Hefte sollten Sie haben

Sammelbände der Hobbythek sind:
Wolfgang Back und Jean Pütz: Das Hobbythek-Buch 1. Das Hobbythek-Buch 2. Das Hobbythek-Buch 4. Das Hobbythek-Buch 5. Jeder Band DM 29,80.

Wer über Elektronik umfassend informiert sein möchte, Grundlagenkenntnisse braucht und mit allen Raffinessen experimentieren und basteln will, für den sei empfohlen:

Jean Pütz (Hrsg.): Einführung in die Elektronik. DM 36,–
Jean Pütz (Hrsg.): Experimente: Elektronik. DM 36,–
Jean Pütz (Hrsg.): Experimente: Autoelektronik. DM 29,80
Jean Pütz (Hrsg.): Experimente: Digitalelektronik 1 und 2.
     DM 36,–
     Band 3 erscheint 1982.

Alle genannten Bücher und Hefte sind in der vgs erschienen und im Handel erhältlich. Bitte fordern Sie beim Verlag Sonderprospekte an.
Preisänderungen vorbehalten.

Wildgemüse von Feld und Wiese

Wer seinen Löwenzahn selber anbauen möchte, erhält den dazu nötigen *Samen* bei der Firma Heinrich Bornträger, 6521 Offstein bei Worms.

Bei der Vorbereitung unserer Hobbythek-Sendung über Wildgemüse hat uns Frau Eve-Marie Helm hilfreich zur Seite gestanden. Ihr Buch *Feld-, Wald- und Wiesenkochbuch*, das viele Rezepte enthält, kann von uns sehr empfohlen werden. Es ist im Heimeran-Kochbuchverlag erschienen.

Ein anderes Buch ist herausgegeben von Marie-Luise Kreuter: *Nimm Rosen zum Dessert — Rezepte für eßbare und trinkbare Blumen und Blüten.* Erschienen im Ariston Verlag, Genf.

Tips für die Zubereitung von *Kräuteressig, Kräuterschnaps* und für das *Züchten von Kräutern* überhaupt finden Sie in *Das Hobbythek-Buch 1* sowie in der Reihe Hobbythek-Tip *Kräuter — zum Würzen, für die Gesundheit, im Kräuterschnaps*, beide von Jean Pütz und Wolfgang Back und im selben Verlag wie dieses Heft erschienen.

Geräucherte Köstlichkeiten

Räuchermehl bekommen Sie bei: Fischzucht, 3149 Volkstorf bei Lüneburg.

Ein *Buch*, das für Hobby ebenso geeignet ist wie für Leute, die das Räuchern professionell betreiben wollen:

Dr. Edmund Rehbronn/Franz Rutkowski: Das Räuchern von Fischen. Ein Leitfaden für Sport- und Berufsfischer, für Fischzüchter, Gastwirte und Gastgeber. Paul Parey Verlag: Hamburg 1976.

Kosmetik

Zutaten, Töpfchen usw. gibt es bei:
Paradis-Island, Klosterstr. 13, 4650 Gelsenkirchen,
Tel. 02 09 / 2 30 54 (Besteller sollen sich auf die Hobbythek beziehen).

In einem Set sind enthalten:
500 ml Mandelöl
 50 g Bienenwachs
 50 g Walrat
 30 g Cetylalkohol
 40 g Tween 60
 60 g Span 60
  3 Öle
  5 Holzspatel
  3 Cremetöpfchen
Das Kosmetik-Set kostet DM 29,50 + Versandkosten.

Ein *Buch,* das wissenschaftlichen Ansprüchen genügt:
Stephan Jellinek: Kosmetologie — Zweck und Aufbau kosmetischer Präparate. Hüthing Verlag: Heidelberg 1975.

Zeitschrift test der Stiftung Warentest:
Kosmetikwerbung (Heft 1, Januar 1976)
Badezusätze (Heft 3, März 1977)
Hautcremes (Heft 1, Januar 1978)
Make-up (Heft 2, Februar 1978)
Gefährliche Schönheit (Heft 5, Mai 1978)

Eine *Broschüre* der Arbeitsgemeinschaft der Verbraucher (Poppelsdorfer Allee 15, 5300 Bonn), die nützliche Tips enthält, lautet: Schlank und schön im Handumdrehen.

Stereofotografie

Wer sich mit Stereofotografie intensiver beschäftigen möchte, sollte Verbindung mit der Deutschen Gesellschaft für Stereoskopie e. V., Wilskistraße 59, 1000 Berlin 37 aufnehmen. Fritz G. Waak ist Sekretär dieser Gesellschaft; wir verdanken ihm für dieses Kapitel zahlreiche nützliche Hinweise.

Vom Terrarium zum Gartenteich

Bücher
Preiswerte Bücher, besonders für Anfänger geeignet:
Willi Jocher: „Schildkröten – ihre Pflege, Haltung und Zucht", Kosmos-Reihe „Das Vivarium", Franckh'sche Verlagsbuchhandlung, Stuttgart

Johannes Jahn: „Kleine Terrarienkunde"
Johannes Jahn: „Das Freiland-Terrarium"
Franz Schneider: „Die Pflanzen des Terrariums", alle drei Bücher erschienen im Albrecht Philler Verlag, Minden, 1975

Für Fortgeschrittene:
G. Nietzke: „Die Terrarientiere", Bd. I und II, Verlag Eugen Ulmer, Stuttgart, 1977, 2. Auflage. Ein äußerst gründliches Werk, das alle Fragen beantwortet. Praktisch die Bibel des Terrarien-Freundes, eine große Fundgrube. Allerdings wegen der Fülle eher für wissenschaftlich geschulte Leser geeignet.
Robert Mertens: „Kriechtiere und Lurche", Kosmos-Naturführer, Franckh'sche Verlagsbuchhandlung, Stuttgart, 1975. Ein Buch, das im Telegramm-Stil einen guten Überblick über die Tiere und ihre Herkunft gibt.

Zur Erdgeschichte:
Bildband: „Die Geheimnisse der Urzeit", Bd. 3, Amphibien und Riesensaurier, Bibliographisches Institut Mannheim, 1975. Mit vielen farbigen Zeichnungen, die die Phantasie anregen.

Naturschutz-Vorschriften:
Rote Liste Nr. 1, Naturschutz Aktuell, Kilda-Verlag, Greven. Ein Überblick über die gefährdeten Tiere und Pflanzen in Deutschland.

Bausätze
Den Bausatz für das 2 Quadratmeter bzw. 4 Quadratmeter große Freiland-Terrarium-Becken gibt's in Fachhandlungen und evtl. auch Terrarien-Geschäften. Wenn nicht, dann kann er zumindest vom freundlichen Händler beschafft werden. Hersteller: VOSS CHEMIE, Esinger Steinweg 50, 2082 Uetersen, Tel.: 04 12/2 20 85
Der Bausatz läßt sich aber auch per Post bestellen bei der vgs, Breite Str. 118 – 120, 5000 Köln 1, Tel.: 02 21/2196 41. Preis für das 2-Quadratmeter-Becken DM 110, — ; für den Zusatzbaukasten, der das Becken auf 4 Quadratmeter bringt, DM 95, — + Versandkosten. (Preisänderungen vorbehalten.)

Ein Zusatzvorschlag für einen Gartenteich:
Inzwischen gibt es auch geeignete Folien für die Auskleidung eines Gartenteiches, die man selbst verarbeiten kann. Nähere Auskunft erteilt gern die Spezialfirma I. + K. Mielke, Hämelstraße 16, 4950 Minden.

In den Sammelbänden DAS HOBBYTHEK-BUCH 1, 2, 4 und 5 finden Sie folgende Themen:

Hobbythek-Buch 1:
Basteln mit Elektronik
Fliegen mit und ohne Flügel
Spiele für alle und überall
Zauberkunststücke
Wir züchten unsere Pilze selbst
Nützlicher Müll: die Komposttonne
Ein Kunstkopf zum Selbermachen
Schallplattenpflege
Für Freunde der Töpferkunst
Das Klappboot „Hobbtimist"
Wir bauen eine Camera obscura
Chemisch-physikalische
Experimente

Hobbythek-Buch 2:
Brot – einmal nicht vom Bäcker
Weine zum Selbermachen
Fleisch, wie es sein soll
Ein Elektronik-Anfängerkurs
Ein Gewehr für Pazifisten
Eine elektronische Diebstahl-
sicherung für's Auto
Ein einfaches Richtmikrofon
Von Fischen und Aquarien
Der Hobbythek-Wasserfilter – oder
Wasser wie aus der Regentonne
Von Steinen und Edelsteinen
Papyrus – so üppig wie in Afrika
Avocados – selbst gezogen

Hobbythek-Buch 4:
Von Würsten und Pasteten:
Leberwurst, Pasteten, Sülze
selbstgemacht
Gesünder grillen mit dem
Universal-Gesundheitsgrill der
Hobbythek
Der Steinbackofen der Hobbythek
Stucks und Reliefs aus Gips und
aus anderen Abgußmaterialien
Kerzen selbstgemacht
Musikgenuß ohne Rauschen:
der Hobby-Com-Bausatz mit dem
Rauschunterdrückungs-System
HIGH-COM

Hobbythek-Buch 5:
Kunstwerke aus Glas:
Lampen wie von Tiffany
Bleiverglasungen nach der
Tiffany-Methode
Mosaikfenster
Käse aus der eigenen Küche
Joghurt, Quark und Frischkäse
Elektronik im Auto:
Innenbeleuchtung mit
„Nachbrenner"
Ein Glatteiswarngerät
Leichtbetonelemente
für Haus und Garten
Ein Gesundheitsgrill aus
Leichtbeton
Gärtnerei auf der Fensterbank

Verlagsgesellschaft
Schulfernsehen
Postfach 18 02 69
5000 Köln 1